図解

神社としきたりがよくわかる本

[監修]
國學院大學名誉教授
茂木貞純

リベラル社

まえがき

――神道は、まとまった教義もなく、神聖な経典、聖書の類もなく、道徳規約（モラルコード）もない。やがて近い将来消滅するだろう――。これは、明治期に東京帝国大学で言語学を教授した英国人バジル・ホール・チェンバレンの見解である。『英訳古事記』の執筆者でもあるチェンバレンの解説は、内外の神道認識に大きな影響を与え、日本人でも神道はプリミティブな宗教で、次第に衰えていくと思っている人々が多い。果たしてそうであろうか。

令和元年十一月十四、十五日には、天皇の即位儀礼である大嘗祭が厳粛に行なわれた。皇居の東御苑に大嘗宮が建設され、悠紀国（栃木）、主基国（京都）で収穫された新穀をもって、御飯や白酒黒酒、海山の幸を古代のままに神前に供えられ、新しい御世と国民の平安が祈られた。天皇の即位儀礼としての大嘗祭は、およそ千三百年前、天武天皇の時代に成立した。その源流は、毎年行なわれて来た新嘗祭である。日本で稲作農業がはじまって以来行なわれてきた収穫感謝の祭りに由来する。近代的な高層ビルが囲む中に、太古の伝統を伝える大嘗宮が建設され、そのなかで厳粛に祭りが行なわれたのである。祭りが済むと大嘗宮はしきたりに従い、撤却され燃やされた。

神道には道徳規範がないという見解は正しいだろうか。東日本大震災のとき、地震と津波によって壊滅的な被害を受け深い悲しみのなか、整然と秩序を守り助け合って生きる日本人の姿に注目が集まった。高い道徳心がなければありえないことだ。ポーランドの著名な映画監督アンジェイ・ワイダは、日本人はこうした経験を何度も重ねて国民性を形成してきたという。にもかかわらず悲観主義に陥ることがないのは、驚くべきことで素晴らしいことと指摘する。その上で「悲観どころか、日本の芸術には生きることへの喜びと楽観があふれています。日本の芸術は人の本質を見事に描き、力強く、様式において完璧です」と述べている。

神祭る日本人の心は、深く日常生活に根付いている。日常生活のなかに宗教と意識しないで「しきたり」として生きている。神道は、キリスト教のような唯一神を奉じる宗教とは異なり、森羅万象に神々が宿るとして祭ってきた。自然の恵みにあふれ、一方で災害の多い日本列島に生活を打ち立てた人々が、創りあげてきた宗教である。東アジアの諸国にも類を見ない宗教である。本書を通じて、日本人の心に生きる神道の世界に理解を深めて欲しい。

國學院大學名誉教授　茂木貞純

目次

第二章　日常生活に根づいている神道としきたり

第三章　神社の基礎知識

第四章　参拝の基礎知識

第五章　日本の神々

※神名の表記は原則『日本書紀』に準じています。ただし、本文中の『古事記』の記述、章末コラム「『古事記』を読む」に登場する神名は『古事記』に準じています。また、神名の読みは、読みやすさを考慮し、現代かなづかいにあらためています。

序章

神道を知る

神道とはなにか

――自然発生的に誕生した神の道

自然の恵みのなかに神がいる

神道とは、端的にいえば神社を中心とした日本の神々への信仰のことである。

古来、日本人は衣食住にまつわるさまざまな恩恵を自然から授かってきた。その一方で、台風や長雨、日照り、雷、地震、津波といった自然現象に恐れを抱いてきた。

そうしたなかで、日本人は自然を敬い、あるいは恐れ、自然の働きのなかに神の姿を見出した。神々を祀る神社の多くが自然豊かな地に建てられているのは、日本人が古来、自然のなかに神を感じ、自然との調和を大切にしてきたことによる。

日本神話は、天地が初めて出現したあとに、神々が生誕し、やがて伊弉諾尊、伊弉冉尊の男女二神の結婚により日本の島々や山、川、草木の神が誕生したと伝えている。また、神代の次に人代になったと伝えていて、人は神々や国土とも繫がっていると考えていた。

やがて六世紀に仏教が伝来して初めて外来宗教に接した日本人は、固有の伝統宗教を神道、すなわち神の道と認識したのである。

神道と祭り

そんな神道の信仰は、祭りという形で現われるようになる。

春に豊作を願う祭りを行ない、秋に収穫を感謝する祭りを行なうのは、自然の恵みを神からの授かり物だと考えていたためである。

また神道では、祖霊信仰を重視する。

人間は亡くなると、その霊魂が神となる。神となった祖霊は、その家を守護し、繁栄をもたらしてくれるという考えだ。そこで古代より、日本人は祖霊祭りを大切に行なってきた。現代のお彼岸やお盆といった行事も、もともとは祖霊祭りに端を発する。

世界の宗教のなかには、神は人間とかけ離れた絶対的な厳しい存在だというものが多いが、穏やかな自然のなかで生まれた神道の神は、人間と深いつながりのある恵み深い存在なのである。

世界の宗教の分類

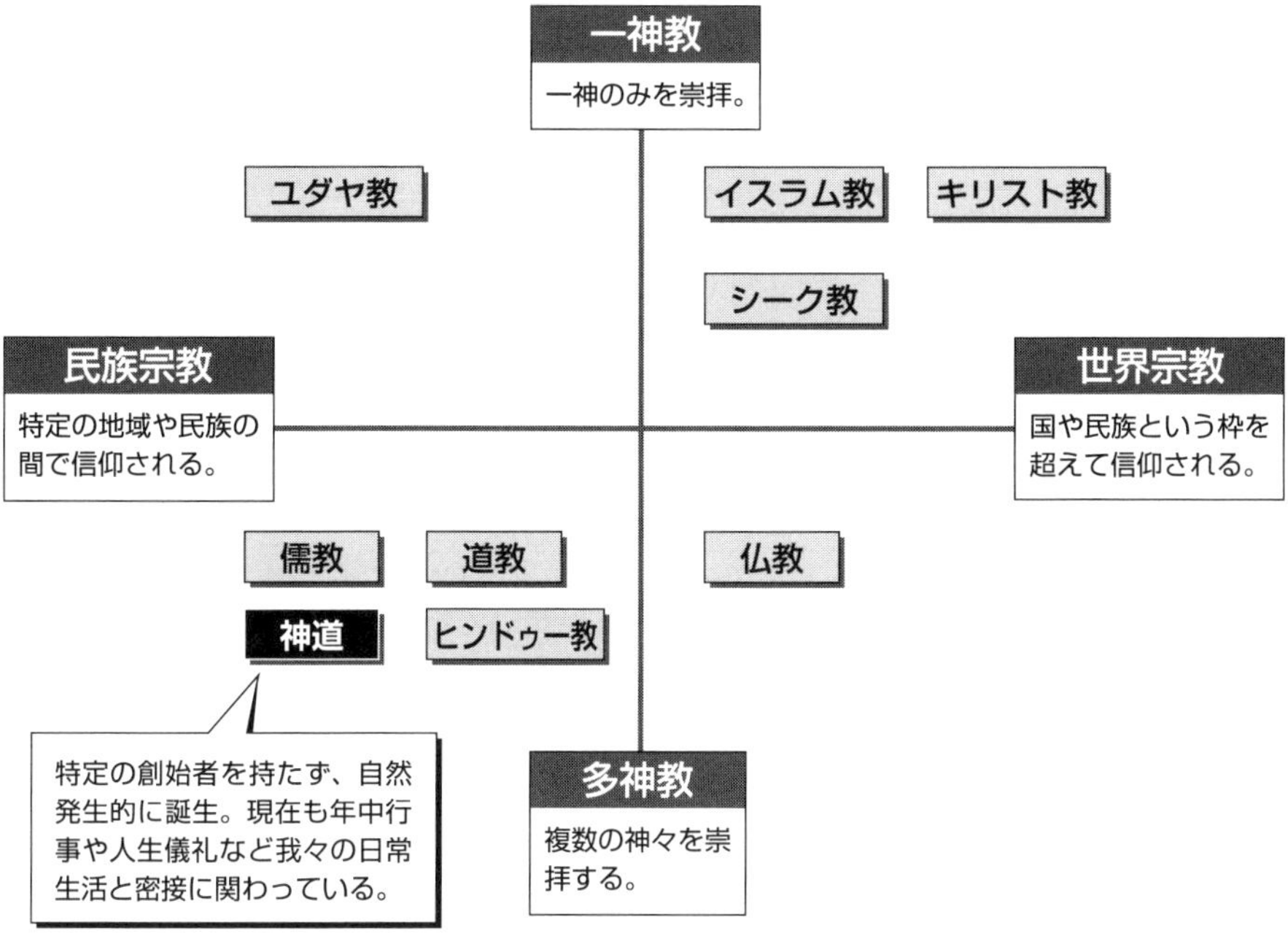
一神教
一神のみを崇拝。
ユダヤ教
イスラム教
キリスト教
シーク教
民族宗教
特定の地域や民族の間で信仰される。
世界宗教
国や民族という枠を超えて信仰される。
儒教
道教
仏教
神道
ヒンドゥー教
特定の創始者を持たず、自然発生的に誕生。現在も年中行事や人生儀礼など我々の日常生活と密接に関わっている。
多神教
複数の神々を崇拝する。

日本における宗教人口

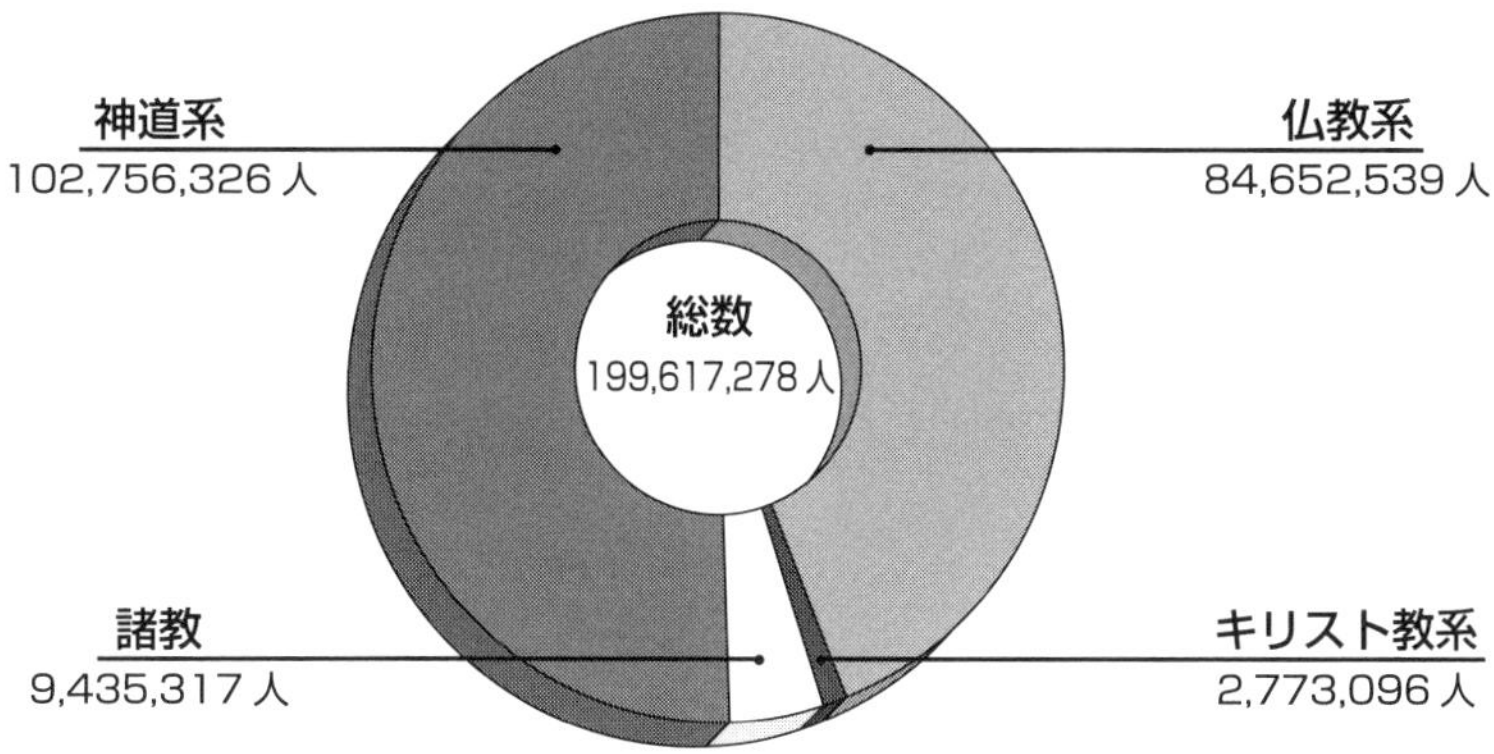
神道系
102,756,326 人
仏教系
84,652,539 人
総数
199,617,278 人
諸教
9,435,317 人
キリスト教系
2,773,096 人

※数字は『宗教年鑑　平成23年度版』による。

総数が日本の人口を大きく上回っているのは、ひとりの人間が複数の宗教の行事などに参加しているため。神道系の人口は日本で一番多いが、あまりにも日常生活と密着している部分があるため、神道を宗教だと感じる人はそれほど多くはない。

日本人と八百万の神
——森羅万象に見出した、人知を超越した存在

神道の神は、いったいどういう存在なのか

神道には「八百万の神」という言葉があるように、古来、日本人は非常に多くの神々を崇拝してきた。ただし、神は人間の目には見えない存在であったため、古代の人々は自然物を通じて、神の存在を感じてきた。たとえば、天高くそびえる山は、それ自体が神として崇められた。これを神奈備という。

また、大きな岩や大木を神が降臨する依り代と考え、神聖視してきた。古くはこのような場所に神を招き、祭祀（神を祀ること）を行なってきたのである。

それでは、この神とはいったいどういう存在であるのか。

江戸時代の国学者・本居宣長は『古事記伝』のなかで、次のように述べている。

神話に伝えられる神々、その神々を祀る神社、人も含め鳥獣、草、木、海、山など「尋常ならずすぐれたることのありて、かしこき物をカミと言うなり」と。つまり、天地万物あらゆるものには人知を超えた力があり、それを日本人はかしこき存在、神として畏れ敬ってきたのである。

神社に祀られる神

そのような神は、一定の場所に鎮座するという特徴を持つ。古代では大木や巨岩がそれにあてられていたが、神に快適に過ごしてもらうため、またいつでも自分たちの身近に神の存在を感じることができるよう、神社が形成されていった。

神社に祀られる神は、鎮守神、産土神、氏神などと呼ばれる。鎮守神は地域を守る神のこと。地主神とも呼ばれる。

産土神は、その土地で誕生した人を生涯守ってくれる神で、氏神は血縁集団である一族を守護する神のことである。

これらは本来は異なる神であったが、近世以降はあまり区別がなくなり、ほぼ同一視されるようになった。現在では、氏神という言葉が一般に広く用いられている。

自然に神を見出してきた日本人

神奈備（かむなび）

天高くそびえ、容易には近づくことができない山を、古代日本人は神として崇めた。これを神奈備といい、「神の隠れる場所」という意味を持つといわれる。写真は奈良県桜井市に鎮座する大神神社の御神体・三輪山。

磐座（いわくら）

尋常ではない巨岩や奇岩は、神が降臨する場所だと考えられた。もしくはそれ自体を御神体であると捉えた。これを磐座という。写真は和歌山県新宮市に鎮座する神倉神社のゴトビキ岩。

「神」という漢字があてられた理由

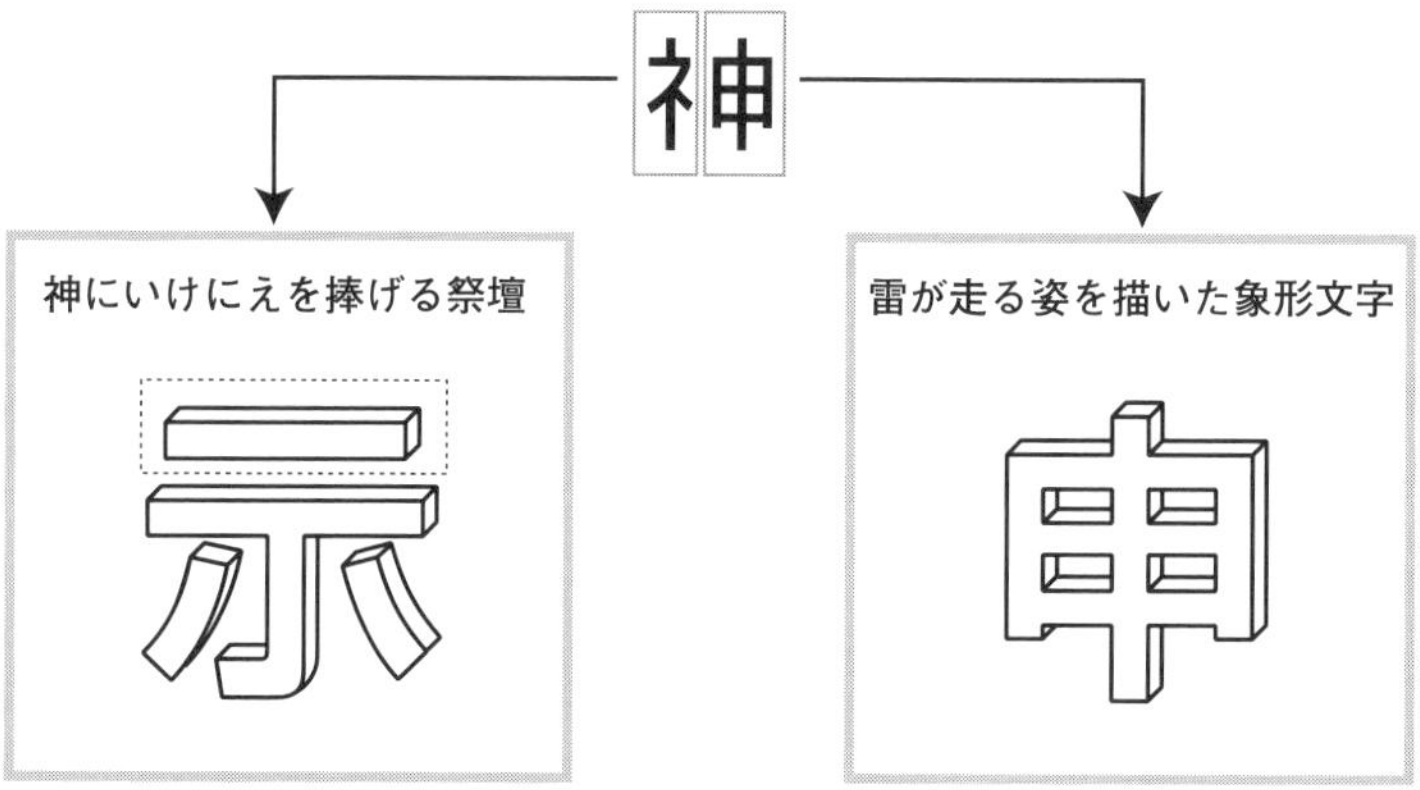
神
神にいけにえを捧げる祭壇
示
雷が走る姿を描いた象形文字
申

古代日本人は「かみ」という大和言葉に対して、「神」という漢字をあてた。「示」は神へいけにえを捧げるための祭壇、「申」は雷光を指す。つまりここでいう神とは雷神・天神を示し、これが古代日本人が考えていた「かみ」の概念と合致したため、この漢字をあてたのだという説が唱えられている。

神々の誕生

まず天に神が現われ、やがて地上が形成される

天の神々による活躍

天と地が初めて起こったとき、まず天上界である高天原に天之御中主神と高御産巣日神、神産巣日神という三柱神（柱は神を数える数詞）が成り、別（特別の）天神と呼ばれる五柱の神々が現われた。

その後、男女が対となった五組の神々が次々と成り、その最後に伊邪那岐命と伊邪那美命が登場する。

高天原の神々から国土を生成するよう命じられた伊邪那岐命と伊邪那美命は、天地の間にかかる天浮橋の上に立つと、淤能碁呂嶋をつくり、そこに神聖な柱を建てた。ここで二柱は最初の夫婦となって交わり、大八島国をはじめとした島々を産み、葦原中つ国を産んだのである。

国産みのあと、伊邪那岐命と伊邪那美命は住居の神や自然の神、食物の神など次々と神々を産み出したが、火の神・火之迦具土神を産んだとき、伊邪那美命は女陰に大火傷を負い、命を落としてしまう。

伊邪那岐命はこれを嘆き悲しみ、伊邪那美命を比婆山に葬った。そして愛する妻を殺した火之迦具土神を剣で斬り殺したのである。

それでも悲しみは癒えず、日々募る伊邪那美命への恋しさから、伊邪那岐命は死者の国である黄泉の国を訪れた。ところが、伊邪那岐命は醜い姿になり果てた妻の姿に恐れをなし逃げ出したのだった。

地上に戻った伊邪那岐命は、身についた黄泉の国の穢れを落とすため、筑紫の日向の阿波岐の原で身を清める禊を行なった。

このとき、伊邪那岐命の衣服や身体からさまざまな神が誕生し、最後に天照大御神、月読命、須佐之男命の三貴子と呼ばれる神が誕生した。伊邪那岐命はこれを喜び、天照大御神に高天原を、月読命に夜之食国を、須佐之男命に海原を治めるように命じたが、須佐之男命だけは命令に従わなかったため、高天原から追放した。

※表記は『古事記』による

第一章

神道の歴史と民間信仰

神道の誕生――稲作の伝来で広まった作物の豊穣を願う信仰

縄文時代にまでさかのぼる祭祀

神道は、日本固有の宗教である。ただし、その起源や成立時期について説明することは難しい。

なぜなら神道は、ほかの宗教のように教祖や経典があるわけではなく、日本の長い歴史のなかで自然発生的に誕生したからである。

古代の日本人は万物のあらゆるものに精霊が宿ると信じ、人間の力を超えたそれらの存在を神として畏れ敬ってきた。そのような信仰形態は、すでに縄文時代にはあったとされる。たとえば長野県の諏訪大社では、巨大な樅の木四本を境内に建てる祭り（御柱祭）が七年に一度行なわれる。また毎年四月の御頭祭には鹿の頭（古くは七十五頭）が供えられる。これらは、農耕開始以前の祭祀の形をいまへと伝えてくれるものだ。

その後、稲作の伝来を機に祭祀の形が整えられていった。稲作により安定した生活がもたらされるようになったが、収穫量は天候や自然に左右された。そこで、豊穣を神に願う信仰が生まれたのである。さらには祖先の霊をも神と捉え、農地を開拓したことを敬う祭祀も行なわれるようになった。

こうした祭祀はそれぞれの共同体で独自に執り行なわれていたが、四世紀、大和政権による日本統一以降、国家としての祭祀体系が整備されていった。

律令制度とともに始まった神社制度

このように日本では、古来、さまざまな形で神を敬ってきた。そして、地域ごとに毎年祭りが行なわれた。

神道という言葉は、『日本書紀』用明天皇即位前紀（五八五年）に「天皇、仏法を信けたまひ、神道を尊びたまふ」とあるのが初見である。律令（律は刑法、令は行政法）制度が整備された七世紀後半から八世紀の天武・持統朝頃には、神社制度も成立した。神社制度の特徴は、全国各地に祀られてきた個別の神社を国家祭祀の体系に組み込み、国家安泰と五穀豊穣を祈る場所としたところにある。

縄文時代の遺跡から見つかった祭祀の痕跡

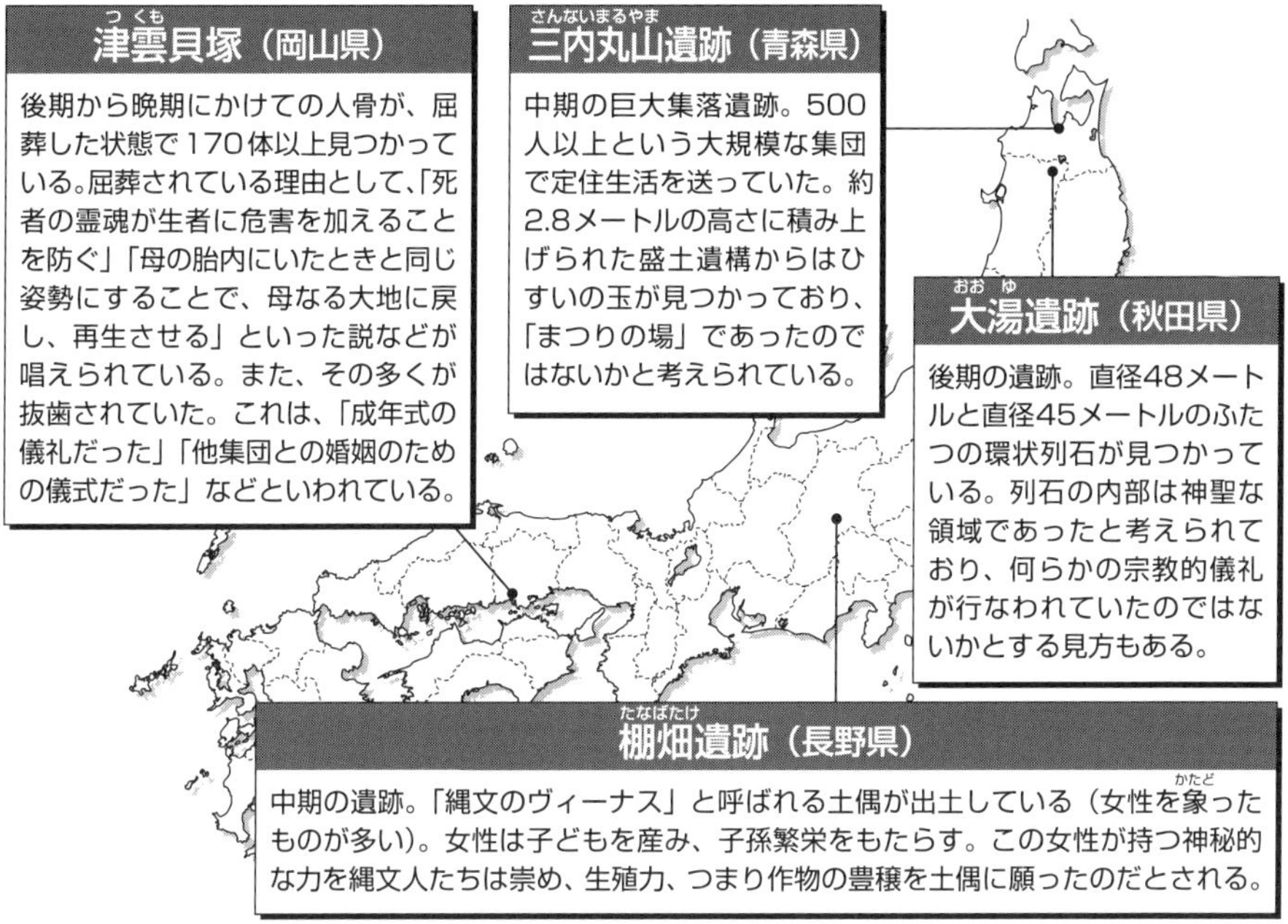
津雲（つくも）貝塚（岡山県）
後期から晩期にかけての人骨が、屈葬した状態で170体以上見つかっている。屈葬されている理由として、「死者の霊魂が生者に危害を加えることを防ぐ」「母の胎内にいたときと同じ姿勢にすることで、母なる大地に戻し、再生させる」といった説などが唱えられている。また、その多くが抜歯されていた。これは、「成年式の儀礼だった」「他集団との婚姻のための儀式だった」などといわれている。
三内丸山（さんないまるやま）遺跡（青森県）
中期の巨大集落遺跡。500人以上という大規模な集団で定住生活を送っていた。約2.8メートルの高さに積み上げられた盛土遺構からはひすいの玉が見つかっており、「まつりの場」であったのではないかと考えられている。
大湯（おおゆ）遺跡（秋田県）
後期の遺跡。直径48メートルと直径45メートルのふたつの環状列石が見つかっている。列石の内部は神聖な領域であったと考えられており、何らかの宗教的儀礼が行なわれていたのではないかとする見方もある。
棚畑（たなばたけ）遺跡（長野県）
中期の遺跡。「縄文のヴィーナス」と呼ばれる土偶が出土している（女性を象（かたど）ったものが多い）。女性は子どもを産み、子孫繁栄をもたらす。この女性が持つ神秘的な力を縄文人たちは崇め、生殖力、つまり作物の豊穣を土偶に願ったのだとされる。

『日本書紀』に見える「神道」の語

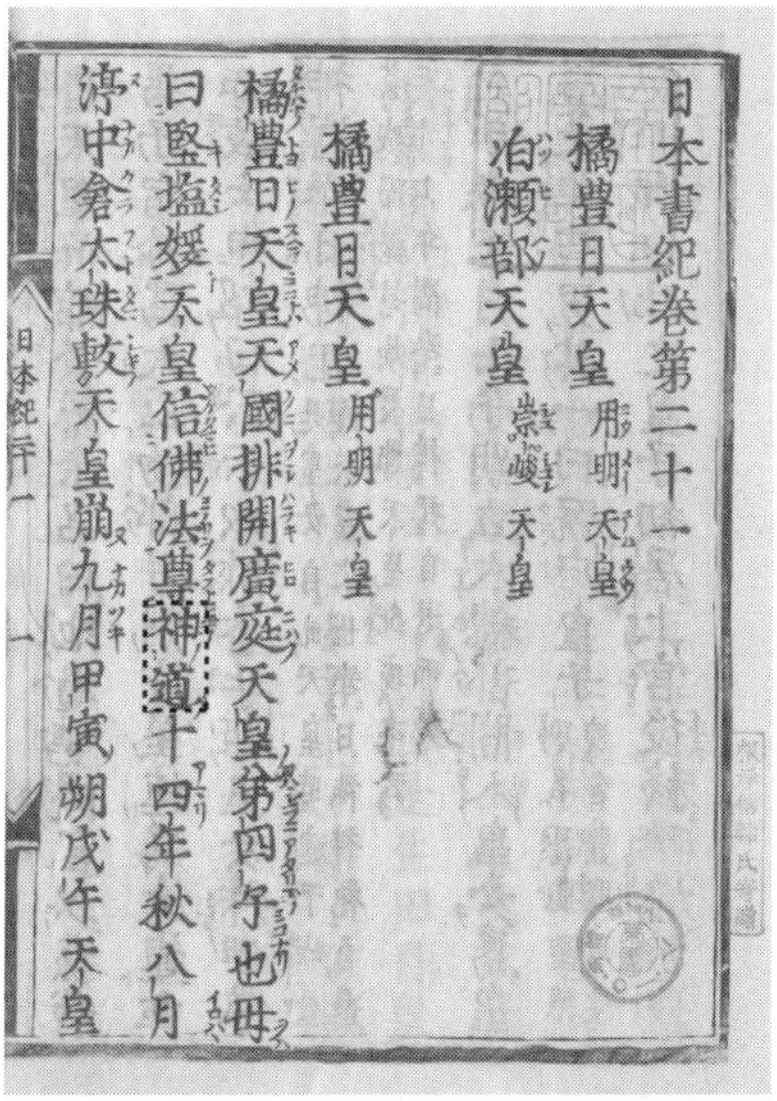
日本書紀巻第二十一
橘豊日天皇 用明天皇
泊瀬部天皇 崇峻天皇
橘豊日天皇 用明天皇
橘豊日天皇天國排開廣庭天皇第四子也母
曰堅塩媛天皇信佛法尊神道十四年秋八月
渟中倉太珠敷天皇崩九月甲寅朔戊午天皇
日本紀廿一 一

『日本書紀』巻二十一に収録されている用明天皇即位前紀に「神道」という言葉を見ることができる。これが、記録上初めて「神道」という言葉が登場した例である。（国立国会図書館所蔵）

仏教伝来と神道

——仏法に帰依した日本の神々

神と仏が融合した神仏習合

神道が日本人のなかで意識されるようになったひとつのきっかけが、六世紀中頃の仏教の伝来にある。とはいえ、当初は仏を「蕃神」と呼び、あくまでも外来の神の一種として認識していたようだ。また、仏教の弾圧が行なわれるなど、両者の間に緊張関係が絶えなかった。ところが仏教が日本に根づく過程で、八世紀の奈良時代になると、神と仏が融合した神仏習合という考えが生まれるようになる。

その端緒となったのは、神身離脱という思想だった。神も人間と同様に迷い苦しむ存在であり、仏の教えによって救わなければならないとするものである。これは、奈良時代の僧侶の側で神道を取り込み、仏教を広めるために唱えたものだ。

この思想を背景として、神社の近くに神宮寺という寺が建立され、神前で読経や写経が行なわれるようになった。

一方で、八世紀の中頃には、日本の神々は仏教を守護する存在であるとする護法善神説が唱えられた。そのため、今度は寺院の境内に鎮守社が勧請され、寺の守護神として祀られた。

たとえば、東大寺には宇佐八幡宮が、法隆寺には龍田社が建立された。

平安時代に入ると、神身離脱説は廃れたが、新たな神仏習合説が展開されることになる。それが、本地垂迹説である。

これは、仏や菩薩が日本の衆生を救うために、仮に日本の神に姿を変えて現われたという考えである。これにより、神々に本来の姿としての仏・菩薩があてられたため、目に見えない神が姿を現わすようになった。たとえば八幡神は阿弥陀如来、熱田神は大日如来といった具合である。

また、日本の神は仏が権りに現われた姿とされ、神のことを権現と呼ぶようになった。熊野権現、山王権現など、新たな神号が誕生していくのである。

仏教伝来と神仏習合

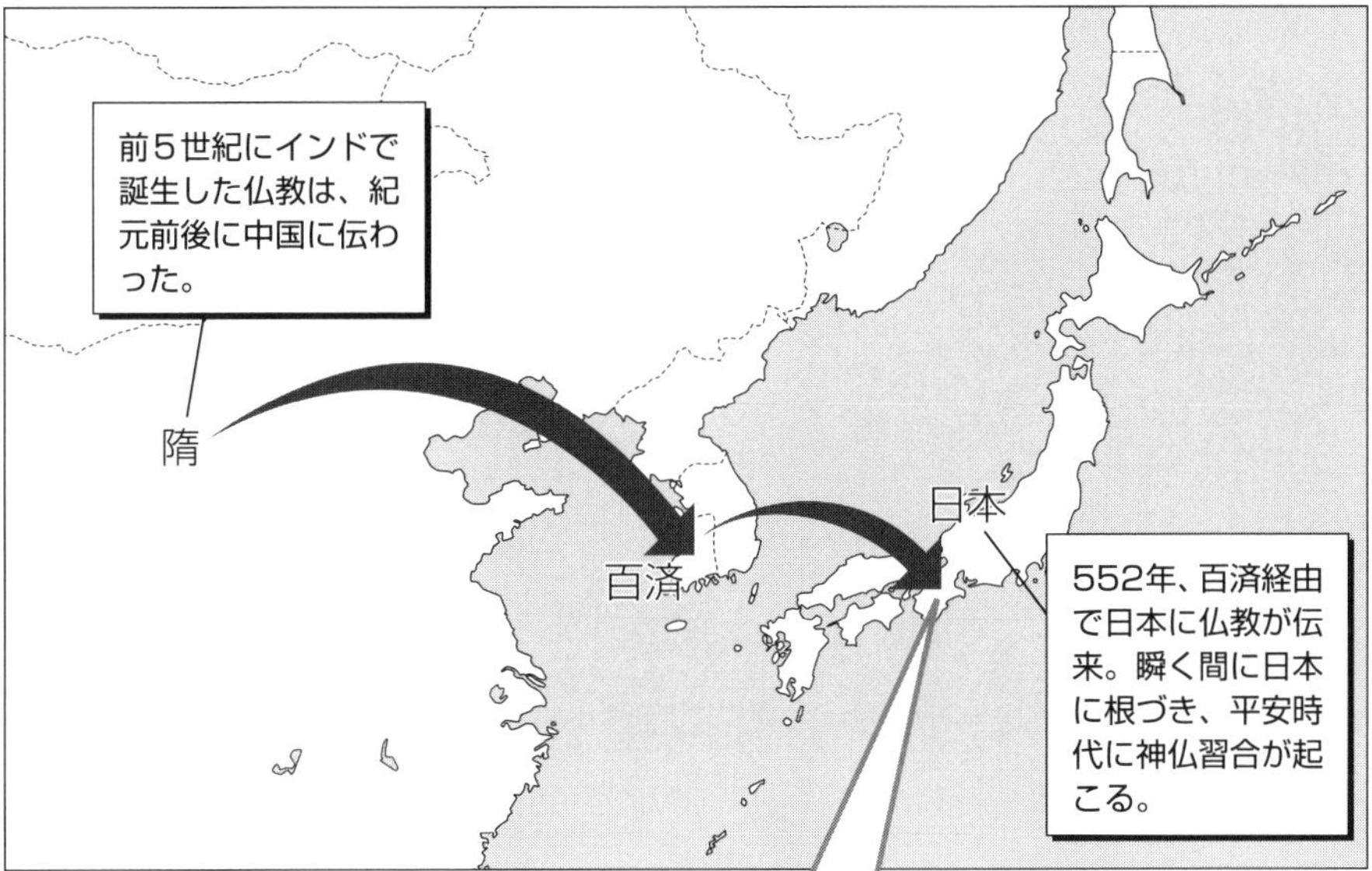
前５世紀にインドで誕生した仏教は、紀元前後に中国に伝わった。
隋
百済
日本
552年、百済経由で日本に仏教が伝来。瞬く間に日本に根づき、平安時代に神仏習合が起こる。

仏教の浸透により日本の神々は、日本の衆生を救うために仏が仮に姿を変えたものだとする思想が生まれる（本地垂迹）。これにより、日本の神々は仏の化身であると考えられた。

大日如来

皇祖神天照大御神や熱田神などは、密教の教主である大日如来の化身とされた。

阿弥陀如来

八幡神や氣多大明神などは、阿弥陀如来の化身であるとされた。

学派神道の成立

——仏教の広まりのなかで進められた神道の体系化

鎌倉時代から始まった学派神道

神仏習合が進む一方で、鎌倉時代に入ると、神道家のなかから神道を理論化しようとする動きが現われるようになり、さまざまな学派が形成された。これを学派神道という。

伊勢神宮の外宮の祠官（神職のこと）・度会氏は、心身の清浄と正直を根本理念とし、神道独自の教説を確立しようとした。

また、神と仏を峻別し、神が主で、仏は神の仮の姿に過ぎないとする説を展開した。これを伊勢神道（度会神道とも）という。

伊勢神道は中世を代表する神道説となり、以降、神道学の体系化が進んだ。

伊勢神道に影響を受ける形で室町時代に成立した吉田神道では、従来の神仏習合から一線を画し、神道は仏教や儒教も含めた万法の根本であるとした。

日本古来の精神を求める復古神道

江戸時代に入ると、幕府が儒教を根本理念に置いたため、儒学者らは仏教を排した神儒一致思想による儒家神道を唱えた。

それに対して、江戸時代中期には、儒教に対抗する形で、『古事記』や『日本書紀』などわが国の古典を通して日本の伝統精神や文化を究明しようとする国学が発展した。その担い手となったのは、荷田春満、賀茂真淵、本居宣長、平田篤胤の国学四大人である。

こうした国学研究により、当時の神道は外来の思想を取り入れた日本本来の神道ではないという考えに発展する。

そこで、神道から仏教や儒教の要素を排斥し、日本古来の思想に立ち返ろうとする復古神道が誕生した。

敬神尊皇の道を説いたこの神道思想はやがて幕末の尊皇攘夷運動と結びつき、その精神的な支柱の原点となった。

さらには、明治時代以降の国家の宗教政策、神社制度の形成にも大きな影響を与えることになったのである。

おもな神道学説

名称	内容
両部(りょうぶ)神道	真言宗の教理に基づいた神道説。伊勢神宮内宮と祭神・天照大御神を胎蔵界、外宮と豊受大神を金剛界の大日如来であるとする（二宮一光説。光は大日如来を示す）。日本の神々を密教の思想で解釈した。
伊勢(いせ)神道	伊勢神宮外宮の祠官･度会行忠、家行によって唱えられる。神と仏とをわけ、神主仏従の神道説を説く。日本が神に守られた国であることを主張。
吉田(よしだ)神道	室町時代末期、神祇官僚の吉田兼倶が唱える。仏教は果実、儒教は枝葉であるとし、神道こそが万物の根源であると説いた（三教枝葉果実説）。
儒家(じゅか)神道	江戸時代、儒学者によって説かれた神道説。仏教を排除し、神儒一致、もしくは神儒習合による説を展開する。
復古(ふっこ)神道	江戸時代の国学者によって唱えられる。『古事記』や『日本書紀』などの古典に日本固有の精神を見出し、古典回帰を主張する。

外来宗教の影響を受けて生まれた神道学説

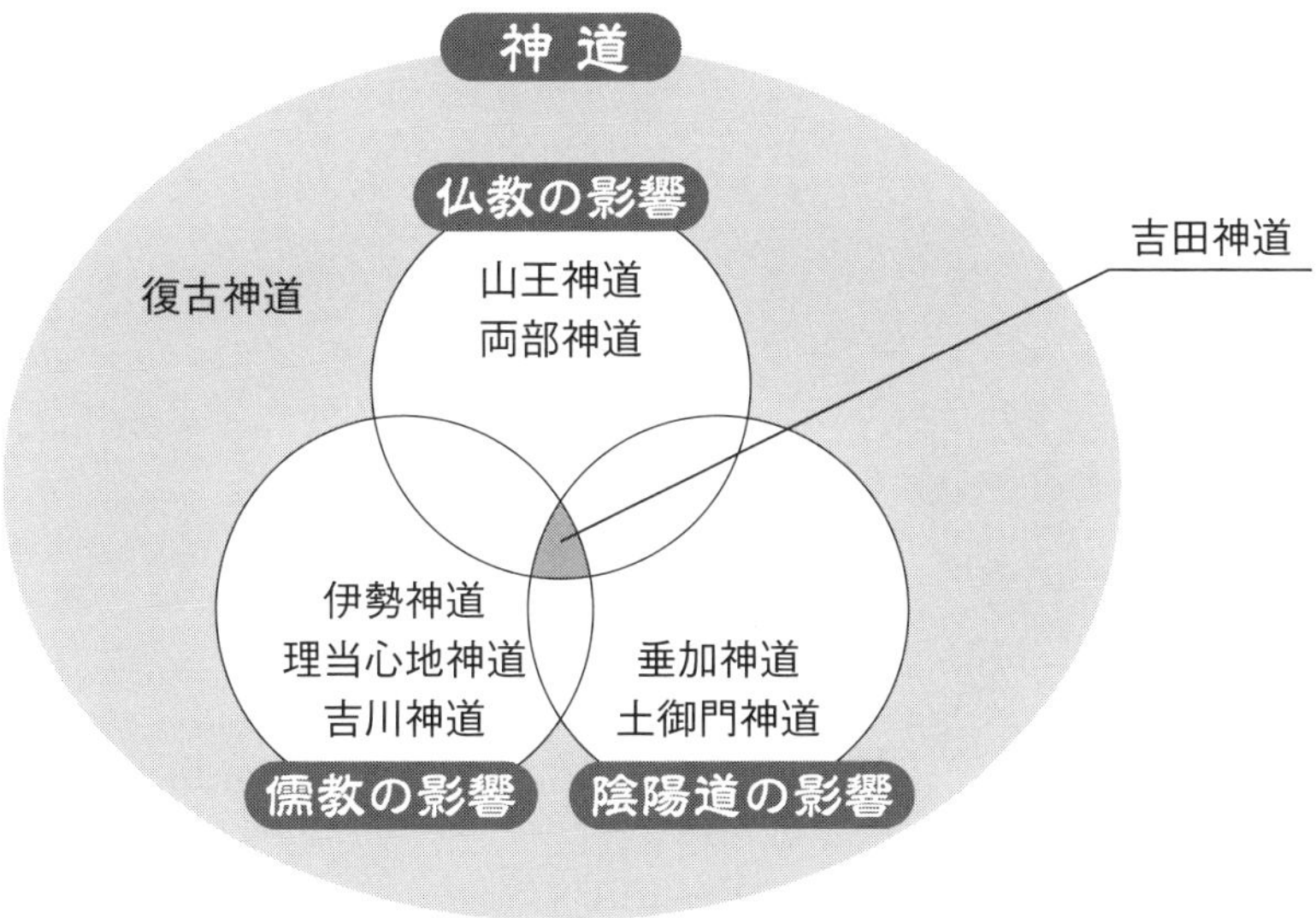
神道
仏教の影響
復古神道
山王神道
両部神道
吉田神道
伊勢神道
理当心地神道
吉川神道
垂加神道
土御門神道
儒教の影響
陰陽道の影響

歴史のなかで、神道は仏教や儒教などの外来宗教の影響を受けてきた。その流れのなかで、さまざまな立場から神道を理論化しようとする動きが現われた。

明治維新と神道

近代国家樹立を目指して行なわれた思想の原点回帰

仏教と切り離された神道

江戸幕府が欧米列強の開国圧力のなかで崩壊し、尊皇攘夷の国論のもとに成立した明治政府は、開国和親政策に方向転換する。

その流れのなかで、神道は大きな転換点を迎えることになったのである。

明治元年（一八六八）、明治政府は神仏分離令を発布した。これにより、神社と寺院、神主と僧侶は明確に区別された。もちろん神と本地仏も分離され、長く続いた神仏習合に終止符が打たれたのである。

神社から仏教色を一掃した明治政府は、祭政一致の基本政策を掲げ、明治四年（一八七一）、神社を国家公共の祭祀施設（国家の宗祀）であると位置づけた。それと同時に神職の世襲制を廃止し、世襲社家を神社から追放して、代わりに適任者を派遣した。

攘夷から開国和親政策への転換は、江戸時代の鎖国政策の原点であったキリスト教禁教令の廃止、信教の自由へと繋がっていく。

国家の管理下に置かれた神社

明治十五年（一八八二）には、神官はもっぱら神社に奉仕すべきものとして、宗教活動や葬儀を営むことが禁止された。

こうして神社神道は国家の管理下に置かれ、宗教ではないとして、国民が等しく崇敬するもの、国民道徳とされたのである。

なお、神官は神道の布教活動をすることができなくなったため、代わって教派神道が登場し、庶民への布教を一手に担うようになった。

神道豆知識

教派神道とは何か

教派神道とは、国家に付属せず、宗教として独立した神道のことである。明治9年（1876）に神道黒住派と神道修成派が布教・教化を行なうことができる教団として公認されたのを手始めに、計13の教団が独自に宗教活動を行なうようになった（神道十三派。左図参照）。これにより、宗教活動が禁止された神官に代わり、教派神道が神道精神を国民に広めていった。

明治時代に制定された社格

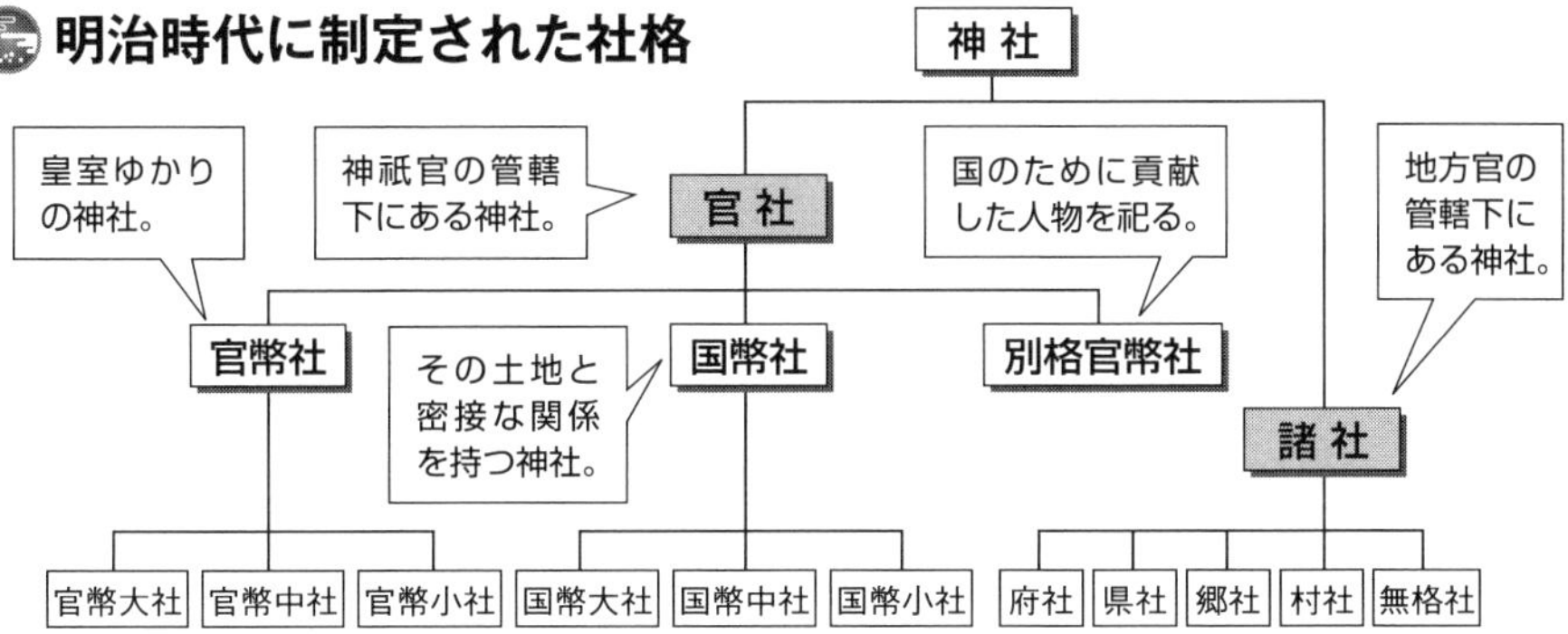
神社
官社
神祇官の管轄下にある神社。
皇室ゆかりの神社。
国のために貢献した人物を祀る。
その土地と密接な関係を持つ神社。
官幣社
国幣社
別格官幣社
諸社
地方官の管轄下にある神社。
官幣大社
官幣中社
官幣小社
国幣大社
国幣中社
国幣小社
府社
県社
郷社
村社
無格社

明治4年（1871）の太政官布告により、明治政府は全国の神社に社格を設けた。

教派神道の形成

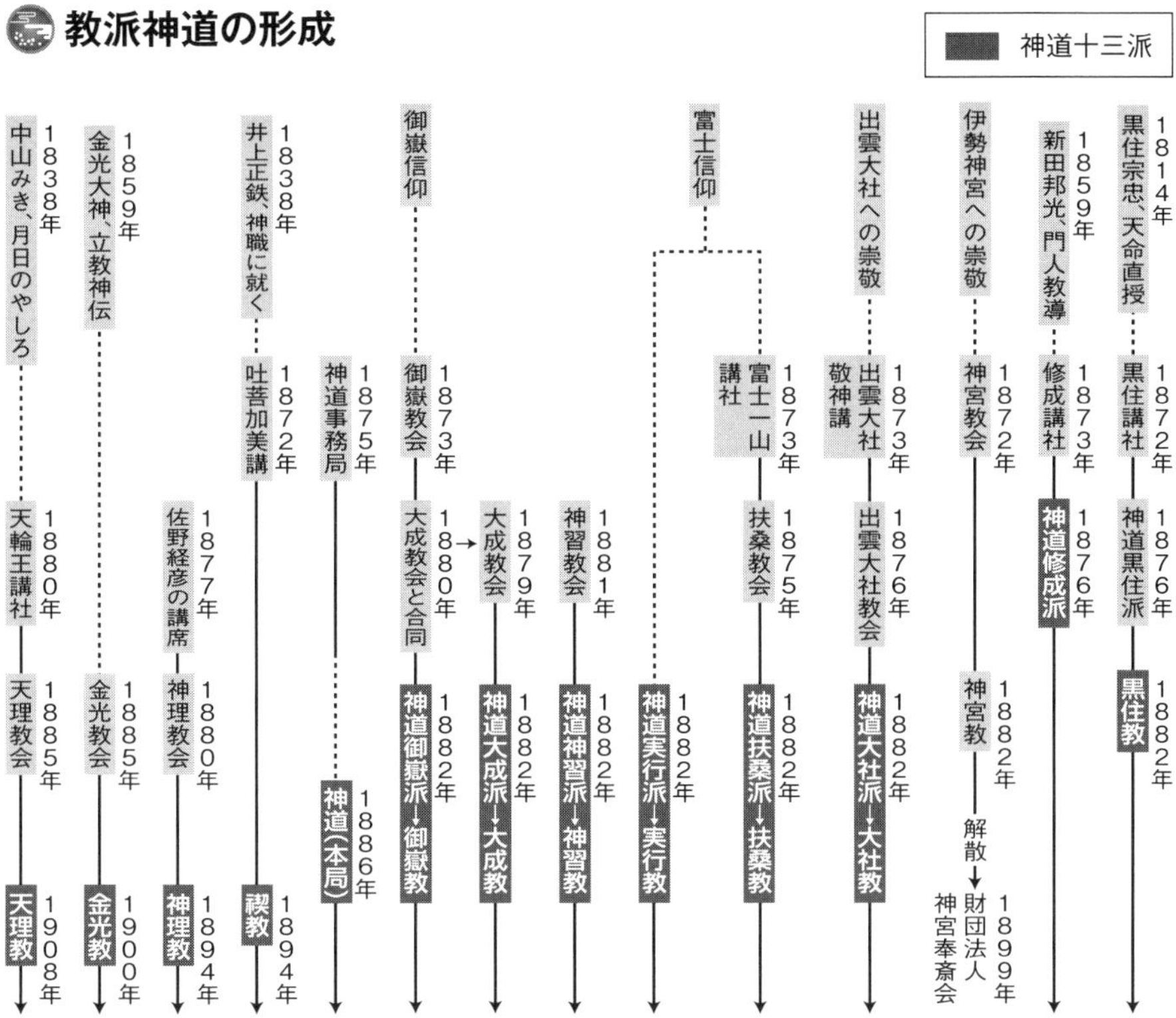
神道十三派
1838年 中山みき、月日のやしろ
1880年 天輪王講社
1885年 天理教会
1908年 天理教
1859年 金光大神、立教神伝
1885年 金光教会
1900年 金光教
1877年 佐野経彦の講席
1880年 神理教会
1894年 神理教
1838年 井上正鉄、神職に就く
1872年 吐菩加美講
1894年 禊教
1875年 神道事務局
1886年 神道（本局）
御嶽信仰
1873年 御嶽教会
1880年 大成教会と合同
1882年 神道御嶽派→御嶽教
1879年 大成教会
1882年 神道大成派→大成教
1881年 神習教会
1882年 神道神習派→神習教
富士信仰
1882年 神道実行派→実行教
1873年 富士一山講社
1875年 扶桑教会
1882年 神道扶桑派→扶桑教
出雲大社への崇敬
1873年 出雲大社敬神講
1876年 出雲大社教会
1882年 神道大社派→大社教
伊勢神宮への崇敬
1872年 神宮教会
1882年 神宮教
解散
1899年 財団法人神宮奉斎会
1859年 新田邦光、門人教導
1873年 修成講社
1876年 神道修成派
1814年 黒住宗忠、天命直授
1872年 黒住講社
1876年 神道黒住派
1882年 黒住教

明治15年（1882）、神道が国の管轄下に置かれたことに伴い、神社に代わって民衆に布教を行なう教派神道が起こった。なかでも、黒住教、神道修成派、大社教、扶桑教、実行教、神習教、大成教、御嶽教、神道（本局）、禊教、神理教、金光教、天理教を「神道十三派」と呼ぶ。

戦後の日本と神道
——「国家神道」からの脱却、民間信仰の高まり

「国家神道」の解体

明治時代に形成された神社の国家管理体制は、昭和二十年（一九四五）の第二次世界大戦の敗戦によって終わりを告げる。

戦後、日本の統治を行なった連合国軍最高司令官総司令部（GHQ）は、日本に神道指令を突きつけた。これは、国家の神社神道への関与の禁止と政教分離を命じたものである。

いわゆる「国家神道」が、軍国主義や超国家主義の精神的な温床となっているとみなしたがゆえの措置だった。

もちろん敵国として日本人と戦ったGHQ側（米国）の誤解であった。

具体的には、神道の研究を目的とする公立学校の廃止、公的機関における神道祭祀に関わるものの撤去、官吏による公的な神社参拝の禁止などである。こうして明治以来の国家の神社管理体制は解体されるに至る。

一宗教として民間信仰へ

とはいえ、民間人による神道信仰までもが禁止されたわけではなかった。

そこで、戦後の神社は、国家から切り離された民間の「宗教法人」としての道を歩むことになる。昭和二十一年（一九四六）二月には、全国約八万の神社を包括し、伊勢神宮を本宗と仰ぐ神社本庁が設立された。

神社本庁に属さない神社も、ほかの包括宗教法人に所属するか、神社自体が単体の宗教法人をつくるなどして存続した。

こうして神道は、仏教やキリスト教と同じく、一宗教として再出発を果たし、現在に至るまで連綿と受け継がれているのである。

とはいえ、神道を宗教として意識する人は、そう多くないのではないかと思われる。しかし、初詣や七五三などの行事で多数の人が神社に参拝したり、厄除けや合格祈願を神社で行なったりと、神道は確実に日本人の生活に深く息づいているといえる。

「国家神道」の解体

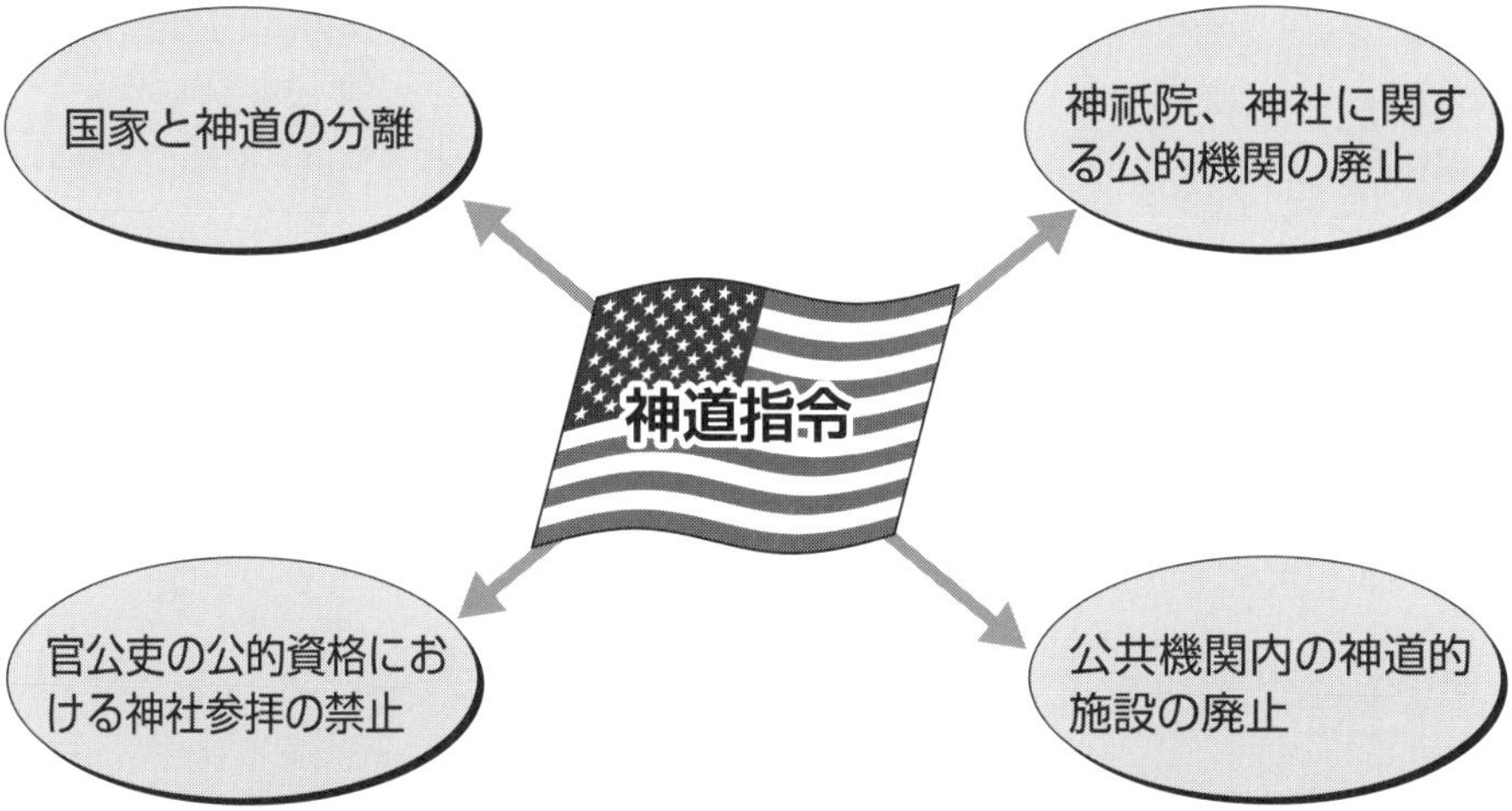
国家と神道の分離
神祇院、神社に関する公的機関の廃止
神道指令
官公吏の公的資格における神社参拝の禁止
公共機関内の神道的施設の廃止

第2次世界大戦敗戦後の昭和 20 年（1945）12 月、GHQ は「神道指令」を発し、強制的に国家と神道を切り離させた。こうして「国家神道」体制は解体し、神社は宗教法人としての道を歩んでいった。

戦後日本の神社の歩み

年	事　　項
昭和20年(1945)	12 月、神道指令が発せられる。宗教法人令が公布される。
昭和21年(1946)	1月、新団体の名称が神社本庁となる。 2月、神祇院が廃止される。神社本庁が設立される。
昭和22年(1947)	5月、日本国憲法が施行される。これによって信教の自由が保障され、国、もしくはその機関はいかなる宗教活動も行なってはならないとされた。
昭和26年(1951)	4月、宗教法人令が廃止され、宗教法人法が公布される。
昭和28年(1953)	10月、戦後、中断されていた伊勢神宮の式年遷宮（第59回）が行なわれる。
昭和31年(1956)	神社本庁設立 10 周年に際し、「敬神生活の綱領」が制定される。
昭和48年(1973)	10 月、伊勢神宮で第 60 回式年遷宮が行なわれる。
平成2年(1990)	今上天皇の即位礼、大嘗祭が執り行なわれる。
平成5年(1993)	10 月、伊勢神宮で第 61 回式年遷宮が行なわれる。
平成25年(2013)	10 月、伊勢神宮で第 62 回式年遷宮が行なわれる。

伊勢信仰

——「一生に一度は参宮したい」由緒正しき伊勢神宮への思い

皇祖神・天照大御神を祀る伊勢神宮

平成二十五年（二〇一三）に遷宮を行ない、話題になった三重県伊勢市に鎮座する伊勢神宮は、日本でもっとも格式が高い皇祖神・天照大御神を祀る神社である。

もともと伊勢神宮は、皇室の祖先神を祀る宮であり、神を祀る斎王として皇女が遣わされたり、天皇以外の奉幣（幣帛を奉ること）が禁じられたりと、ほかの神社とは別格の扱いを受けていた。

それが庶民の信仰の対象となったのは、中世以降のことだった。

伊勢信仰の全国への普及の立役者となったのは、御師（神宮の下級神職）と呼ばれる人々である。御師は各国を回り、参詣曼荼羅などを用いた絵解きによって参詣の効験を説いたり、お札（神宮大麻）を配ったり、祈禱を行なうなどして伊勢信仰を広め、庶民の神宮への参詣を促した。

こうして参詣する下地が整備されると、もともと由緒正しい神社であっただけに、全国から多くの崇敬を集めるようになった。

参宮ブームも起きた江戸時代

とくに江戸時代に入ると、一生に一度は伊勢神宮に参詣すべきという考えが浸透していった。抜け参りといって、店の主人や親などに無断でこっそりとひとりで参詣に出かけるものもいたが、多くは各自の共同体で伊勢講を組織し、その代表が代参するか、もしくは旅費を貯めて集団で参詣した。江戸時代を通じておおよそ六十年周期で「おかげまいり」と呼ばれる参宮（参詣）ブームが到来し、宝永二年（一七〇五）には三百六十二万人、明和八年（一七七一）には二百七万人、文政十三年（一八三〇）には四百二十七万人もの人々が参詣したという。

江戸からの参詣は片道十五日といわれる。まずは外宮の参拝、それから内宮の参拝を行なうのが一般的だった。

参拝後は、精進落としで古市の遊郭で遊ぶのも、参詣の楽しみのひとつとされた。

天照大御神の伊勢神宮への鎮座

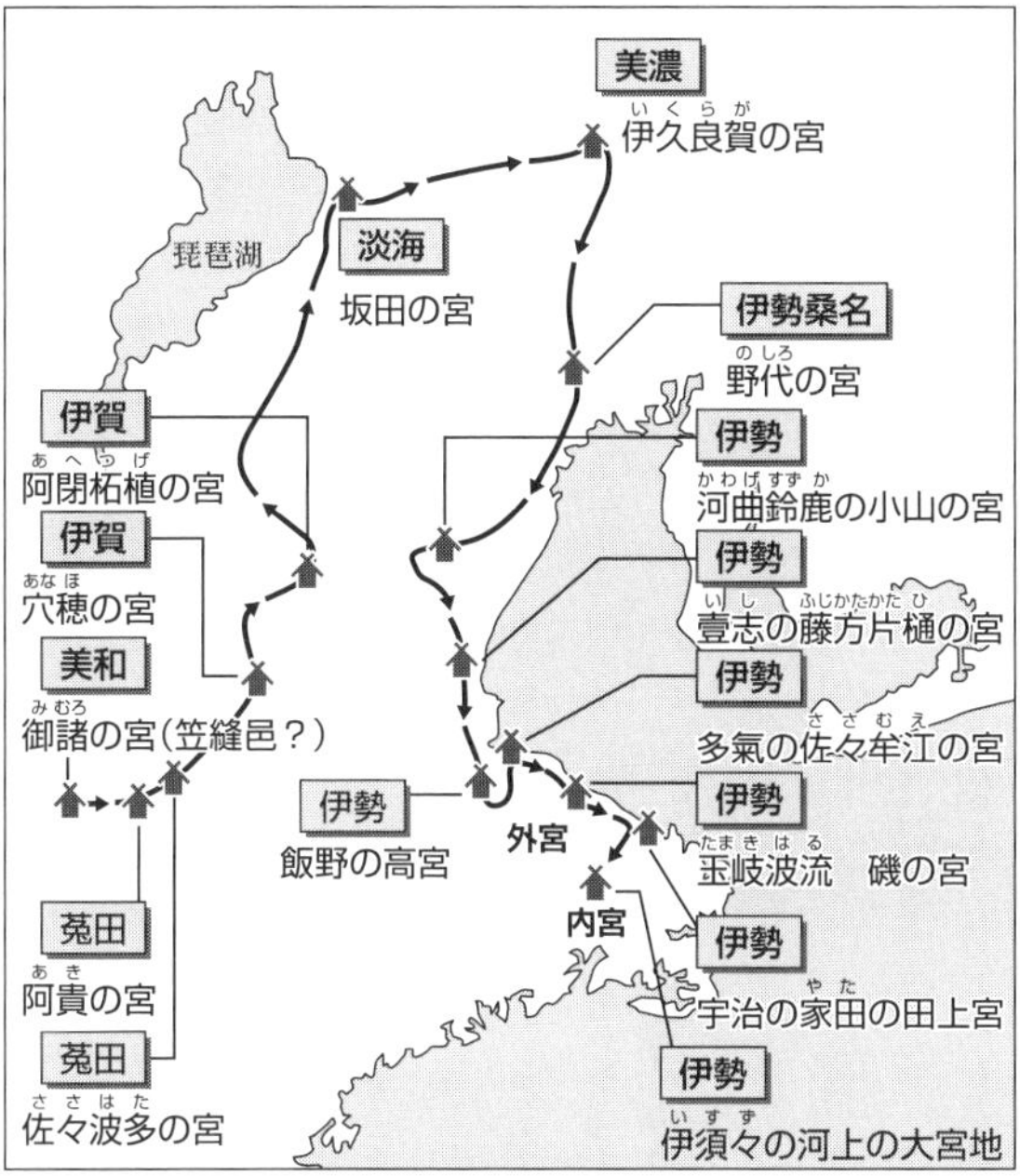

美濃
伊久良賀の宮
淡海
坂田の宮
琵琶湖
伊勢桑名
野代の宮
伊賀
阿閉柘植の宮
伊賀
穴穂の宮
美和
御諸の宮(笠縫邑？)
伊勢
河曲鈴鹿の小山の宮
伊勢
壹志の藤方片樋の宮
伊勢
多氣の佐々牟江の宮
伊勢
飯野の高宮
外宮
伊勢
玉岐波流　磯の宮
内宮
伊勢
宇治の家田の田上宮
菟田
阿貴の宮
菟田
佐々波多の宮
伊勢
伊須々の河上の大宮地

※『皇太神宮儀式帳』に基づき作成

かつて天照大御神は宮中で祀られていた。その後、垂仁天皇の皇女・倭姫命が天照大御神の鎮座地を求めて各地を巡ったとき、伊勢・五十鈴川のほとりに至ると、天照大御神が「ここにいたい」と言われたため、伊勢に宮を築き、祀ったという。

『伊勢参宮略図并東都大伝馬街繁栄之図』

江戸時代、伊勢参宮は全国で大ブームとなった。文政13年（1830）には、427万人もの人々が伊勢神宮を訪れたという。（国立国会図書館蔵）

稲荷信仰

――豊穣と現世利益を求め、各地で祀られる「お稲荷さん」

稲荷神社の成立

「お稲荷さん」と呼ばれて親しまれ、全国の神社のおよそ三分の一を占めているといわれる稲荷神社。江戸では「伊勢屋稲荷に犬のくそ」ともっとも多いもののひとつに数えられ、大阪では「病弘法、欲稲荷」といわれ、五穀豊穣や現世利益をもたらす神として広く信仰を集めた。

　その稲荷神社の本社は、和銅四年（七一一）の創建と伝わる京都の伏見稲荷大社である。山城国の豪族秦伊呂具が餅を的にして矢を射たところ、その餅が白鳥となって山の峰に止まり、そこに稲が生えたという霊異によって社殿を建設したのが由来とされる（『山城国風土記』逸文）。主祭神の宇迦之御魂大神は稲の神であり、農業神として信仰された。

稲荷信仰の普及

　このように、当初は豪族の氏神に過ぎなかった稲荷信仰が全国的に普及したのは、当時の都が置かれた京都が日本最初の大都市となったことと関係している。産業の発展に伴い、農業の神から商売の神へと信仰を広げたのである。

　稲荷神の神使で、山と里とを行き来する狐が、豊穣や富をもたらしてくれるという信仰が、多くの人々に支持されていった。

　一方で、稲荷神は真言密教の祖空海を守護する神となり、東寺の鎮守社となった。やがて仏教の荼枳尼天と習合するようになったため、密教の発展に合わせて各地に広まった。

　中世になると商工業が盛んとなり、稲荷神の神格が諸産業の守護神として拡大。江戸時代には稲荷神の勧請（神の分霊をほかの地へ移し、祀ること）が盛んに行なわれたことで、江戸市中において爆発的な広がりを見せた。

　また、オダイサン（稲荷神の言葉を伝える民間の男性宗教者）や稲荷念持（稲荷神を信仰する人々）といった民間宗教者の尽力によって、広く庶民に信仰されるようになったのである。

稲荷神と神仏習合

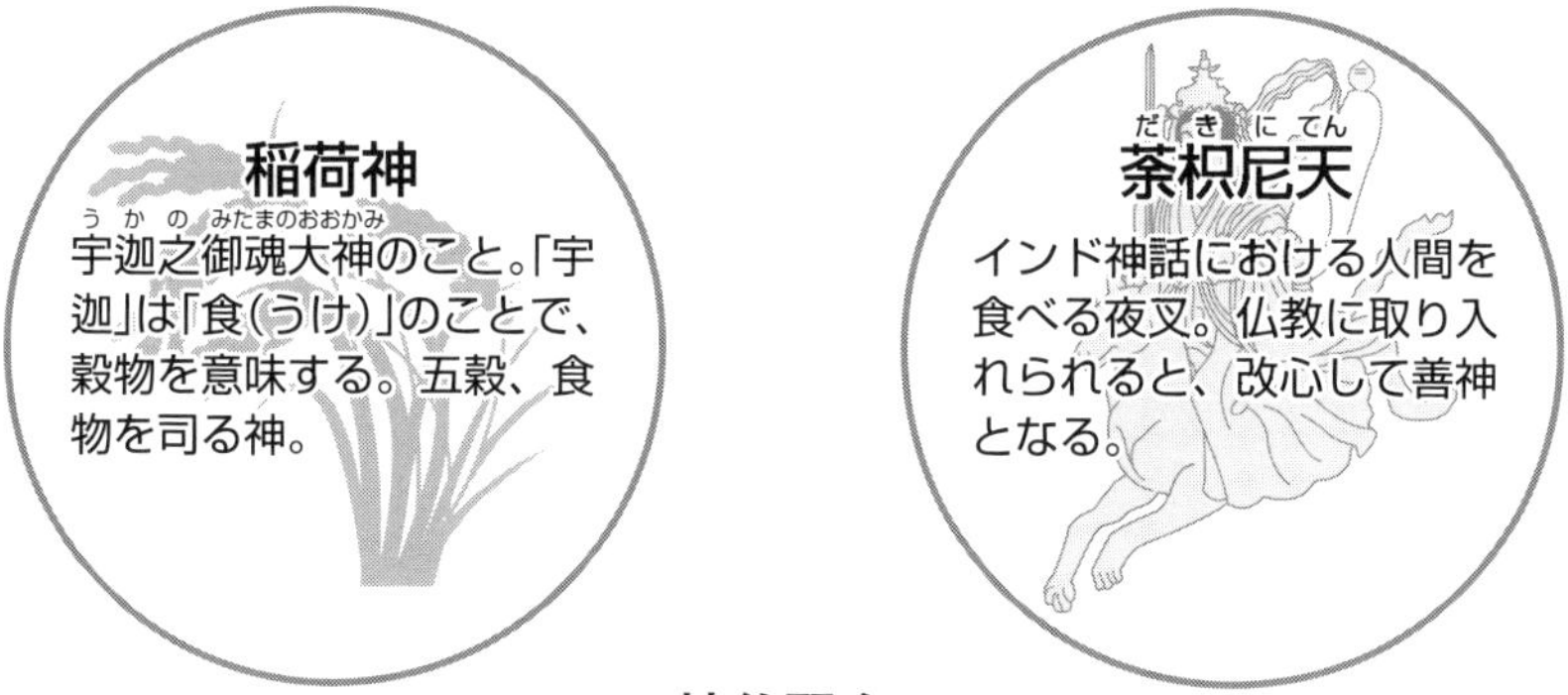
稲荷神
宇迦之御魂大神のこと。「宇迦」は「食(うけ)」のことで、穀物を意味する。五穀、食物を司る神。
荼枳尼天
インド神話における人間を食べる夜叉。仏教に取り入れられると、改心して善神となる。

神仏習合

真言密教では荼枳尼天を「稲荷の神体これなり」と説いた。こうして荼枳尼天と稲荷神が習合したことにより、稲荷信仰が全国に普及した。

おもな稲荷神社

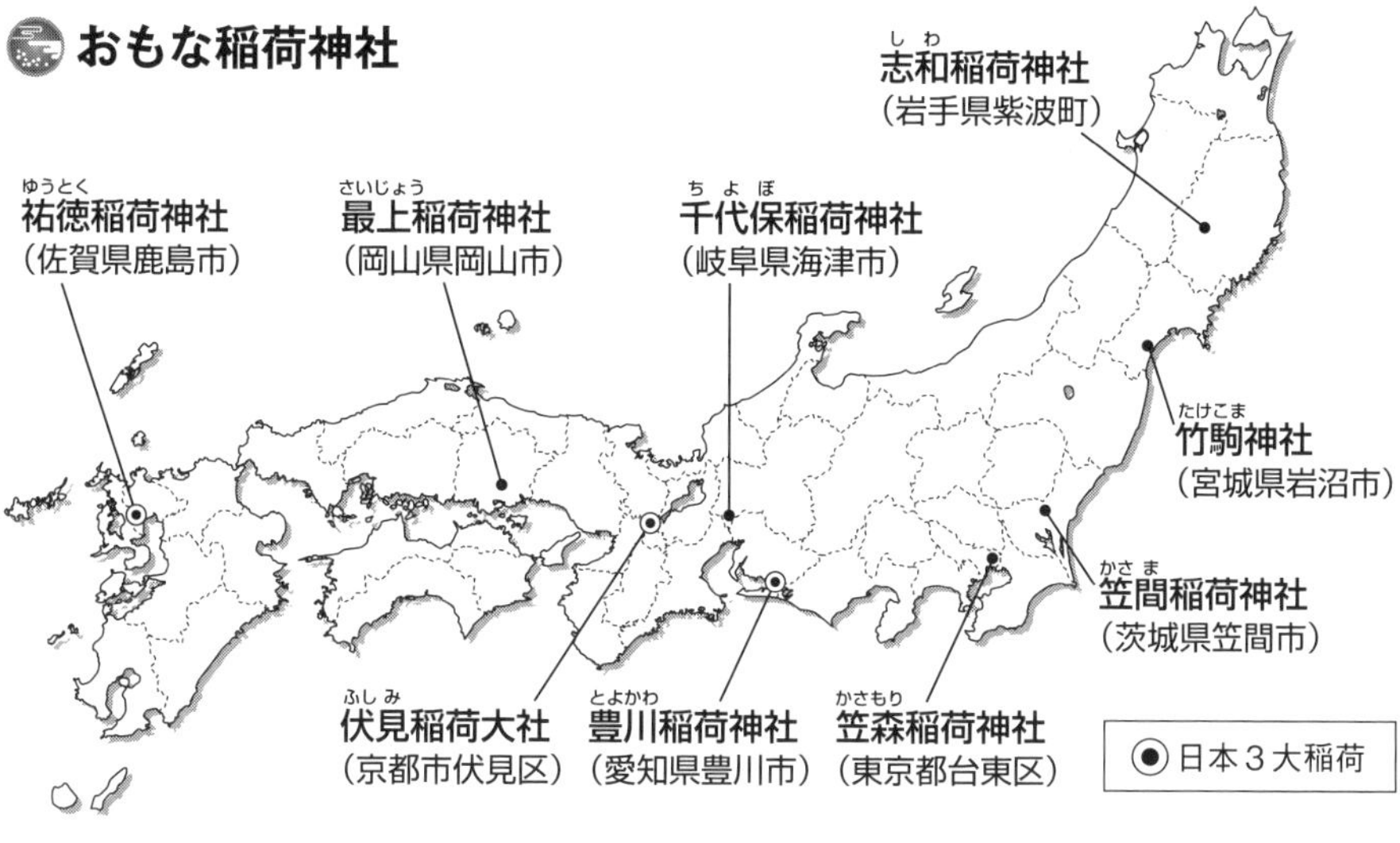
志和稲荷神社
(岩手県紫波町)
祐徳稲荷神社
(佐賀県鹿島市)
最上稲荷神社
(岡山県岡山市)
千代保稲荷神社
(岐阜県海津市)
竹駒神社
(宮城県岩沼市)
笠間稲荷神社
(茨城県笠間市)
伏見稲荷大社
(京都市伏見区)
豊川稲荷神社
(愛知県豊川市)
笠森稲荷神社
(東京都台東区)
◉ 日本3大稲荷

もとは農耕の神として信仰を集めた稲荷神だが、中世に真言宗と習合したことで現世利益をもたらす神として各地に信仰が広まっていった。江戸時代になると、商業の神として民間信仰を集め、急速に発展。至るところで稲荷神が祀られるようになり、現在では全国に約3万社を誇るに至る。

天神信仰

——怨霊への畏怖から始まった学問の神としての崇拝

菅原道真の祟りによる怨霊信仰

学問の神として崇められる天神様。天神とは平安時代初期の学者・政治家の菅原道真を指す。道真は幼少の頃より学問に優れ、時の宇多天皇の信任を得て、右大臣にまでのぼりつめた。しかし、無実の罪に陥れられて大宰府に流され、同地で無念のうちに没してしまう。

その死後、都では皇族や貴族が次々と急死したり、清涼殿に雷が落ちたりするなどの不穏な出来事が頻発した。

当時、非業の死を遂げた人の霊が祟りをもたらすという御霊信仰が広まっていたこともあり、人々はこの事件を道真の祟りだと信じ、怖れた。これが、かねてより人々に災いをもたらす神を火雷天神と呼び、畏怖していた信仰と結びつき、道真を天神として崇める信仰が生まれたのである。

天暦元年（九四七）に道真を祭神とする北野天満宮が創建されると、祟る神を鎮めるとともに、祈雨、避雷、五穀豊穣の神として、庶民からの信仰を集めるようになった。

畏怖の対象から学問の神へ

こうして当初は怨霊による祟りへの畏怖から始まった天神信仰だが、やがて生前の道真の学識や人格が崇拝されるようになり、鎌倉時代には、天神の霊験や利益を世に伝える天神縁起が数多くつくられていった。

室町時代に入ると、道真は和歌や詩歌の神として崇拝されるようになる。また、禅宗で天神が重んじられたことから、五山の僧の間で道真が中国に渡ったという渡唐天神の伝承が成立。唐衣をまとった姿で天神像が描かれた。

現在のように学問の神として信仰されるようになるのは、江戸時代のこと。とくに庶民の教育機関であった寺子屋では道真の神像や神号を掲げるなどして崇拝された。現在も天神は、学業成就の神として受験生たちの信仰を集めている。

菅原道真の生涯

和暦年（西暦）	事　　項
仁明12年（845）	京都で生まれる。菅原氏は代々名だたる学者を輩出した家柄だった。幼少の頃から文才に優れていた。
元慶元年（877）	式部少輔に任ぜられる。あわせて家職である文章博士を兼任。
仁和2年（886）	讃岐守に任ぜられ、讃岐国へと下向する。寛平2年（890）に帰京。
寛平3年（891）	当時の宇多天皇の信任を受け、蔵人頭に就任。
寛平9年（897）	三女寧子を宇多天皇の皇子斉世親王の妃とする。権大納言に就任。
昌泰2年（899）	右大臣に就任する。
延喜元年（901）	左大臣藤原時平の讒言により、大宰府へ左遷される。
延喜3年（903）	配所に閉じこもる失意の日々を送った末に非業の死を遂げる。
延長元年（923）	醍醐天皇の皇太子保明親王が21歳で亡くなる。道真の祟りだとして恐れられる。
延長8年（930）	宮中の清涼殿に雷が落ち、大納言をはじめ数人の貴族が亡くなる。これも道真の祟りだとして恐れられた。
天暦元年（947）	神託が下り、道真の霊を鎮めるために京都・北野天満宮を建立。

おもな天満宮・天神社

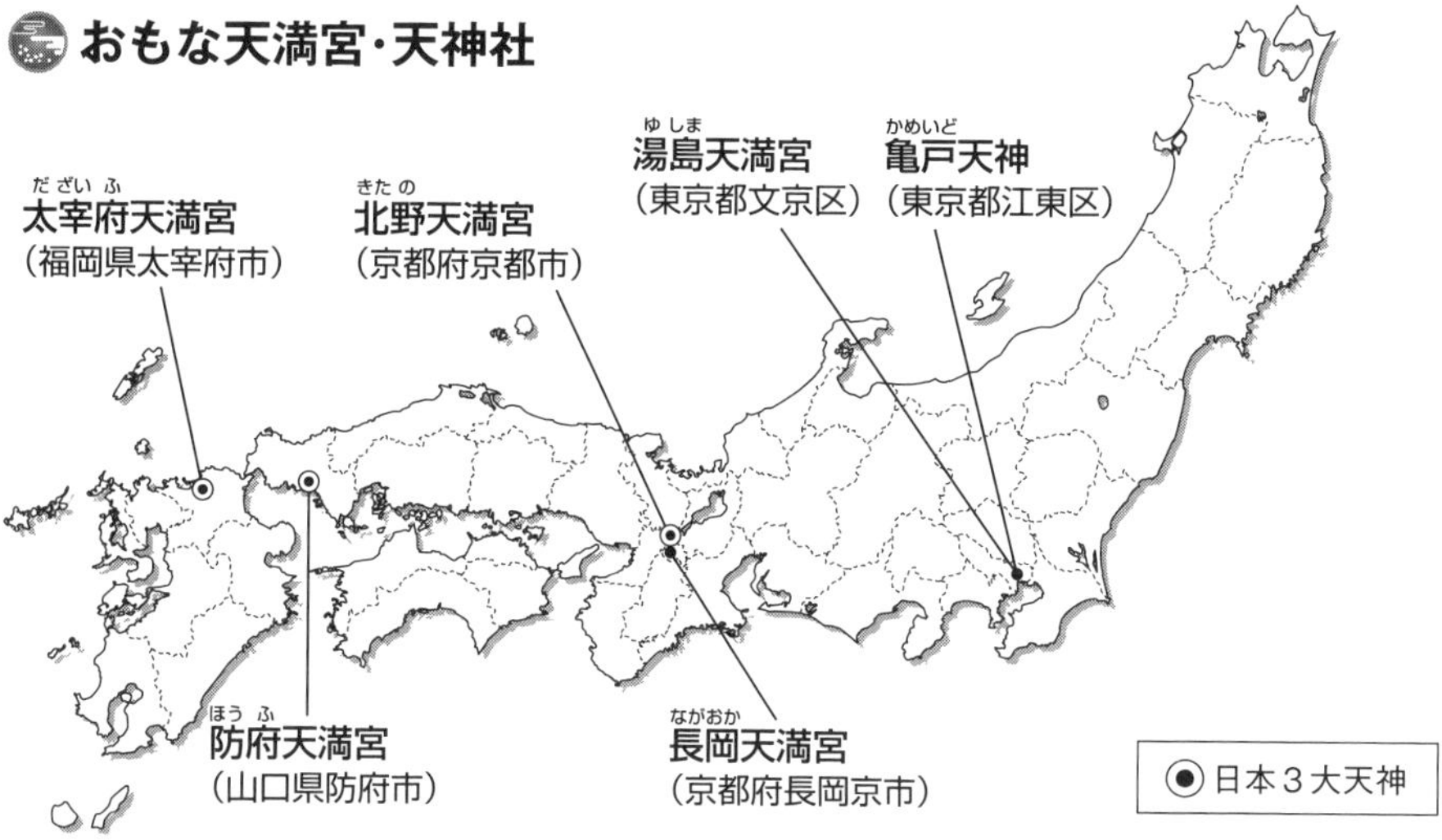
湯島天満宮（ゆしま）
（東京都文京区）
亀戸天神（かめいど）
（東京都江東区）
太宰府天満宮（だざいふ）
（福岡県太宰府市）
北野天満宮（きたの）
（京都府京都市）
防府天満宮（ほうふ）
（山口県防府市）
長岡天満宮（ながおか）
（京都府長岡京市）
◉日本３大天神

当初は菅原道真の怨霊の祟りを鎮めるために創建された天満宮だが、室町時代には道真は連歌や和歌の神として信仰を集めるようになり、江戸時代には学問の神として広く信仰された。現在も学業成就の神として各地で祀られている。

熊野信仰

――現実世界の浄土と捉えられた天下の霊地

日本第一の霊験地へ

古来、日本人は自然の神秘を感じさせる山に神霊の存在を感じ、畏怖してきた。とくに村里近くの山は埋葬地とされたために、山は死霊、とくに祖先の霊が住まう他界と捉えられた。

和歌山県の熊野三山もその信仰対象のひとつである。

熊野三山とは熊野本宮大社、熊野那智大社、熊野速玉大社を総称したもの。日本の国土を産み出した伊弉冉尊を祀った地であるとされ、もともと他界の入り口であると考えられた熊野は、古くから聖地として信仰された。奈良時代にはすでに熊野の山にこもって修行をする修験者がいたと伝えられる。平安時代には熊野修験道が成立した。

やがて仏教との習合により、熊野三山の神々はそれぞれ阿弥陀如来、薬師如来、千手観音の垂迹（仮の姿）であるとされ、熊野全体が「浄土」として信仰されるようになった。そして熊野は「日本第一大霊験地」と讃えられるようになり、法皇や上皇を始め、貴族や武士、庶民に至るまでがこぞって参詣するようになった。その参詣人の多さから、「蟻の熊野詣で」とたとえられるほどだった。

各地で布教した熊野比丘尼

熊野信仰が全国に普及するに至ったのは、熊野比丘尼と呼ばれる尼僧たちの活躍が大きい。女人禁制を謳った聖地が多いなか、熊野は浄・不浄を問わず、広く参詣者を受け入れていたところに大きな特徴がある。

熊野比丘尼らは諸国を遊行し、各地で熊野参詣曼荼羅や観心十界図などの絵解きによる布教を行なった。これによって庶民に熊野参詣の効験が伝わり、熊野信仰が広まったのである。

その一方で、参詣者を応接する御師や、遠方の参詣者の道案内を行なう先達と呼ばれる制度も発達した。参詣を行なう制度が整備されたことも、熊野参詣の普及に一役買った。

熊野三山の成立

名　称	創　建	事　項
熊野本宮大社	200年頃	20メートルを超える櫟の巨木を神の依り代に見立て、信仰が生まれたとされる。
熊野速玉大社	200～300年頃	景行天皇58年、新宮を創立したとの記録がある。熊野川の上流にある本宮から、下流の新宮に分霊されたともいう。
熊野那智大社	400～500年頃	那智の滝を御神体とする。16代仁徳天皇の頃に社殿が創建されたと伝わる。

もとは個別の信仰として3社は誕生したが、互いにそれぞれの神を祀るようになり、平安時代後期までには一体化。熊野三山と称されるようになった。

熊野へ至る参詣ルート

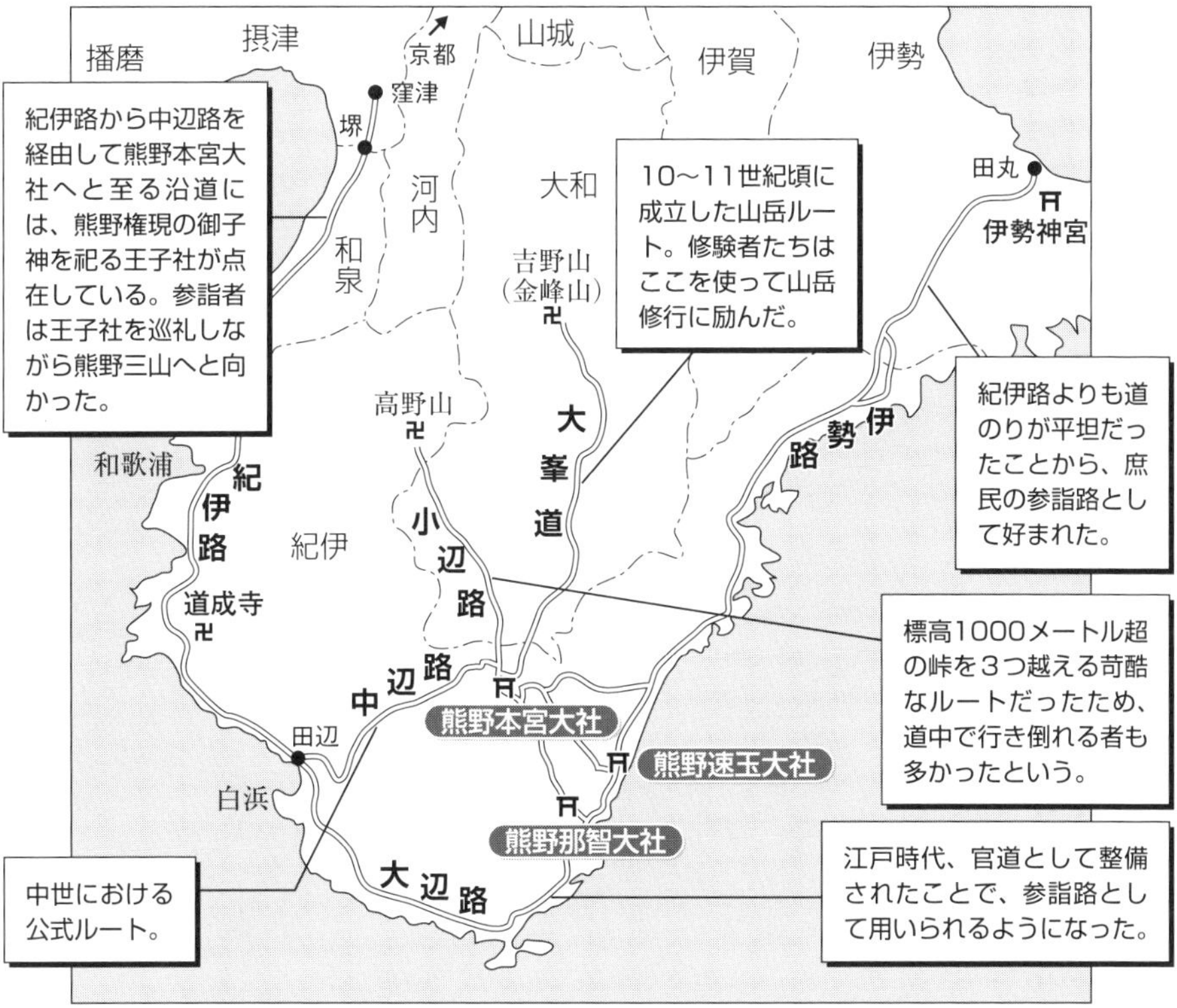
播磨
摂津
京都
山城
伊賀
伊勢
窪津
堺
河内
和泉
大和
吉野山
(金峰山)
田丸
伊勢神宮
高野山
和歌浦
紀伊路
紀伊
道成寺
小辺路
大峯道
伊勢路
中辺路
熊野本宮大社
熊野速玉大社
熊野那智大社
田辺
白浜
大辺路
紀伊路から中辺路を経由して熊野本宮大社へと至る沿道には、熊野権現の御子神を祀る王子社が点在している。参詣者は王子社を巡礼しながら熊野三山へと向かった。
10～11世紀頃に成立した山岳ルート。修験者たちはここを使って山岳修行に励んだ。
紀伊路よりも道のりが平坦だったことから、庶民の参詣路として好まれた。
標高1000メートル超の峠を3つ越える苛酷なルートだったため、道中で行き倒れる者も多かったという。
中世における公式ルート。
江戸時代、官道として整備されたことで、参詣路として用いられるようになった。

七福神信仰

――庶民の欲求に応える形で誕生した福をもたらす神々

現世利益を求める声に応じて誕生

宝船に乗った姿で描かれる七福神（しちふくじん）は正月の縁起物として尊ばれており、現在でも福をもたらす存在として人気が高い。しかしその歴史は意外と浅く、七福神の信仰が史上に登場するのは、室町時代末期になってからだといわれる。

当時、庶民の間で財宝や官位を得たいという現世利益に対する欲求が高まったことに伴い、それに応じる形で神社は福神の喧伝に努めた。そのなかで、恵比寿（えびす）、大黒天（だいこくてん）、弁財天（べんざいてん）、毘沙門天（びしゃもんてん）、布袋（ほてい）、福禄寿（ふくろくじゅ）、寿老人（じゅろうじん）の福神がまとめて七福神として呼称されるようになったことで、七福神信仰が盛んになったという。

江戸時代には、正月二日の夜に、宝船に乗った七福神の絵を枕の下に敷いて寝ると縁起が良いという民間信仰も生まれた。

国際色豊かな七福神たち

七福神のなかで、日本固有の神は恵比寿のみである。恵比寿は漁業や農業の神、商売繁盛の神として庶民の間に広く信仰された。

大黒天と弁財天、毘沙門天は、もとはインドの神である。なかでも打出（うちで）の小槌（こづち）と袋を背負った大黒天は、インドではマハーカーラと呼ばれる暗黒の神だった。それが仏教に取り入れられると大黒天と呼ばれ、中国唐代には台所を守る神とされた。日本でも、当初は寺院の台所に祀られたが、やがて大黒と大国という音が通じることから大国主神（おおくにぬしのかみ）と習合。恵比寿とともに福徳の神となり、現在のような姿が形成されていった。毘沙門天はインドではバイシュラバナと呼ばれる、富を司る神だった。弁財天はインドではサラスヴァティといい、水や音楽、財宝を司るとされた。

福禄寿、寿老人、布袋はともに中国の神である。福禄寿と寿老人は南極星の化身、または老子（ろうし）ともされる。布袋は中国に実在した禅僧契此（けいし）を神格化したものである。常に袋を持っていたことから布袋と呼ばれた。

七福神の起源

布袋
9～10世紀に活躍した中国の禅僧契此のこと。その風貌から福神とされた。
福禄寿
道教の神で、南極星を神格化したもの。延命・厄除けなどの神。
寿老人
道教の神で、南極星を神格化したもの。福寿の神。福禄寿、寿老人をまとめ、吉祥天を入れる場合もある。
恵比寿
唯一の日本の神。大国主神の御子神・事代主神として知られる。大国主神とともに恵比寿・大黒様として知られ、福徳の神として親しまれている。
中国
日本
インド
大黒天
インドの暗黒神マハーカーラが仏教に取り入れられ、大黒天となる。日本では「大黒」と「大国」の音が通じることから、大国主神と同一視された。
弁財天
インドの川の女神サラスヴァティが仏教に取り入れられ、弁財天となる。
毘沙門天
インドの神バイシュラバナが仏教に取り入れられ、毘沙門天となる。四天王の一であり、財を司るとされた。

天石屋（あまのいわや）

弟の乱暴狼籍に憤った天照大御神（あまてらすおおみかみ）の石屋籠り

天照大御神を外に引き出した神々の祭り

父伊邪那岐命（いざなぎのみこと）によって高天原（たかまがはら）からの追放を命じられた須佐之男命（すさのおのみこと）は、姉の天照大御神に暇乞（いとまご）いをしようと高天原を訪れた。

しかし、天照大御神は乱暴者の須佐之男命が国を奪おうとしていると警戒し、武装してこれを待ち構えた。この様子を見た須佐之男命は、「ただの暇乞いです。決して二心はありません」として姉に訴えるも、信用されなかったため、自らの潔白を証明するために「誓約（うけい）」を行なった。

これを承諾した天照大御神は、須佐之男命の剣から三柱の女神を産み出し、須佐之男命は天照大御神の玉飾りから五柱の男神を産み出した。

玉飾りから産まれた五柱の男神は自分の子であると宣言した天照大御神に対して、須佐之男命は自分の心が清らかだったから女神が産まれたのだと言い、勝利を宣言する。勝ちに驕って高天原で乱暴狼藉を働き、機織女（はたおりめ）を死に至らせてしまう。これを見た天照大御神は悲しみ、天石屋に閉じこもってしまった。すると、にわかに世界は暗闇に包まれ、世の中にあらゆる災厄がはびこったのだった。

困り果てた八百万（やおよろず）の神々は何とか天照大御神に石屋から出ていただくため、一計を案じ、石屋の前で賑やかな祭りを催した。

石屋の前では天宇受売命（あめのうずめのみこと）が胸乳をあらわにして踊り舞い、それに合わせて神々は囃（はや）し立てた。

天照大御神は、外の騒がしい様子が気になり、そっと戸を開け、外をうかがおうとした。

とそのとき、石戸に隠れていた天手力男命（あめのたぢからおのみこと）が天照大御神の手をとって引き出すと、布刀玉命（ふとだまのみこと）が後ろに注連縄（しめなわ）を張り、天照大御神が再び石屋へ戻れないようにしたのだ。こうして世界は、再び光に包まれ、秩序を回復したのである。

※表記は『古事記』による

第二章

日常生活に根づいている神道としきたり

神棚の配置から拝礼までの手順

①神棚の設置
居間の西側もしくは北側の上部（欄間、鴨居の上など）に吊り、日の射す東、南の方角に向けて設置する。

②宮形の安置
宮形を神棚に安置。上階に居住空間がある場合、「雲」と記した紙を天井に張るか、雲板を取りつける。

③お札を納める
宮形の中央に神宮大麻、右に氏神社、左に崇敬社の札を納める。横に３枚並べられない宮形の場合、表に神宮大麻、中に氏神社、奥に崇敬社の順に重ねて納める。

④神饌（しんせん）（供物）を供える
神饌は、米・酒・塩・水をそれぞれ専用の容器に入れて供える。正月や毎月１日などには果物や野菜を供えてもよい。

〈１列の場合〉
神棚
㊌㊇㊊㊏ → 水 酒 米 塩

〈２列の場合〉
神棚
米
酒　酒
水　塩

⑤拝礼する
神社参拝と同様に、顔や口を洗い清めたあと、二拝二拍手一拝で拝礼する。

室内の聖なる空間である神棚

神棚（かみだな）は、家庭内で神を祀（まつ）るための棚のことで、いわば室内に設けられた小さな神社といえる。伊勢（いせ）神宮（じんぐう）のお札である神宮大麻（たいま）を納めるための棚がその起源とされ、室町時代以降、庶民の間で室内に神棚を設けることが定着した。

神棚は家庭祭祀（さいし）の中心となる聖なる空間であることから、祀り方にはとくに気を配る必要がある。

まず神棚は、家のなかでもできるだけ清浄で明るく、高い場所に吊り、その際は南か東向きに配置する。

棚を吊ったら、神社をかたどった宮形（みやがた）を置き、正面中央に神鏡（しんきょう）、

神棚の祀り方

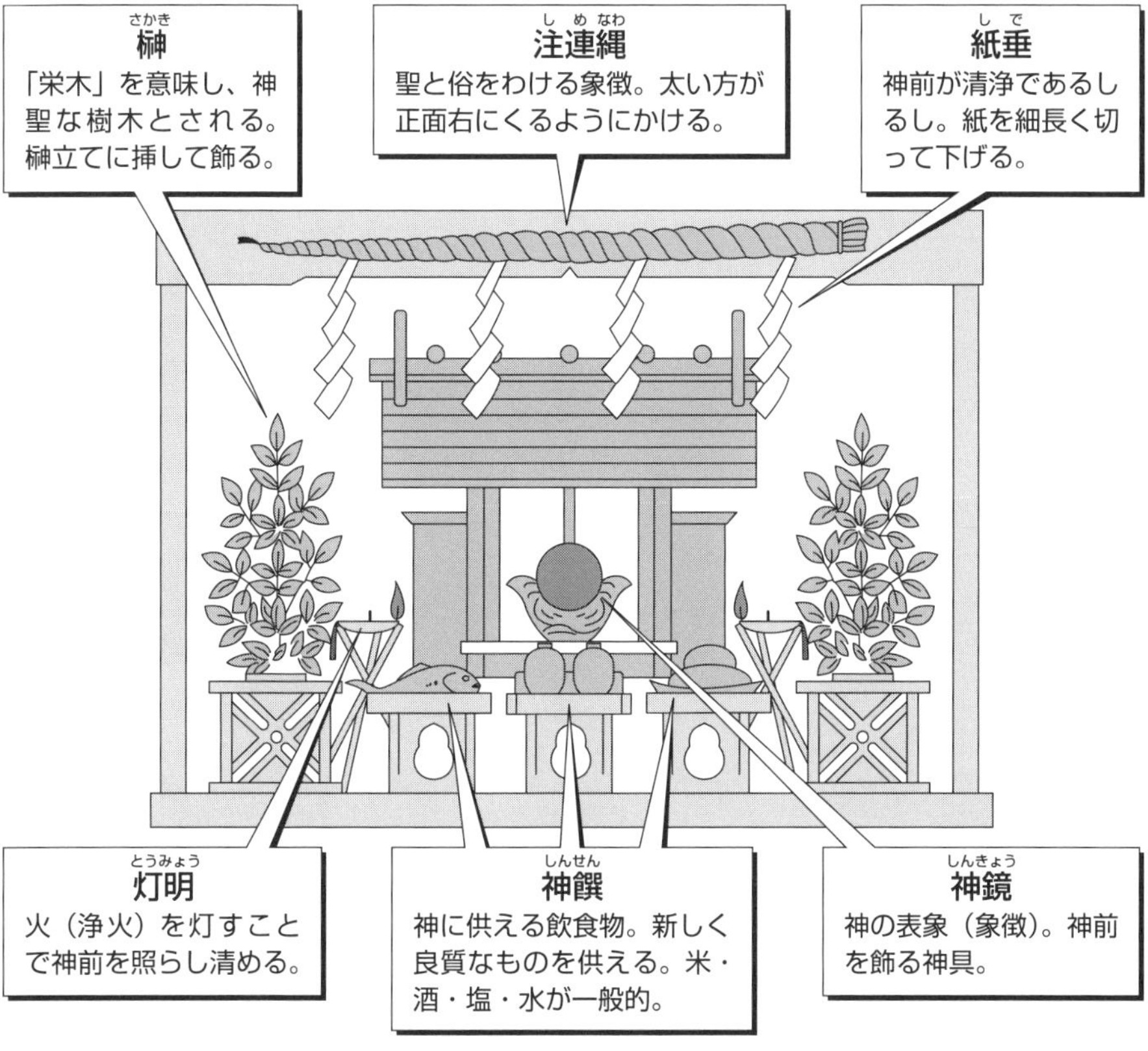
榊
「栄木」を意味し、神聖な樹木とされる。榊立てに挿して飾る。
注連縄
聖と俗をわける象徴。太い方が正面右にくるようにかける。
紙垂
神前が清浄であるしるし。紙を細長く切って下げる。
灯明
火（浄火）を灯すことで神前を照らし清める。
神饌
神に供える飲食物。新しく良質なものを供える。米・酒・塩・水が一般的。
神鏡
神の表象（象徴）。神前を飾る神具。

左右に榊を飾る榊立て、神灯を照らす灯明を置いて前面上方に注連縄を張る。このとき、注連縄には等間隔で紙垂をつける。そして、宮形の内部にお札を奉納する。

神棚は、日々の祀りの場所であるため、毎朝榊の水を換え、神饌（神への供物）を供える。神饌は米、酒、塩、水が基本。祭りや慶事などの日には野菜、果物なども供える。

神饌を供えたら神恩に感謝し、祈りを捧げる。神社参拝と同じく、手や口を水ですすいで心身を清めた上で臨むとよい。また、お供えした神饌には神霊が宿ることから、お下がりとして家族でいただくとよいだろう。

なお、喪中のときには神棚に半紙を貼って参拝を避け、忌み期間（神式では五十日、仏式では四十九日）が過ぎてから再開する。

宮参り――氏神への顔見せと赤子の成長を祈る行事

氏子の仲間入り

子どもが誕生すると、成育の無事を願うさまざまな行事が営まれる。なかでも、新生児を初めて氏神（うじがみ）のもとへ参詣させる行事を宮参（みやまい）りという。

これには、生まれたばかりの子どもを氏神に参拝させることで、氏子（うじこ）として承認してもらうという目的がある。

そのため、宮参りのことを「氏子入り」とも呼ぶ。

また、氏神の生命力と加護をいただくことで、赤子の健やかな成長を祈るためのものでもある。

なお、現在では氏神社に限らず、有名な神社に参拝することが多くなっている。

母親の産屋明けに参拝

宮参りは、地域によってさまざまな風習を見ることができる。

一般に男子は誕生後三十二日目、女子は誕生後三十三日目と、男児の方が早く行なわれるが、地域によって日程は異なっている。なかには百日目のお食（く）い初（ぞ）めの日に行なうところもある。

いずれにせよ、産婦の忌み期間が明けるのを待って、神社に参拝したものと考えられる。

神社へ参るときは、母方の実家から贈られた晴着を赤子に着せ、そこに糸を通して祝儀袋を吊る。このとき、赤子には無地の内着を着せ、男児の場合は熨斗目（のしめ）模様、女児の場合は花柄の友禅（ゆうぜん）の祝い着をかける。

赤子を抱くのは祖母の役割だとされている。このとき、魔除けのためか、赤子の額に鍋墨（なべずみ）などで犬の字を書いたり、点をつけたり、また、女児に頬紅をつける地域もある。

いざ神社に到着すると、社前で赤子をつねってわざと泣かせるということも行なわれた。これは、赤子の存在を氏神に印象づけるためだといわれる。

宮参りのあとは、家で親戚や近所の人などとともに祝い膳を囲み、赤子の成長を祝福する宴を開くのが一般的だ。

生後１年間で受ける儀礼

儀 礼	時 期	内 容
お七夜（しちや）	生後7日まで	出産後７日間、産神が生まれた子どもを見守るという。お七夜は、その産神が帰る日とされる。赤飯や鯛などのご馳走でもてなし、名前を披露する行事。その際は、命名書をつくり、神前に張る。 〈命名書の例〉 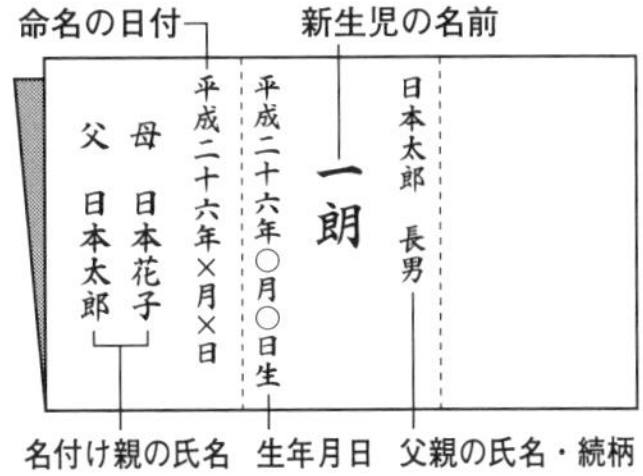命名の日付 新生児の名前 日本太郎 長男 一朗 平成二十六年○月○日生 平成二十六年×月×日 母 日本花子 父 日本太郎 名付け親の氏名 生年月日 父親の氏名・続柄 ①奉書紙を横半分に折り、外側片面に上記のように記入する。 ②左、右の順に三つ折りにして、表面に、「命名」と記す。
お宮参り	生後32日（男子） 生後33日（女子）	初めて氏神に詣で、子どもを氏子として認めてもらう儀礼。
お食い初め	生後100日	出生100日目を祝って、１汁３菜の祝い膳を用意する。歯が生えていないので、食べさせるまねだけをする。赤子の魂に活力を与え、一生食べ物に困らないようにさせるための儀礼。 〈お食い初め本膳の一例〉 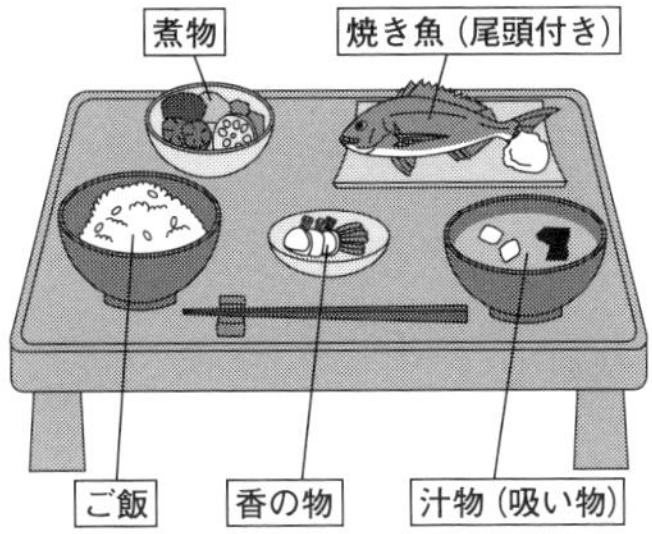煮物 焼き魚（尾頭付き） ご飯 香の物 汁物（吸い物） ※丈夫な歯が生えてくるよう願いを込め、小石が供される風習もある。
初節供	最初の節供 3月3日（女子） 5月5日（男子）	子どもが初めて迎える節供を祝う。女の子は上巳（じょうし）の節供（3月3日）、男の子は端午の節供（5月5日）に祝う。
初誕生	生後１年	子どもの満１歳を祝う儀礼。風呂敷に入れた１升分の丸餅を背負わせて歩かせたり、鏡餅の上を歩かせたりする。これは、早く歩けるようになると家に居つかなくなるといって忌み嫌うことから生まれた風習。転ぶことで新しい魂に入れ替わり、しっかり歩ける子に育ってほしいという願いも込められている。

厄払い——本来はハレの年齢だった厄年

災いが起こりやすい年

人の一生のうち、体力や家庭環境、社会生活などにおいて転機を迎える節目の年齢のときは、災厄に遭いやすいと考えられている。これを厄年（やくどし）という。厄年を迎えると、災いから身を守るために神社で厄払いを行なうという人は多いだろう。

一般に厄年は、男性は二十五、四十二、六十一歳、女性は十九、三十三、三十七歳である。その前後の年齢のときは、それぞれ前厄、後厄とされている。

とりわけ男の四十二歳は「死に」に、女の三十三歳は「散々」に通じることから、大厄としてとくに忌み慎む年齢だと考えられることが多い。江戸時代には、すでにこの語呂合わせが存在していたという。

厄年には、神社で厄払いの儀を行なってもらうのがもっとも一般的な厄落としであるが、そのほかにも正月を二度行なうことで年齢を進めて厄年を通過したことにする地域もある。

また、節分（せつぶん）の夜に自分の年の数分の豆を包んで捨てたり、厄年の年頭に親族や友人を招いて宴を開いたり、自分が常に身につけているものを路上に落とすことで厄を払ったりと、さまざまな厄落としが行なわれている。

本来は神事を担うハレの年だった

このように、いまではすっかり敬遠されている厄年であるが、本来は神事で重要な役割を担うことができるハレの年齢だと考えられていた。つまり「役年（やくどし）」である。

役年を迎えると、神社の祭祀・運営を行なう宮座（みやざ）（氏子が中心となり、神社の祭祀・運営を行なう）への参加が認められたり、氏神の神輿（みこし）を担ぐことを許されたりと、地域社会において一定の地位を割り当てられた。

このように神事に積極的に関与するようになることから、この年はとくに心身を清浄に保つことが求められた。これが、災いを避けるという現在の風習へと転じていったのである。

厄年一覧

□＝本厄

男性			女性		
前厄	厄年	後厄	前厄	厄年	後厄
24歳	25歳	26歳	18歳	19歳	20歳
41歳	**42歳**	43歳	32歳	**33歳**	34歳
60歳	61歳	62歳	36歳	37歳	38歳

男女ともに人生の節目に当たる年齢が厄年となっている。なかでも本厄は「大厄」と呼ばれ、前厄・後厄においても注意が必要である。

おもな厄除け神社

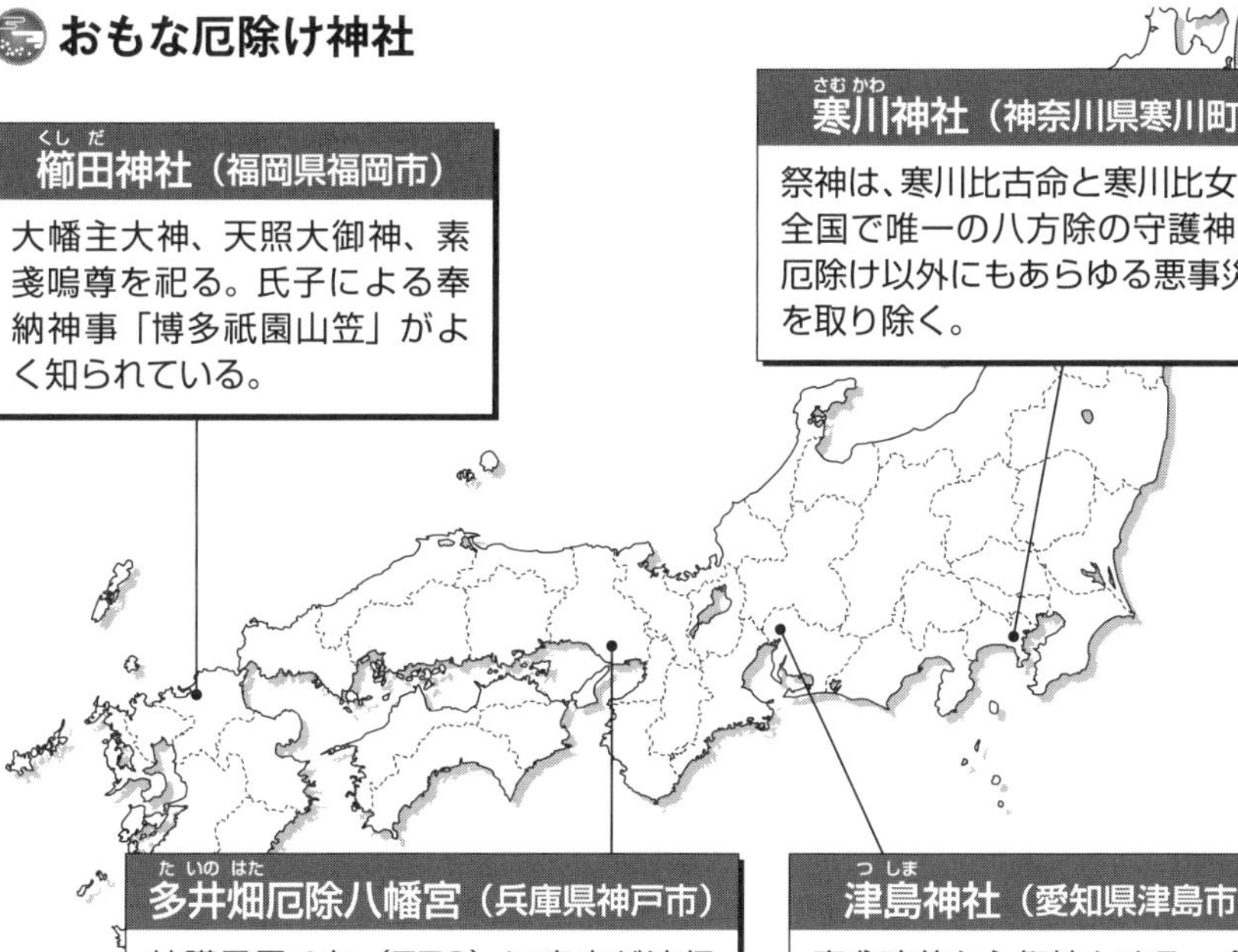

櫛田(くしだ)神社（福岡県福岡市）

大幡主大神、天照大御神、素戔嗚尊を祀る。氏子による奉納神事「博多祇園山笠」がよく知られている。

寒川(さむかわ)神社（神奈川県寒川町）

祭神は、寒川比古命と寒川比女命。全国で唯一の八方除の守護神で、厄除け以外にもあらゆる悪事災難を取り除く。

多井畑(たいのはた)厄除八幡宮（兵庫県神戸市）

神護景雲４年（770）に疫病が流行した際、疫神を祀り、疫祓いを行なったという。日本では最古の厄除けの霊地と伝わる。

津島(つしま)神社（愛知県津島市）

素戔嗚尊を主祭神とする。全国に約3000ある天王社の総本社。車楽船の船渡御が行なわれる津島天王祭で知られる。

祝詞（のりと）――神へ捧げる繁栄への祈り

神々に奏上する言葉

祝詞は祭事の際、神職が神々に奏上する言葉のことである。抑揚があり、語尾をのばす独特の節回しが特徴だ。

一般に、神に申す言葉の「宣説言」の省略と解釈されており、神の日頃の加護に感謝するとともに、個人の幸福、ひいては社会全体の安泰を願うものとなっている。延長五年（九二七）に成立した法典『延喜式』巻八に収録されている祝詞が、現存する最古のものだ。

現在、神社では非常に数多くの祝詞が奏上されている。その種類は、神社の恒例祭（祈年祭、例祭など）のときに奏上されるものと、祭りの度ごとにつくられ、奏上されるものとに大別することができる。

恒例祭における祝詞は、おもに国家や地域社会などの繁栄を祈るものだ。冒頭から結びまでの表現が定型化されているところに特徴がある。

一方、祭りの度ごとにつくられる祝詞は、地鎮祭や宮参り、結婚式、厄除けなどおもに個人の祈りに関わるものである。そのため、祈りに応じて神職がその都度祝詞を作成する。

また、文体によって「宣る」で終わる宣命体と「白す（申す）」で終わる奏上体に分けられる。宣命体は祭場に集まった人々に聞かせるものであり、奏上体は直接神に対して申し上げるものだ。

厄除けなど神へのお願い事は奏上体で行なわれるため、祝詞の多くはこの形である。

言葉に霊力が宿る言霊信仰

祝詞が重視される背景には、言葉に霊力が宿るとする言霊信仰がある。

古代日本では、祝福の言葉はよい結果を生じ、不吉や怨恨の言葉は凶事をもたらすと考えられていた。そのため祝詞では、社会の繁栄や五穀豊穣といった願意を、できるだけよい言葉で申し上げているのである。

祝詞の一例

祓詞

掛けまくも畏き
伊邪那岐大神
筑紫の日向の
橘の小戸の阿波岐原に
御禊祓へ給ひし時に
生り坐せる祓戸の大神等
諸諸の禍事　罪
穢有らむをば祓へ給ひ
清め給へと白す事を
聞こし食せと
恐み恐みも白す

「祓詞」は、神社で種々の祭事を行なう際、最初に奏上される。

神棚拝詞（一例）

此の神床に坐す
掛けまくも畏き　天照大御神
産土大神等の大前を拝み奉りて
恐み恐みも白さく
大神等の広き厚き御恵を辱み奉り
高き尊き神教のまにまに
直き正しき真心もちて誠の道に違ふことなく
負ひ持つ業に励ましめ給ひ
家門高く　身健に
世のため人のために尽くさしめ給へと
恐み恐みも白す

神棚拝詞は、朝、神棚を祀るときに唱える言葉である。

地鎮祭と上棟式

——いまに受け継がれる、建築工事には欠かせない祭り

斎庭の一例

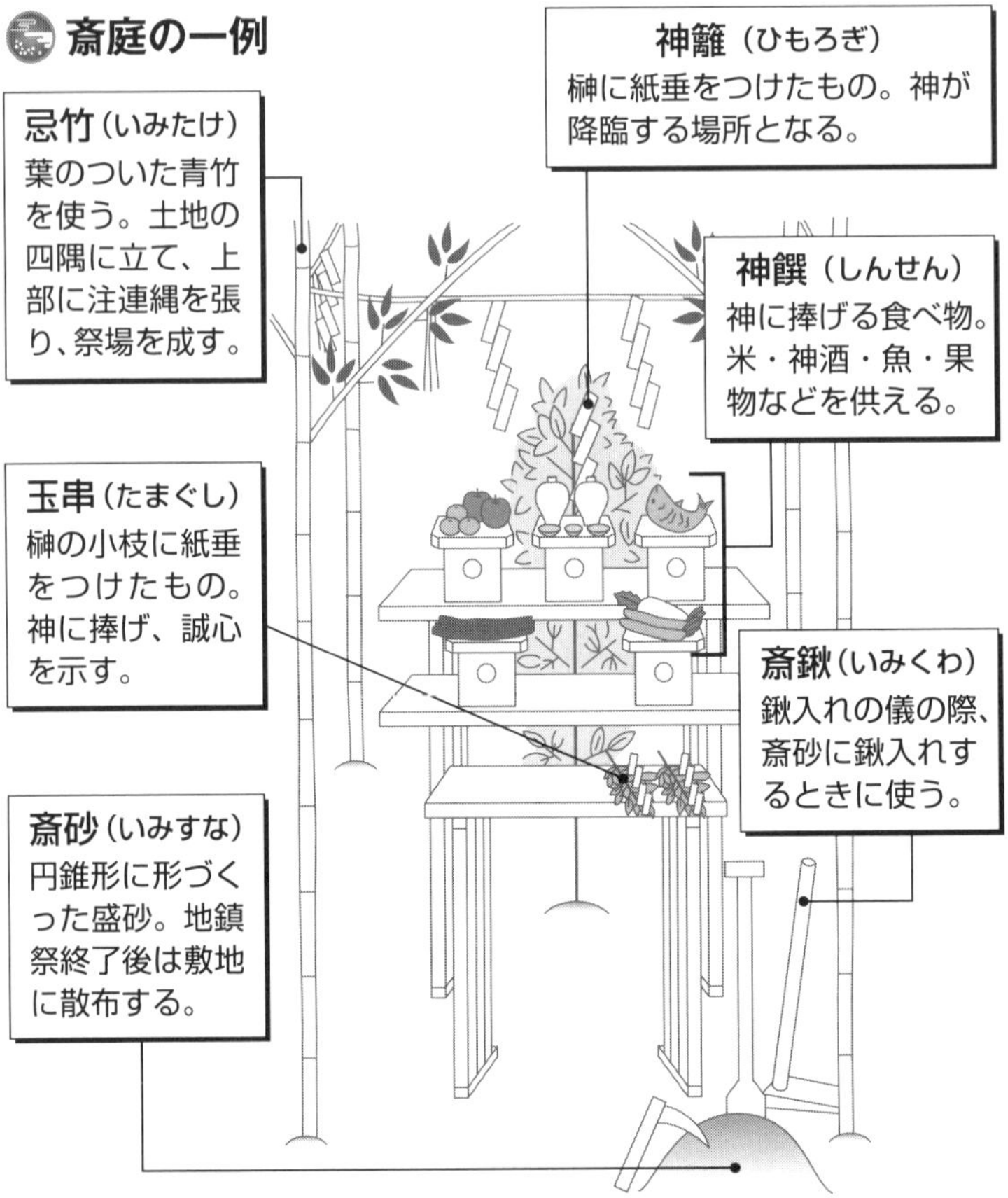
神籬（ひもろぎ）
榊に紙垂をつけたもの。神が降臨する場所となる。
忌竹（いみたけ）
葉のついた青竹を使う。土地の四隅に立て、上部に注連縄を張り、祭場を成す。
神饌（しんせん）
神に捧げる食べ物。米・神酒・魚・果物などを供える。
玉串（たまぐし）
榊の小枝に紙垂をつけたもの。神に捧げ、誠心を示す。
斎鍬（いみくわ）
鍬入れの儀の際、斎砂に鍬入れするときに使う。
斎砂（いみすな）
円錐形に形づくった盛砂。地鎮祭終了後は敷地に散布する。

土地の霊を鎮める祭り

家の建築や土木工事の起工の際、工事中の無事と建造物が末永く安全であるよう願い、神に祈りを捧げる行事を地鎮祭という。

古来、大地には地霊が鎮まると考えられ、大切に祀らなければ祟りが起こると考えられてきた。そのため土地に建物を新築するときには、国土の守護神である大地主神、その地域の神である産土神を祀る地鎮祭を行なうのである。

七世紀末、藤原京の造営時に持統天皇が新益都を鎮め祀ったという『日本書紀』の記事が地鎮祭のはじめであるといわれる。

地鎮祭を執り行なうにあたり、

上棟式の風習

神を招き寄せる扇。魔除けとして、１番高い棟木につける。
屋船久久遅命、屋船豊宇気姫命、手置帆負命、彦狭知命、産土神の名を書いた札を中央の柱にくくりつける。
祓いの儀ののち、屋根の上から餅や貨幣を四方にまく。上棟なった家屋を祓い清めるとともに、土地の神々へのお供えという意味が込められている。
建物に災難が起きないよう、悪を打ち払う破魔矢。

「大工上棟之図」（国立国会図書館蔵）

まずは清浄な斎庭が整えられる（図参照）。その後、神職による祓いの儀式が行なわれ、その土地が清められる。続いて神降礼の儀を行ない、神饌を供えて、祝詞を奏上して工事の安全を祈る。そして施主や施工者などが鍬入れの所作を行ない、土地の神に工事の開始を奉告するのである。その後、土地に鎮め物、埋め物（鉄人形、鏡、刀子など）をすることで工事の安全を願うところもある。

棟上の祝い

建築工事が順調に進み、棟木が上げられると、上棟式が行なわれる。工事の無事を神に感謝するとともに、家屋の長久を祈る行事だ。大工の棟梁が中心となって祓いの儀を行ない、施主も梁の上にのぼり、参列する。

神前結婚式

——歴史は浅いが、古き良き日本の婚儀を踏襲した式

明治時代から始まった神前結婚式

教会で行なうキリスト教式の結婚式に対して、神社で挙げる婚礼の儀を神前結婚式という。由緒ある古い行事に思われがちであるが、その始まりは明治時代と、比較的歴史は浅い。

明治三十三年（一九〇〇）五月十日、皇祖神・天照大御神を祀る宮中の賢所で行なわれた、当時皇太子だった大正天皇の婚儀がその始まりだ。

その翌年、この婚儀を受けた形で、現在の東京大神宮で一般人を対象とした模擬結婚式が行なわれたのをきっかけに、神前結婚式が広く国民の間に普及した。

ただし、その儀礼は新しく定められたものではない。

家の床の間のある座敷で、新郎新婦が家を守る神の前でともに生きることを誓うという、日本の伝統的な婚儀の形が踏襲されているのである。

三三九度で夫婦の契りを結ぶ

現在の神前結婚式は、次のような流れで行なわれる。

はじめに修祓が行なわれ、ついで神へ食事を供える献饌ののち、「二人が伊弉諾尊、伊弉冉尊の神にならって、結婚し、子孫を繁栄させ、世のため人のために尽くす」という内容の祝詞を奏上する。その後、三三九度の夫婦固めの盃を交わす。

三三九度とは、酒の盃を取り交わす回数を示したもので、式三献と呼ばれる平安時代の公家の酒宴のしきたりに基づく。

具体的には、一の盃を新郎、新婦、新郎の順で一度ずついただき、二の盃を新婦、新郎、新婦、三の盃を新郎、新婦、新郎の順で繰り返し、合わせて九度いただく。

こうして夫婦固めの儀を終えたのち、神前に進んで新郎が結婚の誓いを立てる誓詞を奏上する。このあと二人は玉串を捧げ、二拝二拍手一拝の作法で拝礼する。最後に神前より下した神酒を親族一同でいただき、式は終了。新郎新婦は晴れて夫婦になる。

神前結婚式の一例

修祓の儀	斎主（神職）により、神前に出るにあたってのお祓いを受ける。
↓	
斎主一拝	斎主が神前に一度拝礼する。一同もその場に立つ。
↓	
献饌	神饌（神に捧げる食べ物）を供える。
↓	
祝詞奏上	斎主が神に新郎新婦の婚姻を報告し、祝詞を読み上げる。
↓	
三献の儀	巫女が杯に注いだ神酒を、新郎新婦が交互に飲む「三三九度の儀」を行なう。 〈三三九度の儀の手順〉 一の盃　新郎→新婦→新郎 二の盃　新婦→新郎→新婦 三の盃　新郎→新婦→新郎 ※二の盃までは口をつけるだけ。三の盃で１杯を３口で飲み干す。
↓	
誓詞奏上	新郎新婦が神前に進み、結婚を誓う誓詞を読み上げる。
↓	
雅楽（ががく）の演奏	雅楽の演奏で、巫女舞などが行なわれる。
↓	
玉串奉奠（ほうてん）	斎主、新郎新婦、媒酌人の順に玉串を奉納する。近年では、このあとに「指輪交換の儀」を入れることが多い。
↓	
親族杯の儀	参列した両家の親族が、親族固めの盃を交わす。神酒は３口目で飲み干す。
↓	
撤饌の儀	神前に供えた神饌を下げる。
↓	
斎主一拝	最後に斎主が神前に拝礼し、式は終わる。

神葬祭——死者の霊魂は祖霊となり、子孫を見守り続けるという思想

神のもとへ帰る儀式

神道では、人が亡くなってもその魂は不滅で、祖霊となって子孫を見守ると捉える。そうした考えは葬祭にも反映されている。仏式葬祭では故人が極楽浄土へ行けるよう成仏を願うのに対して、神葬祭では故人の穢れを清め、神となった祖霊を家の守り神として祀るものになっているのである。

今日のような形式で神葬祭が自由に行なわれるようになったのは、明治元年（一八六八）三月に神仏分離令が出されて以降のことだった。それまで葬祭は、江戸時代を通じて仏寺の僧侶によって行なわれてきた。また神道は宗教ではないとの立場から、明治政府は官幣社や国幣社の宮司が神葬祭を執り行なうことを固く禁じた。戦後「国家神道」が廃されたことで、すべての神職が神葬祭を執り行なえるようになったのである。

霊から家の守り神へ

人が亡くなると、まず故人の死を産土神や祖霊に奉告する帰幽奉告祭が行なわれる。すなわち、故人の御霊が幽宮（神霊が鎮まる場所）に帰ったことを示す。

その後、通夜祭が行なわれる。故人の好物（常饌）や玉串を供え、夜通し故人を慰め、その遺徳を偲ぶ。あわせて故人の御霊を霊璽（神道における位牌）に移す遷霊祭が行なわれる。仏教でいう告別式は、葬場祭という。神職が祝詞を読み上げ、斎主、喪主の順で玉串を捧げ、ついでひとりずつ棺の前に進み玉串を捧げていく。

葬場祭が終わると、葬儀翌日祭、十日祭、二十日祭、三十日祭、四十日祭が行なわれる。さらに五十日祭で清祓が行なわれ、一連の葬礼は終了する。こうして死にまつわる穢れが清められた故人は神となり、ほかの祖霊を祀っていた御霊舎に霊璽が移されるのである（一年祭のあとに行なわれてきたが、現在は五十日祭で忌明けすることが多い）。以降は祖霊祭として、故人の霊魂を丁重に祀っていく儀式が展開される。

葬場祭の流れの一例

修祓（しゅばつ）の儀	斎場、供物、参列者を祓い清める
献饌（けんせん）の儀	神に供物を捧げる
祝詞（のりと）奏上	故人の霊を崇め、遺族の守護を祈願する
弔詞（ちょうし）奏上	親しい人が故人を偲ぶ「弔詞」を奏上する
玉串奉奠（たまぐしほうてん）	神に誠心を示す
撤饌（てっせん）の儀	神饌を下げる
斎主一拝	

神式と仏式 葬祭のおもな相違点

	仏式	神式
葬儀場	寺・斎場 自宅	斎場・自宅 （神が死の穢れを嫌うため、神社では行なわない）
霊前に供える金品の名称	香典	御玉串料 （香を使わず、玉串を用いるため）
死に装束	経帷子	小そで （白い木綿製の着物。足には白足袋をはかせる）
魂の依代とされる祭祀具	位牌	霊璽 （白木に故人の名前と生年月日を書き入れる）
故人に贈られる名前	男性 「～居士」 「～大居士」 など 女性 「～大姉」 「～清大姉」 など	男性「～命」 女性「～刀自命」 （仏教の戒名は仏弟子になるための名前であるのに対し、神道では故人は神になるので、神と同様の敬称が与えられる）

神式の枕飾り

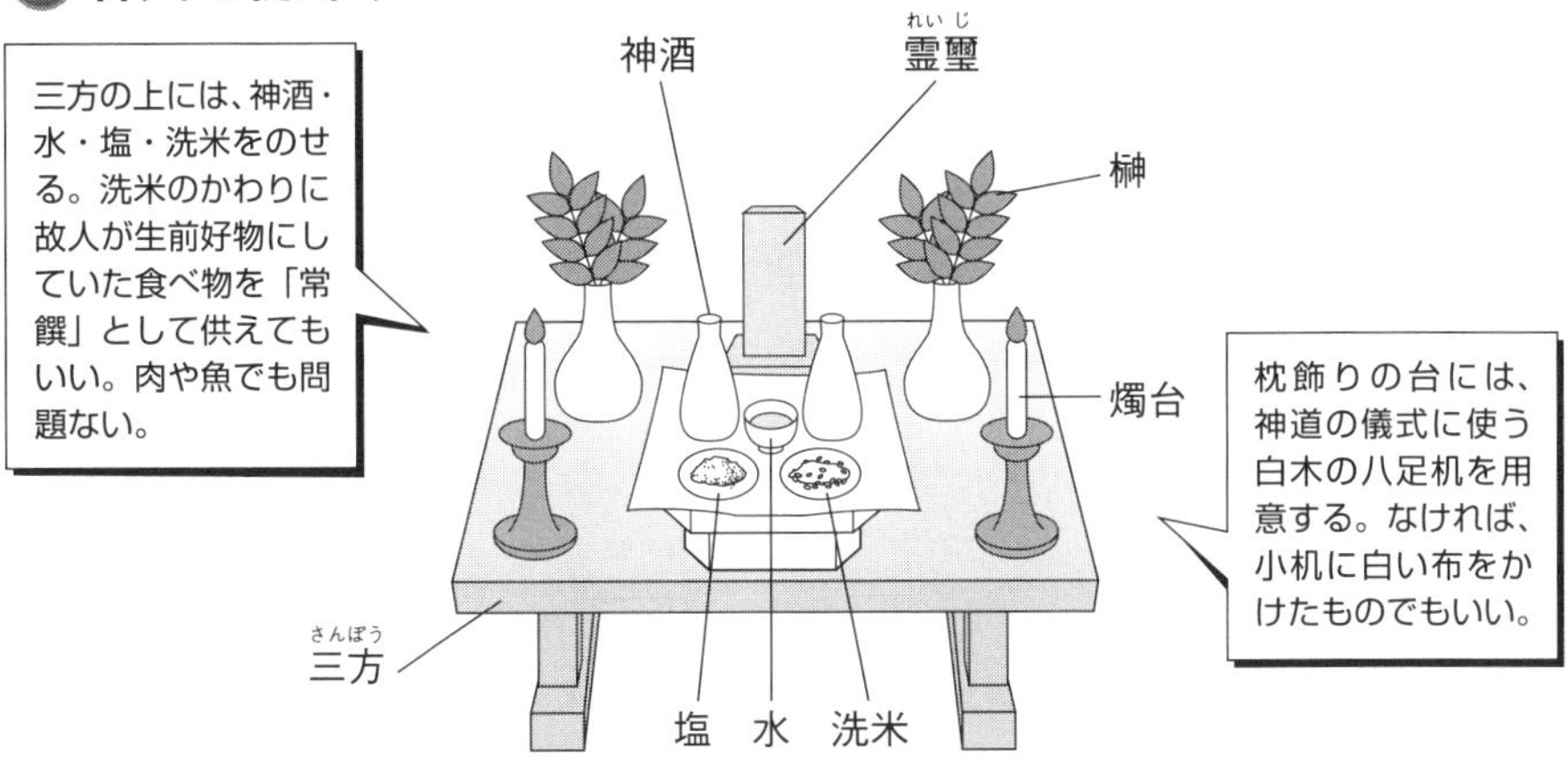

三方の上には、神酒・水・塩・洗米をのせる。洗米のかわりに故人が生前好物にしていた食べ物を「常饌」として供えてもいい。肉や魚でも問題ない。
神酒
霊璽（れいじ）
榊
燭台
枕飾りの台には、神道の儀式に使う白木の八足机を用意する。なければ、小机に白い布をかけたものでもいい。
三方（さんぽう）
塩
水
洗米

亡くなった人の枕元には、納棺されるまで、仮の祭壇である「枕飾り」が置かれる。

相撲——もともとは豊作を占うための神事だった日本の国技

豊作を占う神事相撲

日本の国技である相撲の起源は古い。古伝説によると、第十一代垂仁天皇の時代の七年七月七日に行なわれた、当麻蹶速と野見宿禰の力競べが相撲の始まりであるという。

なお、この勝負に勝った野見宿禰は、相撲の祖神として崇められている。

史実上の相撲の初見は、皇極天皇元年（六四二）のこと。百済の王族の使者をもてなすため、健児に相撲を取らせたと『日本書紀』に記されている。

現在は格闘技としての趣きが強いが、本来相撲は神事として行なわれていたものだった。古来、庶民の間で五穀豊穣や天下泰平を願ったり、豊作を占ったりするために執り行なわれていたのである。これを神事相撲という。

現在も、全国各地の神社でその伝統が受け継がれている。

たとえば愛媛県の大山祇神社では「一人相撲」が行なわれてきた。これは、目に見えない稲の神を相手に相撲を取り、豊穣を願う神事である。

また、東西の代表が戦って豊作を占ったり、田のなかで泥まみれになりながら相撲を取ったりする地域もある。

相撲が守り続ける神事の伝統

現代の大相撲にも、神事相撲の名残を見ることができる。

たとえば「四股を踏む」「土俵に塩をまく」という行為は、地霊を鎮め、邪気を祓い清める神事の儀礼にちなむものである。

また、場所前には「土俵祭り」と呼ばれる神事が行なわれる。神職の代わりに行司が祝詞を奏上し、神酒を土俵にまき、土俵の中央に鎮め物を埋めて場所中の安全を祈願するのである。

力士の四股名につけられた○○山や○○海などの土地の名は、その土地の地霊であることを意味している。相撲を取ることで豊作を占った人々の思いを、そこに見出すことができる。

相撲の変遷

垂仁天皇紀前後	素舞（すまい）	シコを踏み悪霊を鎮める呪術的な舞いが行なわれていた。
垂仁天皇紀～古墳時代頃	相舞（すまい）	悪霊を踏み鎮める役に加え、それに抵抗する役が加わり、両者が争うまねをする舞いとなった。
古墳時代頃	古代の相撲	競技となる。土俵はないが、ふんどしを締めた二人の力士が組み合って力を比べた。
飛鳥時代頃～	神事相撲	吉凶占いや雨乞い神事として相撲が奉納された。
奈良時代頃～平安時代頃	相撲節会	宮中で年中行事化し、祭儀から娯楽へと変化していった。毎年7月7日に宮中紫宸殿の庭で相撲が行なわれるように。
鎌倉時代頃～	勧進相撲	寺社の勧進のための手段として相撲が催されるようになり、興行化していく。江戸時代には、庶民の娯楽として隆盛。これが現在の相撲の原型となる。

各地の神事相撲

唐戸山（からとやま）神事相撲
（羽咋（はくい）神社・石川県羽咋市）
江戸時代初期に垂仁天皇の皇子磐衝別命（いわつくわけのみこと）を偲び、その命日に催したのがはじまり。「水なし、塩なし、待ったなし」の野相撲。

御田植祭・抜穂祭
（大山祇（おおやまづみ）神社・愛媛県今治市）
稲の神と相撲を取る儀式。力士がひとりで、まるで相手がいるかのように相撲を演じる。勝敗で豊凶を占う。

秋祭（ネッテイずもう）
（水谷（みずたに）神社・兵庫県養父市）
二人の力士が向かい合い、高く足踏みを続けたのち、肩を抱き合って跳びはねる儀式。五穀豊穣・無病息災を祈る。

神事相撲
（奈良豆比古（ならつひこ）神社・奈良県奈良市）
神主から榊を授かった二人の力士が、「ホーオイ、ホーオイ」という掛け声に合わせて、榊を上下させながら拝殿の周りを歩く。

流鏑馬——武芸から取り入れられた年中行事

流鏑馬とはなにか

流鏑馬とは、疾走する馬上から鏑矢（打つと音を発する矢）で的を射るという神事である。

通常は、二十町（約二百十八メートル）の直線の馬場を設け、進行方向の左側に三箇所、的を立てる。的は一尺三寸（約五十七センチ）の方形の板を竹竿にさしたもので、馬を乗り出す場所から二十間（三十六・四メートル）のところに一の的、四十間（七十二・七メートル）ごとに二の的、三の的と立てていく。

こうして整えられた舞台で、射手は馬を駆り、的を狙って鏑矢を射るのである。

いまに息づく流鏑馬神事

流鏑馬の歴史は古く、奈良時代にはすでに朝廷の公式行事として行なわれていたという。その後、武士の時代が訪れると、流鏑馬は騎射の腕前を磨くための武芸の一環として取り入れられることになった。鎌倉時代には、幕府を開いた源頼朝が京都の石清水八幡宮から八幡神を勧請して創建した鶴岡八幡宮の年中行事として定着した。

しかし室町時代になると、戦いの主流が騎射戦から徒歩戦へと移行したため、行事としての流鏑馬は衰退していく。

それが再び日の目を浴びることになったのは、江戸時代の享保年間（一七一六〜三六）のことだった。八代将軍徳川吉宗が再興し、将軍の病気平癒や、世継ぎの誕生祈願のために行なわれるようになったのである。

現在も各地の神社で、天下泰平と五穀豊穣を祈るため、流鏑馬神事が行なわれている。また、馬に乗らずに徒歩で行なうもの（神奈川県・白岩神社）、葵祭の前儀として公家装束を着用して行なうもの（京都府・下鴨神社）など、独特の形式で行なわれているところもある。なお、射られた的や矢は魔除けになるとされ、参詣した人々が持ち帰るのがならわしとなっている。

馬の行事の系図

■ 神事の儀礼的行事　□ 実践・娯楽的行事

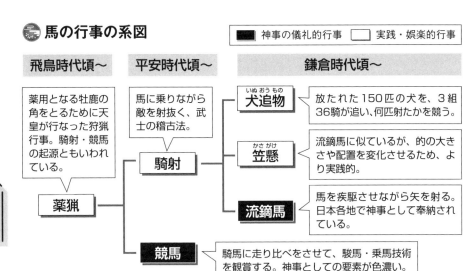

飛鳥時代頃〜

薬猟
薬用となる牡鹿の角をとるために天皇が行なった狩猟行事。騎射・競馬の起源ともいわれている。

平安時代頃〜

騎射
馬に乗りながら敵を射抜く、武士の稽古法。

競馬
騎馬に走り比べをさせて、駿馬・乗馬技術を観賞する。神事としての要素が色濃い。

鎌倉時代頃〜

犬追物（いぬおうもの）
放たれた150匹の犬を、3組36騎が追い、何匹射たかを競う。

笠懸（かさがけ）
流鏑馬に似ているが、的の大きさや配置を変化させるため、より実践的。

流鏑馬
馬を疾駆させながら矢を射る。日本各地で神事として奉納されている。

各地に伝わる流鏑馬

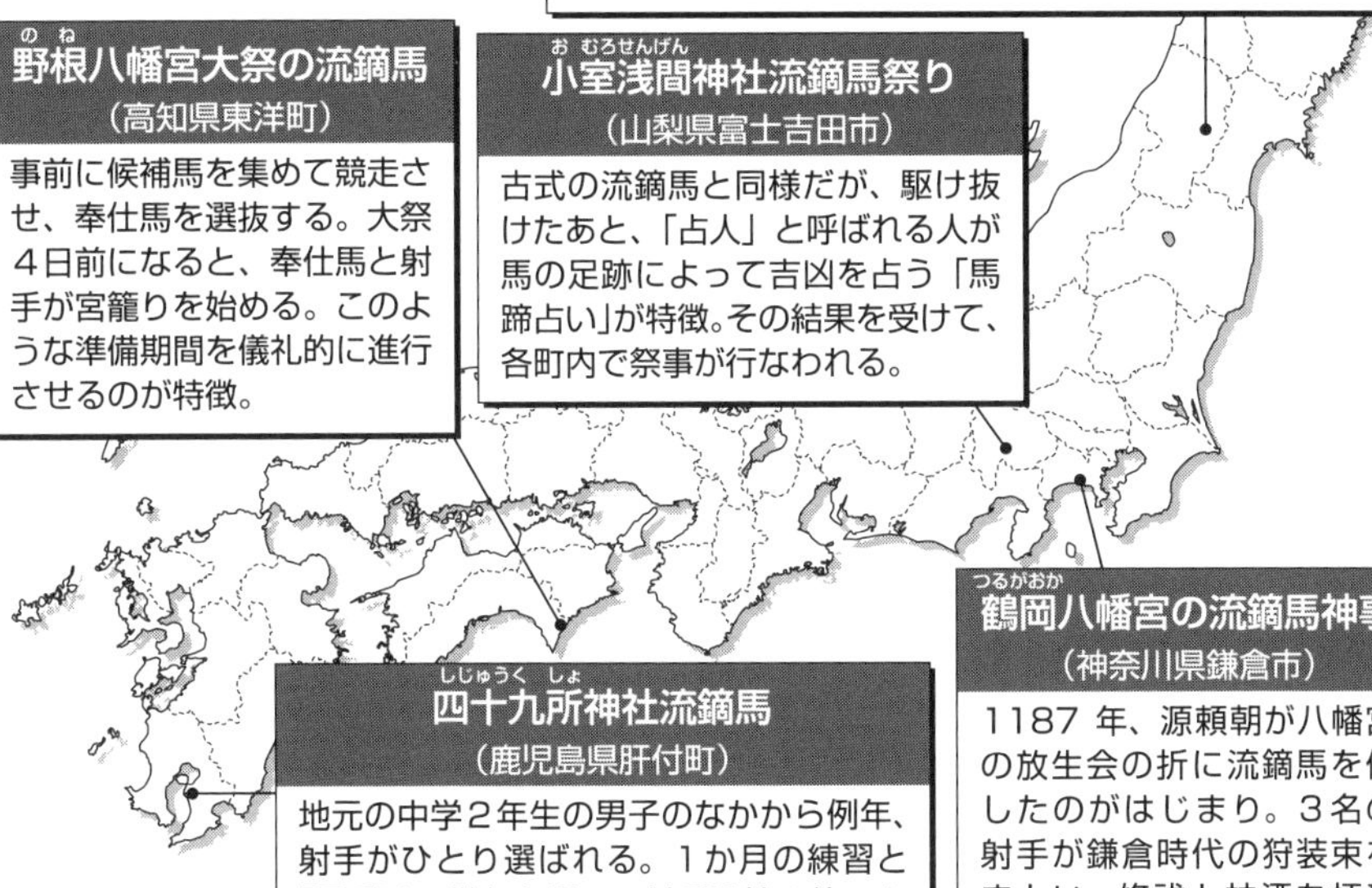

寒河江八幡宮流鏑馬（さがえ）
（山形県寒河江市）
「作試し流鏑馬」が行なわれる。3頭の馬をそれぞれ早稲・中稲・晩稲と決めておき、着順で翌年がどうなるかを占う。

野根八幡宮大祭の流鏑馬（のね）
（高知県東洋町）
事前に候補馬を集めて競走させ、奉仕馬を選抜する。大祭4日前になると、奉仕馬と射手が宮籠りを始める。このような準備期間を儀礼的に進行させるのが特徴。

小室浅間神社流鏑馬祭り（おむろせんげん）
（山梨県富士吉田市）
古式の流鏑馬と同様だが、駆け抜けたあと、「占人」と呼ばれる人が馬の足跡によって吉凶を占う「馬蹄占い」が特徴。その結果を受けて、各町内で祭事が行なわれる。

鶴岡八幡宮の流鏑馬神事（つるがおか）
（神奈川県鎌倉市）
1187年、源頼朝が八幡宮の放生会の折に流鏑馬を催したのがはじまり。3名の射手が鎌倉時代の狩装束をまとい、修祓と神酒を拝受したのちに行事を行なう。

四十九所神社流鏑馬（しじゅうくしょ）
（鹿児島県肝付町）
地元の中学2年生の男子のなかから例年、射手がひとり選ばれる。1か月の練習と「弓受けの儀」を経て、射手は神の使いとなり、神事に臨む。約900年の歴史を誇る。

神楽　――能の起源となった神がかりの踊り

神に奉納するための芸能

神楽とは、神を祀るために神前で行なわれる神事芸能のことである。神の降臨する場所である「神座」を語源とする。その神座に神々を招き、呪術的な舞踊儀礼を行なったのが原型であると考えられている。

神楽は俳優とも呼ばれる。俳優は「業＋招」から成り、神意をうかがうために神前で行なうという意味である。

そんな神楽は宮中に伝承される御神楽と、民間で行なわれる里神楽の二種類に大別することができる。

御神楽は、十二月中旬の深夜、天照大御神を祀る内侍所の前庭で行なわれる。平安時代の頃とほぼ同じ形式で行なわれる伝統神事である。

その起源は天石屋戸神話に求めることができる。

日本神話によると、天石屋戸に隠れた天照大御神を外の世界に引き出すために、天鈿女命が神がかり状態で踊り舞った。これが御神楽の始まりで、天鈿女命の子孫とされる猿女氏によって宮中に代々伝えられた。そのため、天鈿女命は神楽・伎芸の祖神として崇められている。

能のルーツは神楽にあり

御神楽に対し、民間で発達した里神楽は、それぞれの土地の習俗を取り入れながら、地域色豊かな神楽へと発展し、いまに伝えられている。

八岐大蛇の神話などを取り入れた出雲神楽、巫女が神社で舞う巫女神楽、霊力の宿った湯を振り掛ける湯立神事で知られる伊勢神楽、獅子頭を神体として舞う獅子神楽などである。

また、神楽からは多くの芸能が派生し、後世に大きな影響を与えた。室町時代に観阿弥・世阿弥父子によって大成した能もまたその一つである。世阿弥は能楽論書である『風姿花伝』において、猿楽（能）の起源を天鈿女命の神楽にあるとしている。

多様な神楽のかたち

巫女（みこ）神楽	巫女が扇や榊、鈴などを持って舞う奉納舞。もともと巫女が神がかりをして託宣をする前に行なう、清めと神降ろしの舞いだった。
湯立（ゆだて）神楽	祭場の中央に湯釜を置き、舞い手がその湯を周囲に振りまく。それによって参加者の心身の穢れを祓い落とす。
獅子（しし）神楽	獅子頭を用い、１頭２人立ちで行なう舞い。獅子頭には強力な呪力が備わっていると考えられ、悪魔祓いや無病息災を祈願する。獅子舞ともいう。
採物（とりもの）神楽（出雲系神楽）	神を祀るための素面の「採物舞」と、神や鬼、悪霊が登場し、仮面をつけて舞う「仮面舞」からなる。仮面舞は、神話から題材をとり、岩戸神楽・神代神楽とも呼ばれる。

〈岩戸（いわと）神楽・神代（じんだい）神楽〉

天照大御神が石屋に隠れる「天石屋戸」や、素戔嗚尊（すさのおのみこと）の八岐大蛇（やまたのおろち）退治を語る「大蛇退治」など、日本神話を題材にした神楽。演劇的な要素が強く、江戸時代に各地の神社で催され、人気を博した。

「岩戸神楽のはじまり」歌川豊国・画（国立国会図書館蔵）

雅楽（ががく）

――大陸伝来の文化と習合して生まれた世界最古の音楽

演奏形態による分類

宮中の儀式や春・秋の園遊会などの行事の際に演奏される雅楽。あまり一般人にとってはなじみのないものだが、じつは千数百年もの歴史を誇る世界最古の音楽なのである。雅楽は、その演奏形態によって「管絃」「舞楽」「歌謡」にわけることができる。

管絃は、楽器だけで演奏されるものをいう。笙・篳篥・龍笛の管楽器、箏・琵琶の絃楽器、鞨鼓・太鼓・鉦鼓の打楽器が用いられる。

舞楽は音楽に合わせた舞踊のことで、中国起源の唐楽を伴奏に舞われる左舞、朝鮮半島起源の高麗楽を伴奏に舞われる右舞からなる。

歌謡は雅楽器の伴奏をつけた声楽のことで、国風歌、催馬楽、朗詠の三種類がある。

雅楽の発展と衰退

もともと古代日本には、独自の歌舞が存在していた。それが、五世紀から九世紀にかけて中国や朝鮮半島から伝来した楽舞と習合し、雅楽として大成されたのである。大宝元年（七〇一）には朝廷内に雅楽寮が設けられ、発展を遂げていった。十～十一世紀には、貴族が自ら管絃や舞楽を手掛けるようになり、なかには自分で楽曲の創作を行なうものも現われるようになった。このようにして雅楽は、徐々に日本風の優雅さを備えたものへと変貌を遂げていった。

しかし中世に入り、武士の時代が訪れると、長引く戦乱の世のなかで雅楽は衰退し、廃れていった。それを復興したのは、豊臣秀吉である。天下統一を成し遂げたあと、秀吉は皇室の復興に力を注いだ。そして秀吉の援助のもと、時の正親町天皇、後陽成天皇は四天王寺（大阪）、興福寺（奈良）、京都の楽人を保護して宮中に三方楽所を置き、これを雅楽振興の足がかりとした。江戸時代に入っても、徳川将軍家によって三方楽所は保護され、一旦途絶えた曲の復興が行なわれた。これが、現代の雅楽へとつながっていくのである。

演奏形態による雅楽の分類

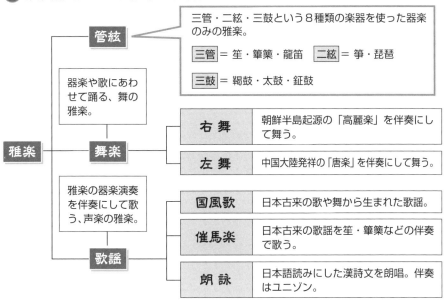

- **雅楽**
  - **管絃**：三管・二絃・三鼓という8種類の楽器を使った器楽のみの雅楽。
    - 三管 ＝ 笙・篳篥・龍笛
    - 二絃 ＝ 箏・琵琶
    - 三鼓 ＝ 鞨鼓・太鼓・鉦鼓
  - **舞楽**：器楽や歌にあわせて踊る、舞の雅楽。
    - **右舞**：朝鮮半島起源の「高麗楽」を伴奏にして舞う。
    - **左舞**：中国大陸発祥の「唐楽」を伴奏にして舞う。
  - **歌謡**：雅楽の器楽演奏を伴奏にして歌う、声楽の雅楽。
    - **国風歌**：日本古来の歌や舞から生まれた歌謡。
    - **催馬楽**：日本古来の歌謡を笙・篳篥などの伴奏で歌う。
    - **朗詠**：日本語読みにした漢詩文を朗唱。伴奏はユニゾン。

雅楽の楽器編成の一例

横笛
雅楽では荘重な響きを持つ「神楽笛」、引き締まった音を出す「龍笛」、鋭い音色の「高麗笛」が用いられる。

篳篥（ひちりき）
小型ながら大きな音が出る管楽器。主旋律を受け持つ。

笙（しょう）
長短17本の竹管が特徴の、和音を出すことができる管楽器。

琵琶（びわ）
雅楽ではもっとも大型。3尺5寸（105センチ）の琵琶を用いる。絃を押すように演奏する。

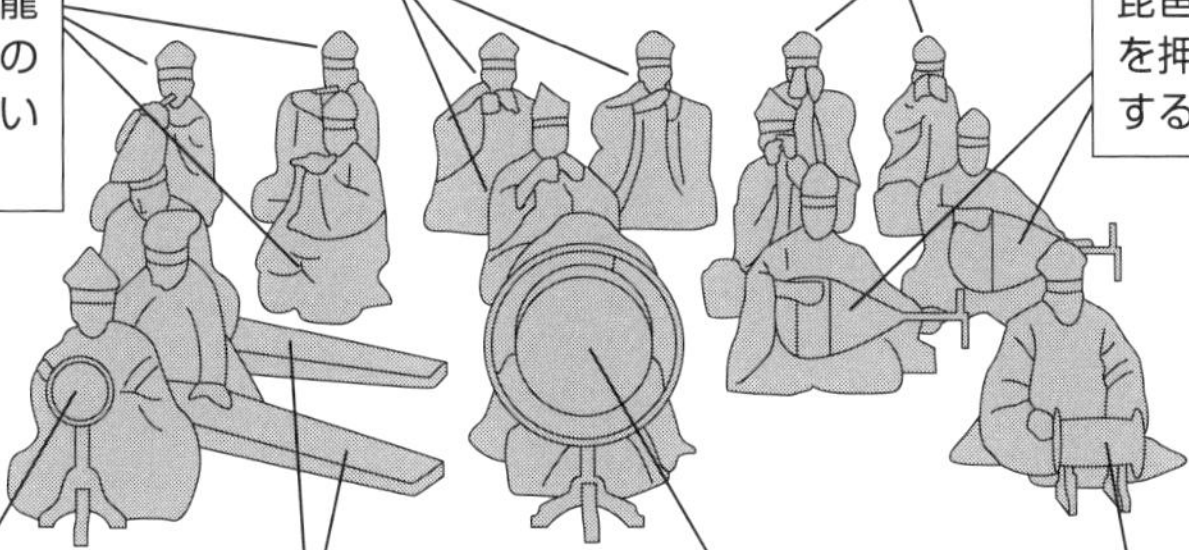

鉦鼓（しょうこ）
吊り台に下がった銅鑼のような青銅製の打楽器。

箏（そう）
琴と同義。管絃では楽箏、国風歌では和琴を用いる。

太鼓
短胴で火炎飾りのついた太鼓。片面を両手に持ったバチで打って演奏する。

鞨鼓（かっこ）
樽型の太鼓で、両側の鼓面を両手に持ったバチで叩いて演奏する。

神道と年中行事

――神に豊作を願う農耕儀礼から発展した行事

農耕儀礼がもとになった行事

毎年同じ季節、同じ暦日に行なわれる儀礼のことを年中行事という。これは日本独自の言葉で、平安時代に初めて登場する。

弘仁十二年（八二一）には『内裏式』（平安時代初期の儀式書）によって宮中の年間儀礼が整えられ、仁和元年（八八五）には、一年間の行事の名称と儀礼方法が記された衝立が宮中に置かれた。

それらの行事の多くは中国伝来のものであるが、もともと日本で行なわれてきた農耕儀礼が宮中行事に取り込まれたものも多い。

日本は古来、稲作を中心に発展してきた。種まきから収穫までの一連の過程のなかで、人々は豊作を願うため、神に祈りを捧げた。日本には四季があるため、同じような気候のときに毎年同じ儀礼が行なわれた。春の初め、農作業が開始される前に、その年の稲の豊作を願って行なわれる予祝行事に始まり、秋には収穫感謝祭が営まれる。そういった農耕儀礼が、稲作を離れても行事として定着していったのである。

神々を迎え ともに食事をする

これらの行事のなかでも、もっとも重要であるのは神を迎え祀り、ともに食事をするということである。

神を迎えるにあたり、用意したお供え物は、行事のあとに皆で分け合って食べるのが通例だった。これを「神人共食」という。これにより、神と人、人々同士がつながり合うことができると考えられたのである。

お供え物は、「節目の日に供える」ということで、かつては「節供」と呼ばれていた。それがいつからか節目の日そのものを指す言葉となり、江戸時代になると、「節句」という語へと転じていったといわれる。「句」は区切りという意味を持つ。

現在、年中行事の日を節句と呼ぶことが多い。その根底には神道特有の「神人共食」という概念が秘められているのである。

神道に関連する年中行事

時期	行事	内　容
1月1日	正月(初詣)	歳神を迎え入れる神事。新年を寿ぎ、安寧と繁栄を願う。
2月3日	節分	邪気を祓うために豆まきを行なう。
2月17日	祈年祭	「としごいのまつり」ともいい、農耕祈願が元となっている。
3月3日	雛祭り	人形を流し、穢れを祓う儀式が起源となっている。
3月中旬	春のお彼岸	古くから日本にあった先祖供養の儀式が仏教と融合。
5月5日	端午の節供	中国から伝わり、日本の田植祭の神事と結びついた。
6月末	夏越の祓	罪や穢れを取り除く神事。茅の輪くぐりや水辺でお祓いを行なう。
7月7日	七夕	年に１度、機屋で神を待つ乙女の伝説と中国の伝説が結びついた。
7月上旬～8月下旬	夏祭り	死者の弔いの行事、夏の疫病を祓う儀礼などを起源としている。
8月14日	旧盆	祖霊を家に迎えて、先祖とともに楽しむ。
9月15日	中秋の名月	畑作物や山の幸の収穫を祝い、豊作・不老長寿を祈る。
10月16·17日	神嘗祭	その年に収穫した初穂を天照大御神に供える祭礼。
11月15日	七五三	男の子は５歳、女の子は３歳と７歳のときに神社にお参りをする。
11月25日	新嘗祭	収穫して誰も手をつけていない新しい作物を神に供えてから、自分たちも食べ、収穫を感謝する祭。
11月下旬～12月	霜月祭	稲の収穫に伴う物忌の祭。民間における新嘗祭の名残といわれる。
12月31日	除夜祭	１年を無事に過ごせたことを感謝し、新しい年の訪れを祈願する神事。

代表的な神社の例大祭

出雲大社大祭礼〈5月14日〉
天皇の勅使を迎え、期間中は田植祭・流鏑馬・伊勢太神楽・獅子舞などの奉賛行事が催される。

明治神宮例祭〈11月3日〉
明治天皇の誕生日に行なわれる。天皇の勅使が訪れ、舞楽や流鏑馬神事が奉納される。

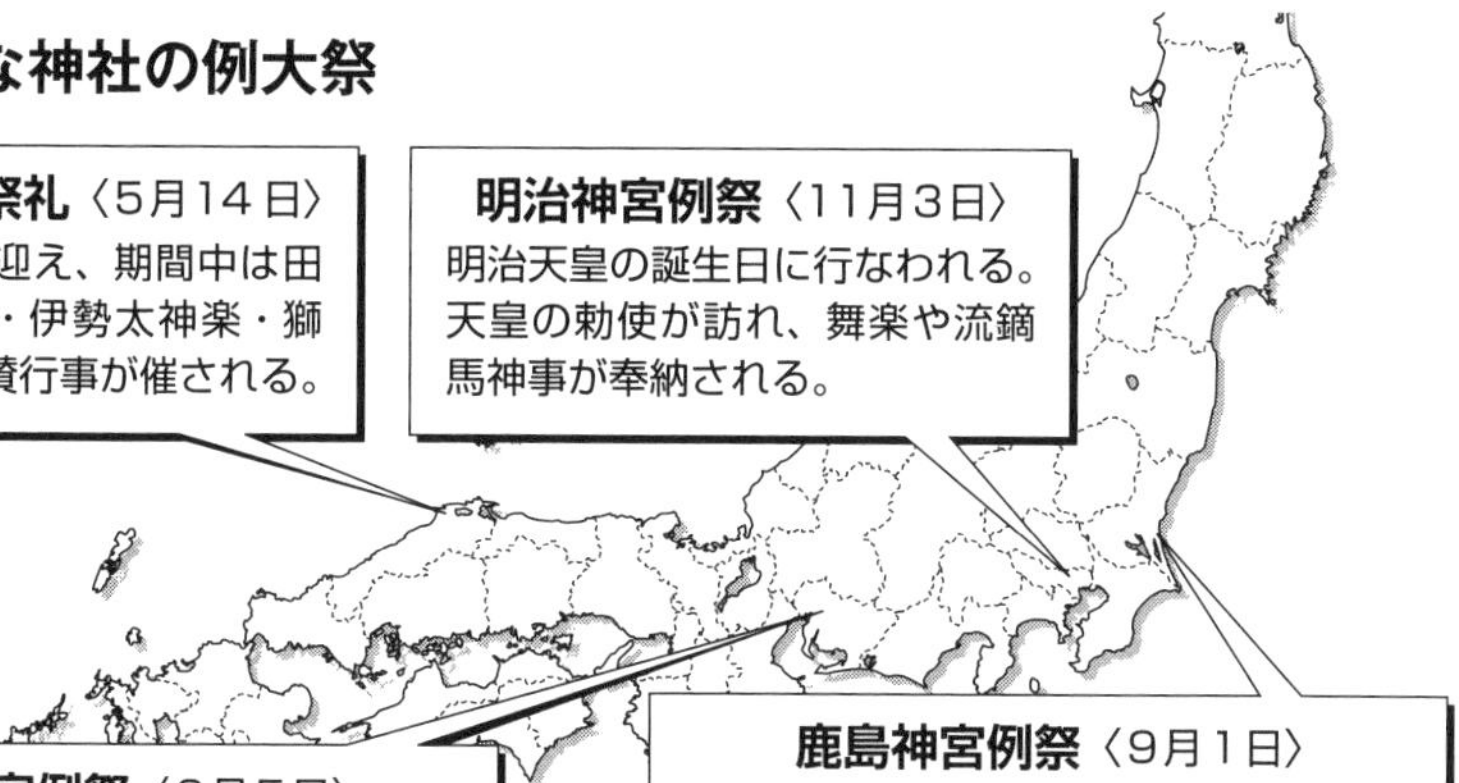

熱田神宮例祭〈6月5日〉
「熱田まつり」「尚武祭」とも称される。幻想的な献灯まきわら、花火大会などが催され、市民になじんだ祭となっている。

鹿島神宮例祭〈9月1日〉
天皇からの御幣帛を受け取り、神社本庁の献幣使を迎える。2014年のこの日には、鹿島神宮と香取神宮の祭神が水上で出会う御船祭が行なわれる。

例大祭は、神社でもっとも重要な行事だ。各神社に縁のある日が例大祭の日に選ばれる。

1月

初詣

――大吉の方角にある神社をお参りする風習と忌籠り

暦に記された歳神の方角

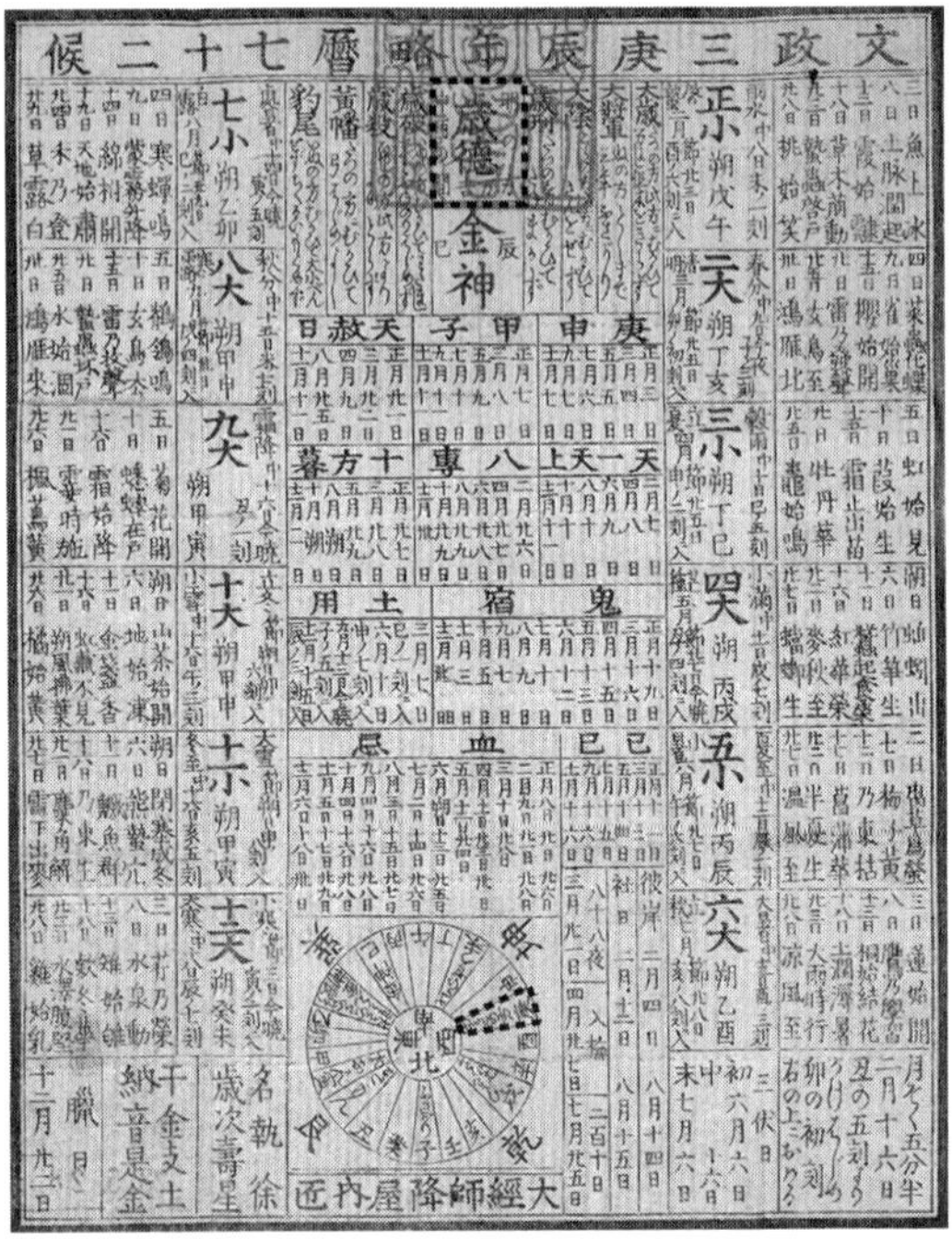

文政三庚辰年略暦七十二候

歳神が訪れる方角を「明けの方」という。江戸時代に制作された暦には、どの方角が「明けの方」にあたるかが記されており、人々はこれを参考にしながら恵方の方角の神社参詣を行なった。写真は文政３年（1820）の懐中暦。（国立国会図書館蔵）

神社にお籠もりして神を迎えた

正月元旦に、社寺へ参拝することを初詣という。

もともと正月は神祭りの月にあたるため、大晦日の夜に身体を清め、夜を徹して忌籠りをし、神を迎えるという習慣があった。門松を立て、歳神を迎えるのである。この風習が、初詣の原型であると考えられている。

大晦日の夜から神社へ参詣し、除夜の鐘を聞いてから再び参拝をするという二年参りも、この名残りだろう。

現在のように、庶民の間で初詣が盛んに行なわれるようになったのは、江戸時代のこと。その年の

2014年～2023年の恵方

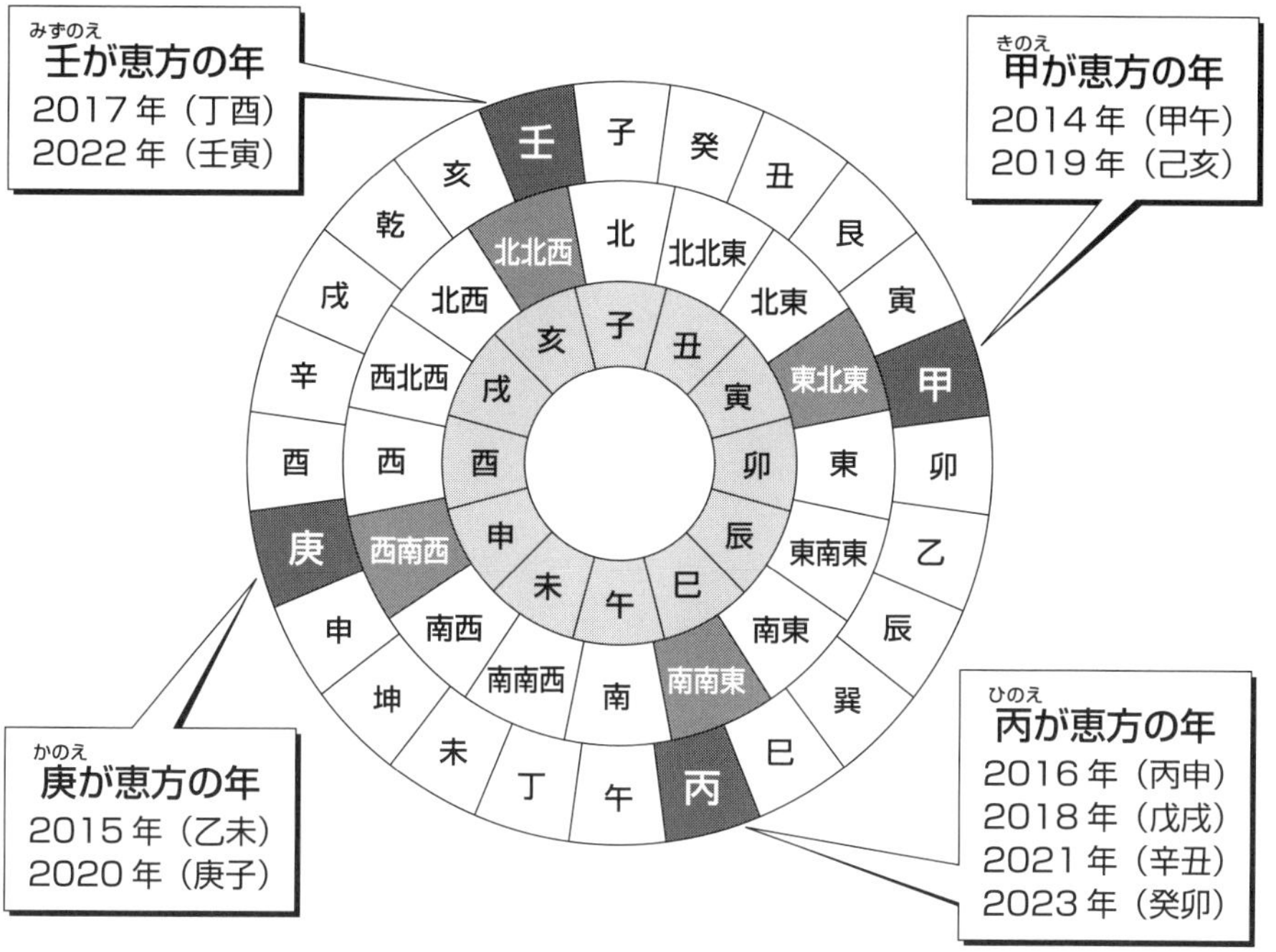
壬が恵方の年
2017年（丁酉）
2022年（壬寅）
甲が恵方の年
2014年（甲午）
2019年（己亥）
庚が恵方の年
2015年（乙未）
2020年（庚子）
丙が恵方の年
2016年（丙申）
2018年（戊戌）
2021年（辛丑）
2023年（癸卯）
壬 子 癸 丑 艮 寅 甲 卯 乙 辰 巽 巳 丙 午 丁 未 坤 申 庚 酉 辛 戌 乾 亥
北 北北東 北東 東北東 東 東南東 南東 南南東 南 南南西 南西 西南西 西 西北西 北西 北北西
子 丑 寅 卯 辰 巳 午 未 申 酉 戌 亥

恵方は陰陽道の考えに基づく。歳徳神がいて、その年の「大吉」にあたる方角である。2014年以降の恵方は上図の通り。歳徳神を家に迎えるため、恵方の方角に向けて、特別に神棚をしつらえる地域もある（歳徳棚という）。

正月の神が訪ねてくる恵方の方角にある神社への参拝、恵方参りが庶民の間で流行し、氏神ではない神社への参拝も一般化したのである。ただし、厳粛な忌籠りの最中であるため、参拝の途中には決して他人と口を利いてはならないとされた。もしうっかり言葉を交わしてしまったときは、もう一度帰宅して身体を清めることが求められた。

稲の神とされた歳徳神

正月に来訪する神は、歳神という。一般的には福徳を司る歳徳神とするところが多い。「トシ」は古語で「米」を意味しているため、米の神でもある。

歳徳神は、遠くから訪ねてくると考えられたため、その目印として門や玄関には門松や注連縄が設けられた。

1月

おせち料理

――正月に限定された、節目の日の祝い膳

歳神に捧げる祝膳料理

おせち料理は、一年の幸を祈願し、正月に食べる祝いの膳のことである。その語源は「節供（せっく）」にある。もともとは節目の日に供える食物のことであるが、いつしか「節供」がたんに節目の日を示す語として用いられるようになると、節句の日に供される料理ということで、「おせち料理」という言葉が誕生したという。本来は五節句に供される料理すべてを指したが、節句のなかでもとくに正月が重要視されたことから、いつしか正月料理に限られるようになった。

食材に込められたいわれ

そんなおせち料理の材料には、さまざまな祈りやいわれが込められている。

たとえば、海老は背中が曲がるほど長寿で健康でいられるようにと願ったものだ。黒豆はまめ（健康で勤勉）に暮らせることを願うもので、黒には邪を祓う力があるとされる。蓮根は穴が多く開いていることから将来の見通しが利くようにという意味が込められている。ごまめ（田作り）は豊作、くわいは芽が出るという縁起を担いだもの。赤い蒲鉾（かまぼこ）は魔除け、白い蒲鉾は清浄を象徴する。数の子には子孫繁栄の願いが込められている。

江戸時代の文化年間（一八〇四～一八一八）にはすでに子孫繁栄、豊作、健康を意味するめでたい食材として、数の子、ごまめ、黒豆が全国で重宝されていたという。

神道豆知識　かつてはお金ではなかったお年玉

正月になると、年長者から子どもたちにお年玉を与える風習がある。現在では金銭を与えるのが一般的であるが、金銭を与えるようになったのは、江戸時代以降のことである。

元来、「年玉」とは、歳神に供える餅のことで、お年玉をもらうとは、そのお下がりをいただくという意味であった。これを雑煮としていただくことで、神の恩恵を得て無事に1年を過ごすことができると考えられたのである。また、玉は歳神の霊力である「稲魂」のことであり、それに触れることで幸福を得ることができるとされた。

おせち料理が持つ意味

くわい
芽が出るようにとの願いが込められている。

海老
海老は曲がっている姿が老人にたとえられ、長寿を意味する。

黒豆
黒は魔除けの色。豆は「まめに暮らせるように」という意味。

なます
具材を紅白にして水引に見立てている。

お屠蘇
邪気を屠り、死者の魂を蘇らせるという意味がある。

数の子
卵の数が多いことが子孫繁栄と結びつき、縁起が良いとされる。

蒲鉾
その形を日の出に見立て、新たな門出を祝う食べ物とされる。赤は魔除け、白は清浄を示す。

ごまめ
田植えの際に片口鰯を肥料にしたところ、5万俵もとれたことにちなむ。豊年を祈る。

「おせち」の変遷

平安時代
元日や五節句に、宮中で神に供え物をして宴を開いていた。そのときに出されたのが「節供料理」だった。

▶

やがて、この宮廷行事が庶民の間にも取り入れられるようになる。

▶

江戸時代後半
庶民の新年向けの料理と武士の祝い膳が融合した「おせち料理」が生まれる。

「節句の日に供される料理」ということから、「おせち料理」と呼ばれるようになった。現在のような「おせち料理」が見られるようになったのは江戸時代のこと。

2月

節分
——邪気や災厄を豆で祓い、立春を迎える

大儺の行事が起源

二月の節分の日には、豆をまいて鬼を追い払い、福を迎える行事が各地で行なわれる。もともと節分とは、季節の変わり目にあたる二十四節気の立春、立夏、立秋、立冬の前日のことを指していた。旧暦では立春が正月節にあたるため、立春の前日をとくに重視した。そこで、この日にそれまでの災厄を祓い清め、立春を迎えようとする行事が行なわれてきたのである。

節分の行事は、奈良時代に中国から伝来した大儺と呼ばれる行事が起源となっている。方相氏（鬼神）の面をつけた儺人と呼ばれる役目のものが、桃の弓や葦の矢などの武具を手にして「鬼やらう」と大声をあげながら、疫病をもたらすとされた目に見えない鬼を追い払うというものである。その後、方相氏の面が異様な形相であったことから、儺人が鬼として追われるようになり、名称も大儺から追儺へと変わった。

この宮中行事が民間に伝わり、室町時代頃から「鬼は外、福は内」と唱えながら豆をまき、鬼を追い払う現在のような行事となったのである。

ただし、鬼を祀っている神社や、「鬼」の字を用いた地域や姓を持つ家などでは、「鬼も内」と唱えるところもある。

呪力を持つとされた大豆

それではなぜ節分の日に豆をまくようになったのかというと、古代中国で、大豆には邪気を祓う力が秘められていると信仰されていたことによる。

節分の行事後、自分の年齢の数だけ豆を食べたり、豆を入れた福茶を飲むことで一年の無事を祈ったりする風習も、豆の持つ霊力に由来するものだろう。

また節分の日には、柊の小枝に焼いた鰯の頭をさしたものを鬼除けとして玄関に飾る風習もよく知られるところである。柊の葉にはとげがあり、鰯は強い臭気を持つため、これで邪気を祓うのだ。

神社で行なわれるおもな節分行事

節分祭　牛替神事（うしかえ）
（防府天満宮・山口県防府市）

11月の秋の御神幸祭に神前に捧げる神牛役を神くじによって決める神事。くじに当たった人は御神幸祭まで神牛を飼育する。また、金銀銅の牛の置物や自動車、電化製品など数千点が寄贈される。

追儺式（ついな）
（長田神社・兵庫県神戸市）

神の使いである7匹の鬼が、松明や斧、太刀、槌などを持って演舞を行ない、最後は斧で餅を割る。「災いを焼き尽くし、凶事を断つ」という意味があり、1年間の無病息災・家内安全を願って行なわれる。

追儺式
（吉田神社・京都府京都市）

怒り・悲しみ・苦悩を表わす、赤・青・黄の鬼が境内で金棒を持って暴れる。そこへ鬼神・方相氏が現われ、鬼たちを追い詰め、さらに年男が務める殿上人が矢を放って、鬼たちを追い払う。

うけらの神事
（五條天神社・東京都台東区）

方相氏という鬼神が病鬼を鎮め、問答を行なう神事が行なわれる。その後、厄除けの花「うけら」を焚きながら、餅を焼いて食べ、無病健康を願う「うけら餅」が行なわれる。

「追儺」とは……悪鬼を退け疫病を除く、「おにやらい」と呼ばれる行事。室町時代に節分・豆まきと結びつき、節分行事として行なわれるようになった。

節分の夜に飾る「やいかがし」とは

柊の小枝
葉にとげのある柊を使う。竹串や柳の箸を使うこともある。

鰯の頭
焼いた鰯の頭を使う。鰯の臭いは、鬼が苦手だという。

節分の夜、家の戸口や軒下に「やいかがし」を飾る風習がある。これは、焼いた鰯の頭を柊の小枝にさしたもの。鬼が大嫌いな鰯の臭いと、「鬼の目突き」とも呼ばれる尖った柊の小枝とで鬼を撃退する。

2月

祈年祭

——農作業の本格化の前に行なわれる豊穣を願う神事

国家をあげた豊穣祈願祭

毎年二月十七日、全国の神社で「祈年祭」が行なわれる。祈年祭は「としごいのまつり」とも呼ばれる。「とし」とは稲のこと。つまり農作業が始まる前に、その年の稲の稔りの豊作を願う豊穣祈願祭である。

その歴史は古く、天武天皇四年（六七五）に畿内を中心に行なわれたとされ、大宝元年（七〇一）の大宝律令（古代の基本法）制定後、全国の神社で行なわれるようになった。なお、当時は毎年二月四日に行なわれていた。

一年の農耕儀礼の端緒ということもあり、祈年祭は、五穀豊穣のみならず、国家安泰、国土繁栄なども願う、国をあげた大規模な祭りへと発展。祭りの前には物忌みをして心身を清浄に保つことが求められるなど、厳粛に執り行なわれた。

また、国家の重要な祭祀として、すべての官社には神祇官（諸国の官社を管轄する役所）主導で幣帛（神に供えるもの）が捧げられた。平安時代中期に成立した『延喜式』によれば、全国の三千百三十二座の神々（二千八百六十一社）に幣帛が奉献されて、祈年祭が行なわれた。『延喜式』によると、官幣大社の場合、絹・麻・木綿といった布帛に加え、弓、楯、酒、海菜などさまざまなものが供えられていたようだ。

民衆のなかに息づく祈年祭

その後、国家祭祀である祈年祭は徐々に衰退していき、応仁の乱（一四六七年に、室町幕府八代将軍足利義政の後継を巡る争いが一因となって勃発）以降、廃絶した。明治二年（一八六九）に復興を遂げるも、昭和二十年（一九四五）の終戦後に出された神道指令により、国家祭祀としての祈年祭は廃止されるに至る。

しかし祈年祭は、その年の豊穣を願う春の予祝行事（田遊やお田打ちなど）として民間の人々の生活のなかに息づき、現在へと受け継がれている。

祈年祭の変遷

起源
歳神の祟りに触れた大地主神が、白馬・白猪・白鶏を捧げて祟りを鎮めた。

歳神……豊穣を司る神
大地主神……田畑を司る神

▶ **古代**
春に五穀豊穣を願って歳神に祈りを捧げる儀礼を行なった。

▶ **律令制下**
2月に行なう恒例の「仲春の祈年祭」として制度化。重要な国家祭祀「四箇祭」に位置づけられた。

▶ **現代**
室町時代後期より衰退するが、明治時代に再興。農業だけでなく、様々な職業の発展を祈る。

〈四箇祭とは？〉

四箇祭		
2月	仲春の祈年祭	その年の五穀豊穣を祈る。平安時代後期には、天照大御神を祀る天皇の祭儀と考えられるようになる。
6月	季夏の月次祭（つきなみのまつり）	国家安泰と天皇弥栄を祈る大祭。全国304座の神社に幣帛を送る。
11月	仲冬の新嘗祭	天皇が新穀を神に捧げ、自らも食する行事。即位儀礼としても行なわれ、1代1度の新嘗祭を大嘗祭という。
12月	季冬の月次祭	季夏の月次祭と同様の大祭が行なわれる。月次祭は、もとは毎月行なわれていたが、やがて夏冬の2季にまとめられた。

各地に伝わる“民間の祈年祭”田遊

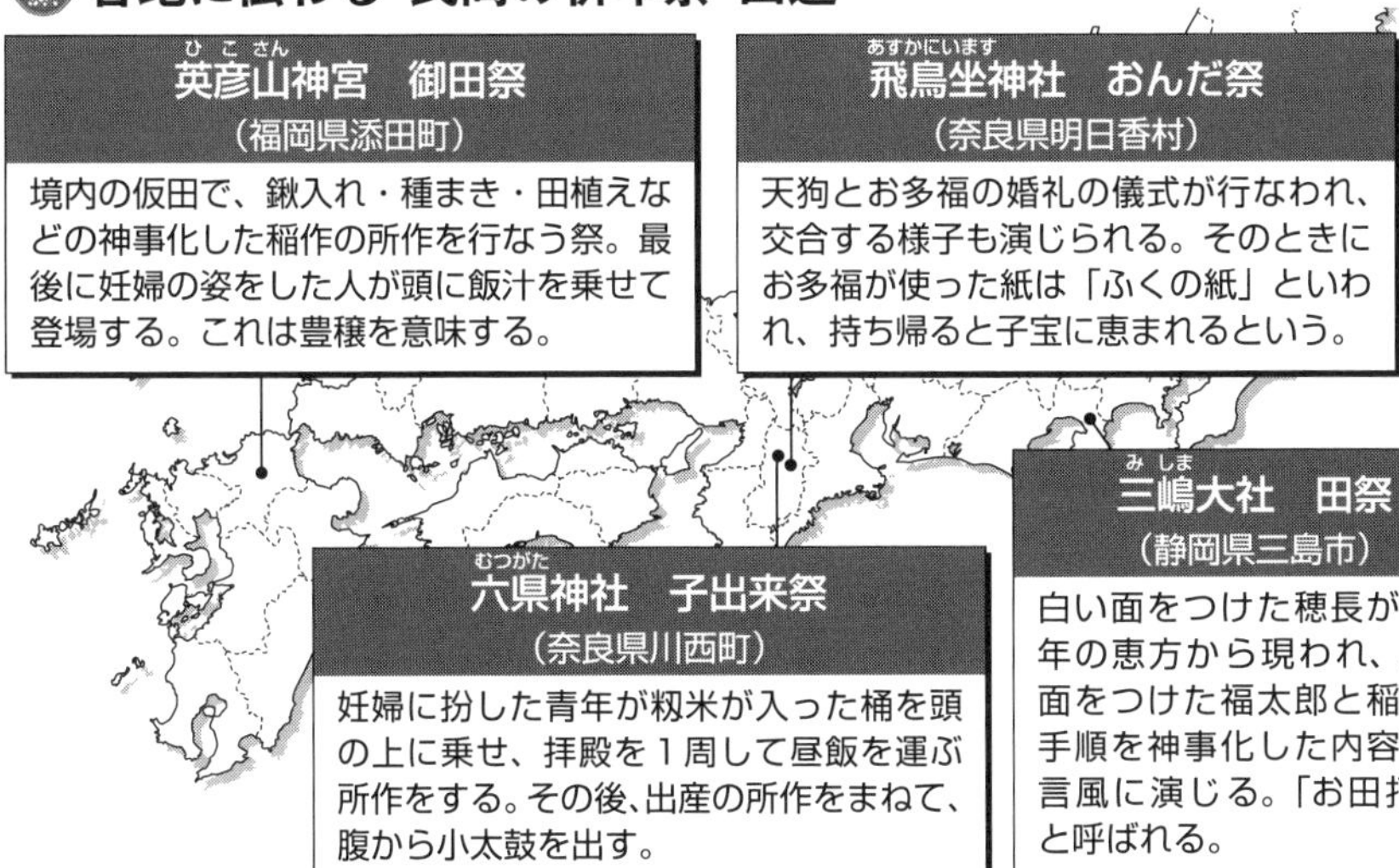

英彦山（ひこさん）神宮　御田祭
（福岡県添田町）
境内の仮田で、鍬入れ・種まき・田植えなどの神事化した稲作の所作を行なう祭。最後に妊婦の姿をした人が頭に飯汁を乗せて登場する。これは豊穣を意味する。

飛鳥坐（あすかにいます）神社　おんだ祭
（奈良県明日香村）
天狗とお多福の婚礼の儀式が行なわれ、交合する様子も演じられる。そのときにお多福が使った紙は「ふくの紙」といわれ、持ち帰ると子宝に恵まれるという。

三嶋（みしま）大社　田祭
（静岡県三島市）
白い面をつけた穂長がその年の恵方から現われ、黒い面をつけた福太郎と稲作の手順を神事化した内容を狂言風に演じる。「お田打ち」と呼ばれる。

六県（むつがた）神社　子出来祭
（奈良県川西町）
妊婦に扮した青年が籾米が入った桶を頭の上に乗せ、拝殿を1周して昼飯を運ぶ所作をする。その後、出産の所作をまねて、腹から小太鼓を出す。

稲の豊作を祈願する予祝儀礼として、各地で「田遊」と呼ばれる神事が現在も行なわれている。

3月

雛祭り――邪気を祓う行事から女児の成長を願う祭りへ

人形に穢れを託した祓いの行事

毎年三月三日に行なわれる雛祭(ひなまつ)りは、雛人形(ひなにんぎょう)を飾り、女児の成長を祝う行事である。行事後、雛人形をすぐに片づけないと嫁に行き遅れるなどとも言い伝えられている。上巳(じょうし)の節供（三月の最初の巳(み)の日）とも呼ばれ、五節供のひとつとしても重視されてきた。

雛祭りは、もともと中国で上巳に行なわれていた禊祓(みそぎばらい)の行事に由来する。

この祓いの習俗が日本に伝来し、奈良時代、宮中で、曲水(きょくすい)の宴(えん)（流水に浮かべた盃が目の前を通過するまでに歌を詠む遊び）が催されるようになった。雛祭りは、このような上巳の行事に、人形(ひとがた)に穢れを移し、水辺に流すという習俗が習合したものだといわれている。実際平安時代には、すでに人形を流して穢れを祓うことが上巳の行事として定着していたという。この人形が、雛人形の原型である。古代の人々は、農作業が本格化する春を迎えるにあたり、自らの穢れを祓い、身を清めてから臨んだことがわかる。

流す人形から飾る人形へ

人形に穢れを移して流すという風習が、きれいな内裏雛(だいりびな)を飾る行事へと変化したのは、江戸時代の頃である。

武家の子女の嫁入り道具のひとつとして豪華な雛人形がつくられるようになると、雛人形は流すものから飾るものへと変貌を遂げた。三壇や五壇の雛壇がつくられるようになり、内裏雛に加えて五人囃子(ごにんばやし)や三人官女(さんにんかんじょ)なども登場した。

さらに、明治時代になると、商業政策の一環として百貨店で雛人形を扱い始めたことから、雛人形を飾る習慣が全国に普及したのである。そしていまでは、雛祭りといえば雛人形を飾り、菱餅(ひしもち)やあられ、白酒(しろざけ)を供えて桃の花を飾るのが一般的となった。

桃の花は伸びゆく生命の象徴であり、女児の成長を祝うのにふさわしい花である。

雛祭りに雛人形が飾られるようになるまで

形代（人形）　流し雛　雛人形（飾り雛）

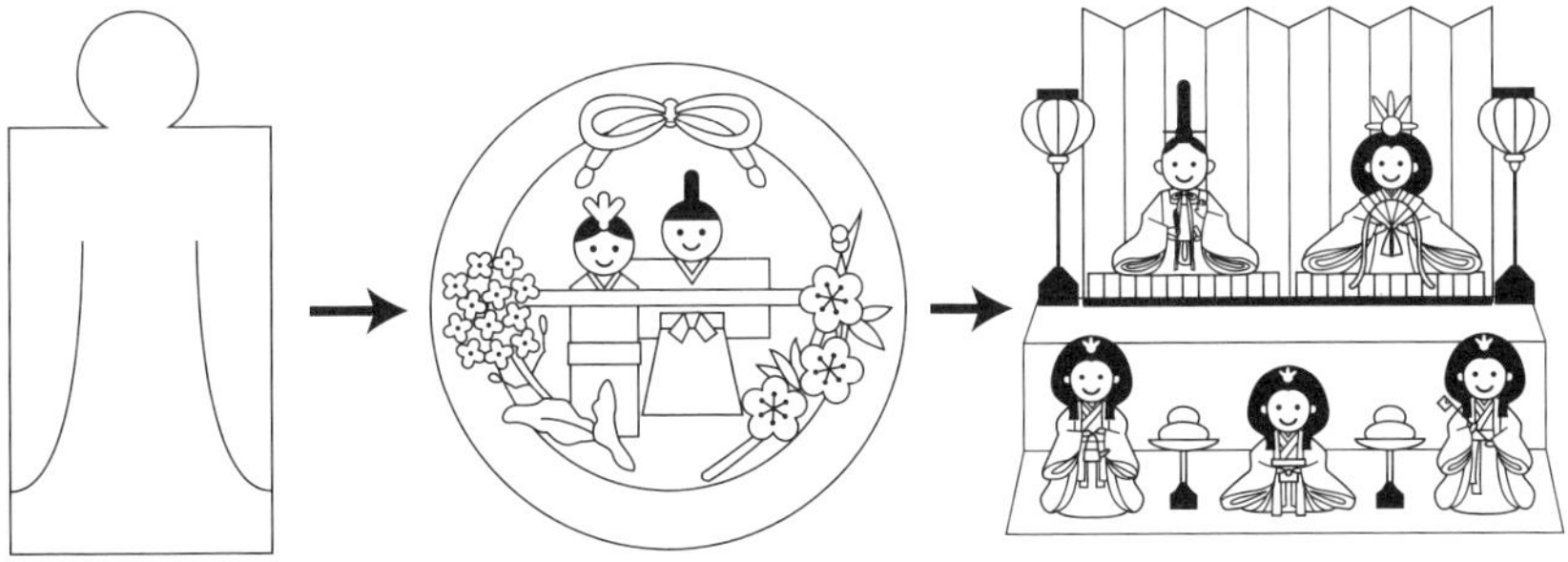

平安時代には、上巳の節供に、紙でできた形代に災厄を移して川や海に流すという風習があった。

やがて、形代ではなく、紙や布でつくった雛人形を川や海に流すようになる。現在も鳥取や長野などで「流し雛」が行なわれている。

江戸時代に、女の子の玩具だった「雛」に装飾性が加えられて観賞用となる。そして、流し雛に代わって雛人形が儀礼の主役となる。

雛祭りの食べ物

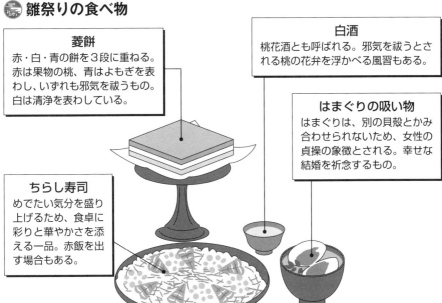

菱餅
赤・白・青の餅を３段に重ねる。赤は果物の桃、青はよもぎを表わし、いずれも邪気を祓うもの。白は清浄を表わしている。

白酒
桃花酒とも呼ばれる。邪気を祓うとされる桃の花弁を浮かべる風習もある。

はまぐりの吸い物
はまぐりは、別の貝殻とかみ合わせられないため、女性の貞操の象徴とされる。幸せな結婚を祈念するもの。

ちらし寿司
めでたい気分を盛り上げるため、食卓に彩りと華やかさを添える一品。赤飯を出す場合もある。

3月

彼岸

──春の農耕を前に祖霊を祀り、豊作を願う

神道に由来する彼岸の行事

春分、秋分の日を中日とし、その前後三日間、計七日間を彼岸という。一日目は彼岸の入り、七日目は彼岸の明けである。彼岸の日取りの決め方は時代によって変わっていたが、現在のように春分、秋分を中日としたのは弘化元年(一八四四)に施行された天保暦以降のことである。また、通常彼岸といえば、春の彼岸を指す。俳句においても、春の季語として用いられる。

彼岸とは、生死の境を渡った向こう岸、つまり仏の国を意味する言葉だ。本来は、迷いの世界である現世から、悟りの世界である仏の国へ行くことができるよう、修行に励むという仏教行事だった。現在は、彼岸の期間には先祖供養のための寺参り、墓参りが盛んに行なわれている。これは、この時期に先祖の霊を丁重に供養すれば、きっとその霊魂は仏の国に行くことができるという仏教の教えにちなむ。このように、現在の彼岸の行事は非常に仏教色が強いものである。とはいえ、インドや中国ではこのような習慣を見ることはできず、彼岸は日本特有の行事となっている。これは一体どういうことなのだろうか。

古来、春分の日は季節の変わり目にあたることから、農事の重要な目安とされてきた。そのため、春の農耕開始の前に祖霊を祀り、豊穣を願う儀礼が行なわれてきた。これが仏事に取り込まれ、日本独特の風習になったのではないかとみられている。

呪力があった牡丹餅

彼岸のお供え物といえば、牡丹餅である。なぜ牡丹餅を供えるのかというと、小豆を用いてつくる牡丹餅は赤い色をしており、赤色には邪気を祓う力があると考えられていたためである。

なお、春の牡丹餅に対して、秋の彼岸にはそれをおはぎと呼ぶ。春は牡丹の花、秋は萩の花になぞらえている。季節感を取り入れた、日本人らしい命名である。

先祖供養の変遷と神道式の先祖祭祀

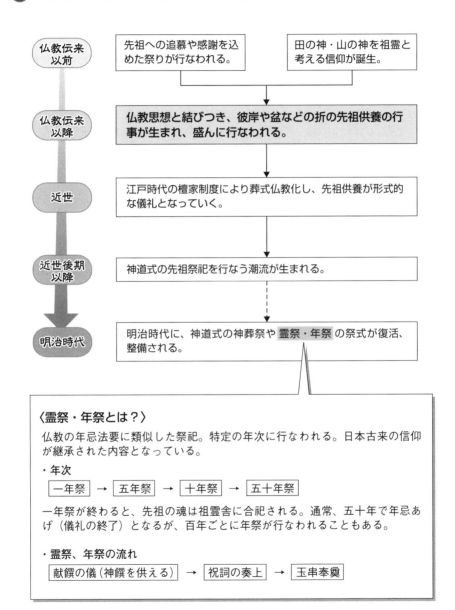

仏教伝来以前
- 先祖への追慕や感謝を込めた祭りが行なわれる。
- 田の神・山の神を祖霊と考える信仰が誕生。

↓

仏教伝来以降
- **仏教思想と結びつき、彼岸や盆などの折の先祖供養の行事が生まれ、盛んに行なわれる。**

↓

近世
- 江戸時代の檀家制度により葬式仏教化し、先祖供養が形式的な儀礼となっていく。

↓

近世後期以降
- 神道式の先祖祭祀を行なう潮流が生まれる。

↓

明治時代
- 明治時代に、神道式の神葬祭や霊祭・年祭の祭式が復活、整備される。

〈霊祭・年祭とは？〉

仏教の年忌法要に類似した祭祀。特定の年次に行なわれる。日本古来の信仰が継承された内容となっている。

・年次

一年祭 → 五年祭 → 十年祭 → 五十年祭

一年祭が終わると、先祖の魂は祖霊舎に合祀される。通常、五十年で年忌あげ（儀礼の終了）となるが、百年ごとに年祭が行なわれることもある。

・霊祭、年祭の流れ

献饌の儀（神饌を供える） → 祝詞の奏上 → 玉串奉奠

4月

花見——春の農耕開始の目安となる桜の開花で豊凶を占う

豊作を祈る心が込められた花見

春になると、全国各地の桜の名所は花見客でにぎわう。咲き誇る桜の華やかさと、人々のにぎやかなさまは春の到来を実感する風物詩である。

現在のように、敷物を敷いて一席を設け、花を愛でながら飲食を楽しむようになったのは江戸時代以降のことである。

八代将軍徳川吉宗が飛鳥山や隅田川の土手に桜を植樹したことがきっかけとなり、庶民も気軽に花見を楽しむことができるようになった。桜色、白、緑の三色の花見団子が広まったのも江戸時代である。

このような花見の風習は、もともと農作業の開始の目安となる桜の開花にちなんで行なわれてきた農耕儀礼が発展したものだと考えられる。「桜」という言葉の語源を見ると、「サ」は「稲の霊」、「クラ」は「神座」を表わすといわれる。つまり、古代の日本人は桜の花に神意を見出し、咲き具合によってその年の豊凶を占ったというわけである。

花見の宴には、豊作を願う人々の思いが込められているのだ。

はかなく散る桜の花

一方で、桜は満開となるや、すぐに散ってしまう。古代の日本人はこれを不吉と捉えた。花が散り、舞うときに疫神もともに分散し、疫病をもたらすと考えたのである。

現代のように、医療技術が発達していない古代にあって、病はいとも簡単に人の命を奪った。また、それは生命の糧である稲にも及んだのである。そこで疫病の流行を防ぐため、桜が飛散する時期に鎮花祭が行なわれた。平安時代に制定された『神祇令』（公的な祭祀の大綱を規定）には旧暦三月に鎮花祭を行なう旨が記されており、古来、重要視された祭りであることがわかる。

現在も奈良県の大神神社を始め、各地の神社で鎮花祭が行なわれている。

江戸時代に盛んとなった花見

浅草寺で花見を楽しむ人々の様子を描いた錦絵。江戸時代、浅草は桜の名所であり、夜桜見物に訪れる人も多かった。（国立国会図書館蔵）

桜にまつわる各地の行事

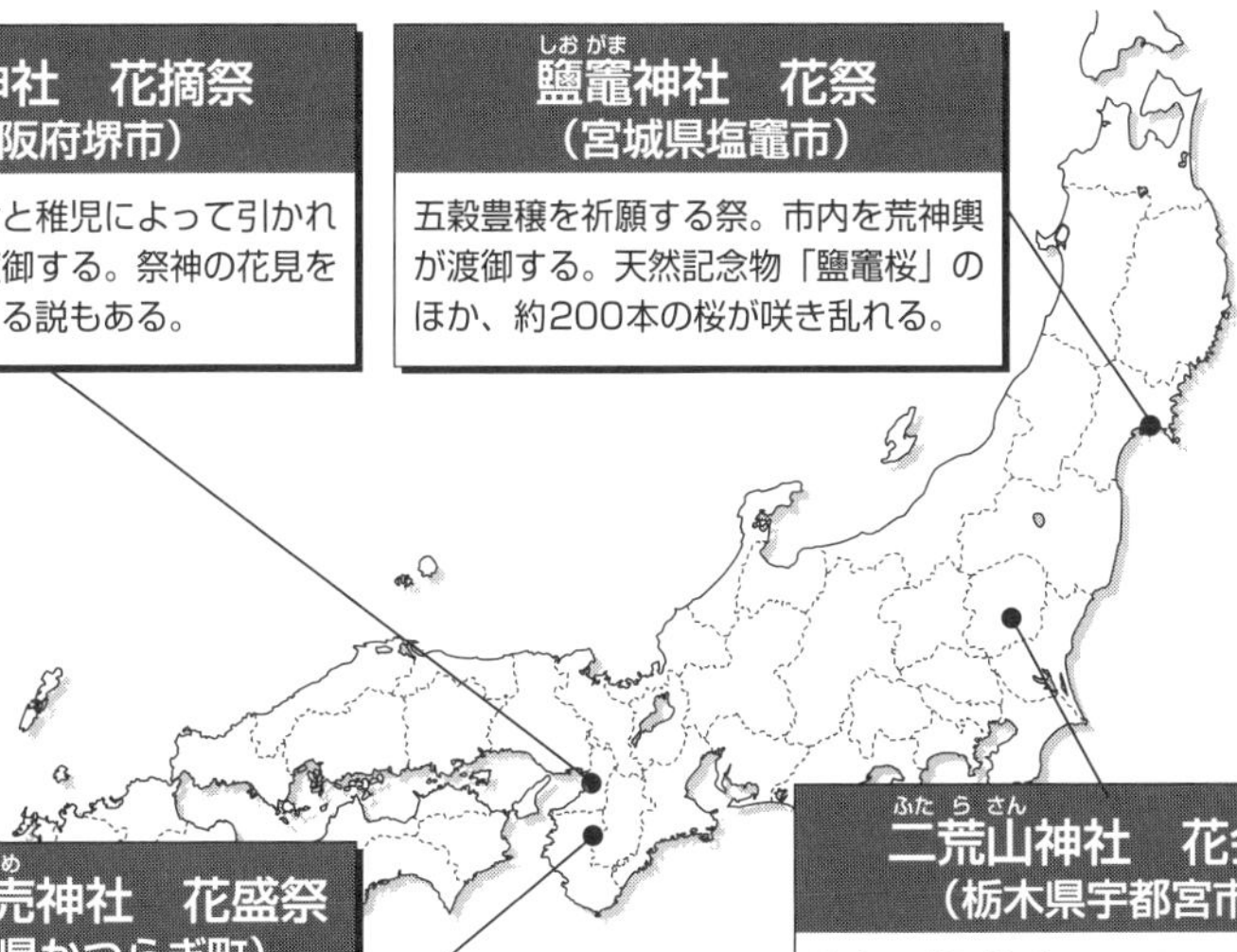

大鳥（おおとり）神社　花摘祭
（大阪府堺市）

神輿が、花摘女と稚児によって引かれる花車を従え渡御する。祭神の花見を表わした祭とする説もある。

鹽竈（しおがま）神社　花祭
（宮城県塩竈市）

五穀豊穣を祈願する祭。市内を荒神輿が渡御する。天然記念物「鹽竈桜」のほか、約200本の桜が咲き乱れる。

丹生都比売（にうつひめ）神社　花盛祭
（和歌山県かつらぎ町）

神饌に桜の花を供えるほか、神職・楽人の烏帽子・冠に桜の花をさし、参列者の胸に桜の枝をつけ、祭りを行なう。

二荒山（ふたらさん）神社　花会祭
（栃木県宇都宮市）

狩衣に剣を帯びたいでたちの童子４人が、神職から差し出された数十本の桜の枝のなかからそれぞれ１本ずつ選ぶ儀式が行なわれる。

5月 端午の節供

―武家社会に取り入れられた邪気を祓う習俗

邪気を祓う風習から発展

五月五日の端午の節供は、男児の誕生と健やかな成長を願う日である。現在は「子どもの日」という国民の祝日となっており、とくに男児に限られたものではない。それでも男児のお祝いの日という意識は強く、庭には鯉のぼりやのぼり旗を立て、床の間には武者人形や鎧兜などを飾る家も多いだろう。

この端午の節供は、三月三日の雛祭りと同様に中国に起源がある。古代中国には、よもぎを門にかけ、菖蒲酒を飲んで邪気を祓うといった行事があった。菖蒲は血行促進、鎮痛作用のある薬草でもある。

これが日本にもたらされ、平安時代にはすでに、菖蒲を乗せた机を天皇に献上するという儀式が行なわれている。

一方、旧暦の五月は田植え月にあたる。日本では田植えの前に物忌みをして邪気を祓い、心身を清め、田の神を迎えるという風習があった。

こうした風習が、中国伝来の行事と習合し、この時期に菖蒲湯に入ったり、菖蒲を家の軒先に吊るしたりして邪気を祓うようになったのである。

菖蒲が尚武につながる

その後、時代は下り武家の時代になると、菖蒲の葉の形を刀と見立て、これが「尚武」につながるとして、男子の成長と武運長久を祈る日となっていった。

現代のように、鯉のぼりをあげるようになったのは江戸時代のことである。「中国・黄河上流の急流・竜門を泳ぎのぼった鯉は龍と化す」という登竜門の故事にちなみ、立身出世の象徴として鯉のぼりが定着した。

また、この日に柏餅を食べるようになったのも、江戸時代からである。柏の葉は、古代、神へのお供えをのせる食器として使われた神聖なもので、家系がいつまでも続く縁起物とされた。

端午の節供にまつわる事物のルーツ

家の軒に菖蒲をさす

ルーツ

田植え月の５月に女性が忌み籠って神を祀った際、物忌みの印としていた。

武者人形を飾る

ルーツ

5月5日、宮中で菖蒲を兜の形にした菖蒲兜をつくる風習があった。のちに紙製になり、人形の前立てとして飾られた。この人形がやがて武者人形となる。

ちまきを食べる

ルーツ

祖国の将来に絶望して川に身を投じた中国・楚の政治家・詩人の屈原の霊を弔うため、命日といわれる5月5日にちまきをつくって水に投じたという風習が日本に伝来した。

鯉のぼりを立てる

ルーツ

登竜門の故事にちなみ、子どもの出世を願って立てられるようになった。

「鯉のぼり」各部の意味

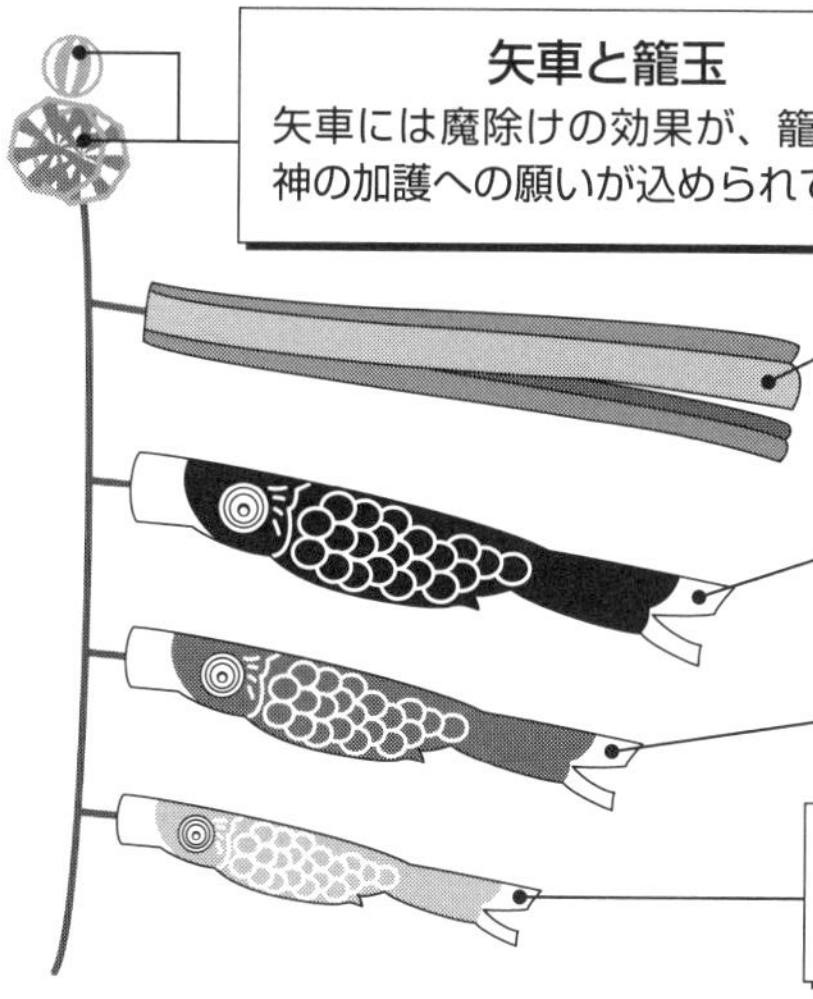

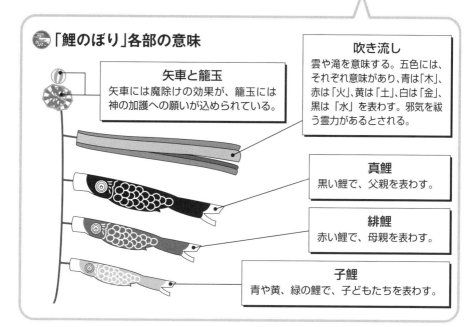

矢車と籠玉
矢車には魔除けの効果が、籠玉には神の加護への願いが込められている。

吹き流し
雲や滝を意味する。五色には、それぞれ意味があり、青は「木」、赤は「火」、黄は「土」、白は「金」、黒は「水」を表わす。邪気を祓う霊力があるとされる。

真鯉
黒い鯉で、父親を表わす。

緋鯉
赤い鯉で、母親を表わす。

子鯉
青や黄、緑の鯉で、子どもたちを表わす。

6月

夏越の祓

——病気になりやすい季節を乗り越えようとする人々の切なる願い

穢れを祓う神事

日本人は古来、心身の穢れを祓い清める「祓」を重視してきた。というのも古代の日本人にとって、稲は神の恩寵による神聖なものであり、穢れのない身体で農業に従事することが必要だと考えていたからである。

そのため春の祈年祭、秋の神嘗祭とともに、毎年六月と十二月の末日に行なう大祓を重んじてきた。六月の大祓は、夏越の祓と呼ばれる。夏を越し、残り半年を平穏無事に過ごせるよう祈るものである。夏越は「和し」に通じることから、疫神を和ませて災厄を鎮める「和しの祓」であるともされた。

現在各地の神社で行なわれている夏越の祓の行事は、二つに大別できる。ひとつは、人形（形代）に半年間の罪や穢れを移すもの。もうひとつは茅の輪くぐりである。茅の輪くぐりとは、茅（根茎は漢方薬として利尿、止血効果がある）を束ねてつくった茅の輪を神前に立てて、これを三回くぐりながら「水無月の夏越の祓する人は千歳の命のぶというなり」と唱えるものだ。これを行なうことにより、半年間の穢れが祓われるとともに、疫病や災厄から逃れられると考えられた。この行事は、武塔神に一夜の宿を貸した蘇民将来が、茅の輪をつけていたことで疫病を免れたという故事にちなむ（『備後国風土記』逸文）。

民間行事として発達

大祓の歴史は古く、天武天皇五年（六七六）には「大解除」として執り行なわれていた（『日本書紀』）。当初は国家の重要な祭祀前や疫病の流行など凶事のあとに行なわれていたが、大宝律令の制定後、毎年六月と十二月の晦日に行なうことが定められた。しかし、応仁の乱以降、国家神事としての大祓は廃絶する。とはいえ、旧暦の六月は気温、湿度ともに高く、病気にかかりやすい時期であったため、疫病や災厄を避ける神事として民間に根強く浸透し、現代へと伝えられている。

夏越の祓とは何か

祓	神を祀り、祈願するために心身を清める行ない。

↓ 年中行事化

大祓	年に２回、６月と12月の末日に、半年間の罪・穢れを祓う行事として、古代の宮中ではじまり、民間にも広まった。

↓

夏越の祓	６月の大祓が民間の神社で行事化。夏季に頻発する疫病や災害などの厄を祓うため、茅の輪くぐりや人形祓いが行なわれる。

＜茅の輪のくぐり方＞

④
①
③
②

1．茅の輪の前に立ち、一礼して、上図①のように左回りでくぐる。

2．再び茅の輪の前に立ち、一礼してから今度は②のように右回りでくぐる。

3．茅の輪の前に戻ったら、一礼して③のように左回りでくぐる。

4．最後に、茅の輪の前に立ち、一礼してから④のようにまっすぐくぐり、神前に進んでお参りをする。

7月

七夕 ―― お盆を迎えるにあたり、心身を祓い清める

乞巧奠と呼ばれる祭り

七月七日は七夕である。願い事を記した短冊を竹に吊るして立てる光景を至るところで見ることができる。また、彦星と織姫が一年に一度、天の川を渡って逢瀬を楽しむ日としても知られている。

その歴史は古く、八世紀に成立した和歌集『万葉集』巻第十のなかに「織女の今夜会ひなば常のごと明日を隔てて年は長けむ」という歌が収録されており、すでに奈良時代から七夕の伝説が知られていたことがわかる。

そんな七夕の起源は、星に裁縫や書道の上達を祈るという中国の乞巧奠と呼ばれる祭りにある。

これは、七月七日の夕方に酒、料理、果物、瓜を供え、金、銀、真鍮の針を用意し、月に向かって五色の糸を針に通すというものである。天の川に白や五色の光が見えれば願いが叶い、蜘蛛が瓜の上に網を張れば裁縫が上達するといわれた。

日本でも、天平勝宝七年(七五五)に宮中で乞巧奠が行なわれたのを起源に、宮中行事として定着したのである。

当初は貴族の行事であったが、次第に武家はもちろんのこと、庶民の間でも短冊に願い事を書いて竹に吊るすという、いまにおなじみの行事が広まった。江戸時代には、幕府によって五節供のひとつに定められ、とくに寺子屋に通う子どもたちが手習いの上達を望んだという。

盆の魂祭りの準備開始

また七夕は、地方色が豊かな行事でもある。

なかでも、この日に女性が髪を洗ったり、水浴をしたりと、水に関わる行事を催す地域が多い。

これは、七夕が盆行事の一部として習合し、盆に祖霊を迎える前に川で禊をし、心身を祓い清める意図があるといわれている。いわば七夕は、盆行事の準備を始めるという側面があったとみられる。七夕飾りの竹を川に流すのも、こういった理由による。

おもな七夕の風習

風習	地域	内　　容
笹竹（七夕竹）	全国	笹竹を立てて、願い事を書いた５色の短冊を飾る。女性が裁縫や書道の上達を祈る乞巧奠という宮中の祭事が起源。
七夕馬（草刈馬）	関東の一部・新潟　など	わらやマコモでつくった「七夕馬」を、七夕様が乗る馬として七夕の儀式に用いる。この馬を草刈りに連れていき、草を食べさせたり、屋根や戸口に置いたりする。
七夕流し（七夕送り）	長崎県・岐阜県・長野県・新潟県の一部　など	お盆の燈籠流しに類似しており、精霊船に似たわら船や人形を流したり、松明を焚いたりして七夕様を送る。七夕様を農業神とする信仰から生まれた風習だという。
水浴	近畿地方の一部	子どもが海に入ったり、飼い牛を泳がせたりする。水の神にまつわる禊の風習と考えられている。

各地の独特な七夕行事

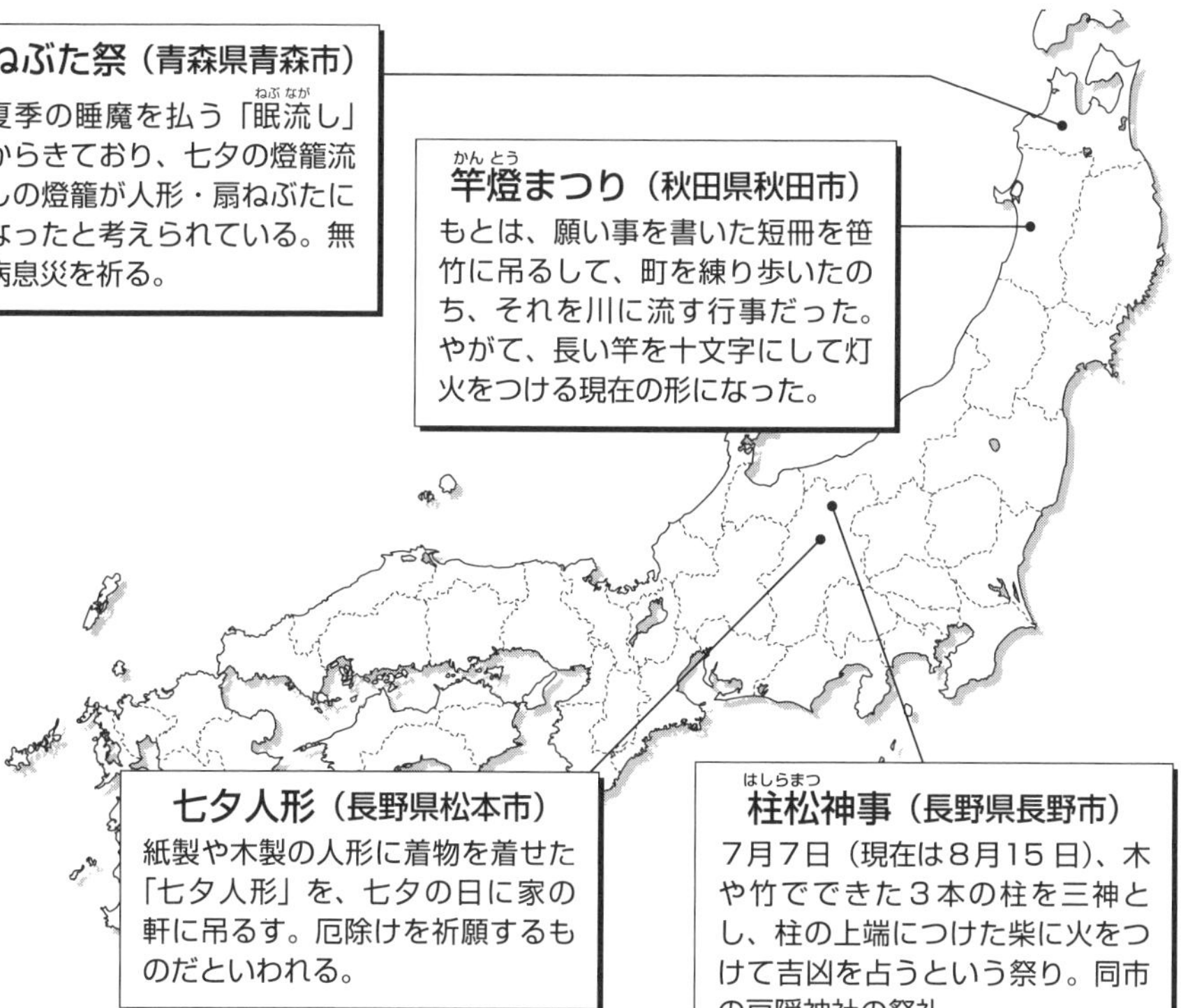

ねぶた祭（青森県青森市）
夏季の睡魔を払う「眠流し（ねぶながし）」からきており、七夕の燈籠流しの燈籠が人形・扇ねぶたになったと考えられている。無病息災を祈る。

竿燈（かんとう）まつり（秋田県秋田市）
もとは、願い事を書いた短冊を笹竹に吊るして、町を練り歩いたのち、それを川に流す行事だった。やがて、長い竿を十文字にして灯火をつける現在の形になった。

七夕人形（長野県松本市）
紙製や木製の人形に着物を着せた「七夕人形」を、七夕の日に家の軒に吊るす。厄除けを祈願するものだといわれる。

柱松（はしらまつ）神事（長野県長野市）
7月7日（現在は8月15日）、木や竹でできた３本の柱を三神とし、柱の上端につけた柴に火をつけて吉凶を占うという祭り。同市の戸隠神社の祭礼。

7月

夏祭り――疫病退散を願った都市型の祭礼

御霊会から始まった夏祭り

旧暦の六月、つまり現在の七月は高温多湿で病気にかかりやすい時期だった。そのため疫病退散を願い、各地の神社で疫病鎮めの夏祭りが執り行なわれてきた。その代表格が、京都の夏の風物詩・祇園祭である。

祇園祭は七月一日の吉符入から始まって、約一か月にわたり営まれる。なかでも、囃子の音色とともに絢爛な山鉾が京都の町を巡行する山鉾巡行は名高く、多くの観光客を楽しませている。

祇園祭は、平安時代中期に始まった御霊会が起源とされる。かつては、天災や疫病の流行は、非業の死を遂げた怨霊の仕業と考えられた。そこでこれらの霊を鎮めるために御霊会が営まれるようになったのである。

貞観十一年（八六九）、疫病が猛威を振るい、全国に大きな被害をもたらした。

これは祇園社の祭神牛頭天王（もともとインドの祇園精舎の守護神だったが、日本では疫病をもたらす疫神とされ、のち素戔嗚尊と同一視される）の祟りによるものとされ、同年六月、全国の国数と同じ六十六本の矛を立てて祭りが催された。また、洛中の男児が神輿を神泉苑に送り、災厄の除去が祈願されたのである。これを祇園御霊会といい、十世紀以降、年中行事として盛大に行なわれるようになった。

その後、南北朝時代に現在のような山鉾巡行が始まり、室町時代には町々で特色ある山鉾がつくられるようになった。安土・桃山時代には贅を尽くした豪華絢爛な山鉾も登場するようになった。

この祇園祭の隆盛が契機となり、各地の神社で催される夏祭りが大規模なものになった。つまり、現代の夏祭りの起源は祇園祭にあるといえるのである。

また、農耕儀礼の一環として行なわれる春祭り、秋祭りとは異なり、夏祭りは夏を無事に乗り切ろうとする都市部ならではの色彩が濃いものとなっている。

夏祭りの発展

旧暦の６月は疫病をはじめ、自然災害が発生しやすかった。

↓

古代から中世にかけて、それらの災厄が、非業の死を遂げた人物の霊（御霊）の仕業だとする「御霊信仰」が流行。

↓

平安時代、流行した疫病を牛頭天王の祟りと考え、その鎮魂のために御霊会が営まれる。

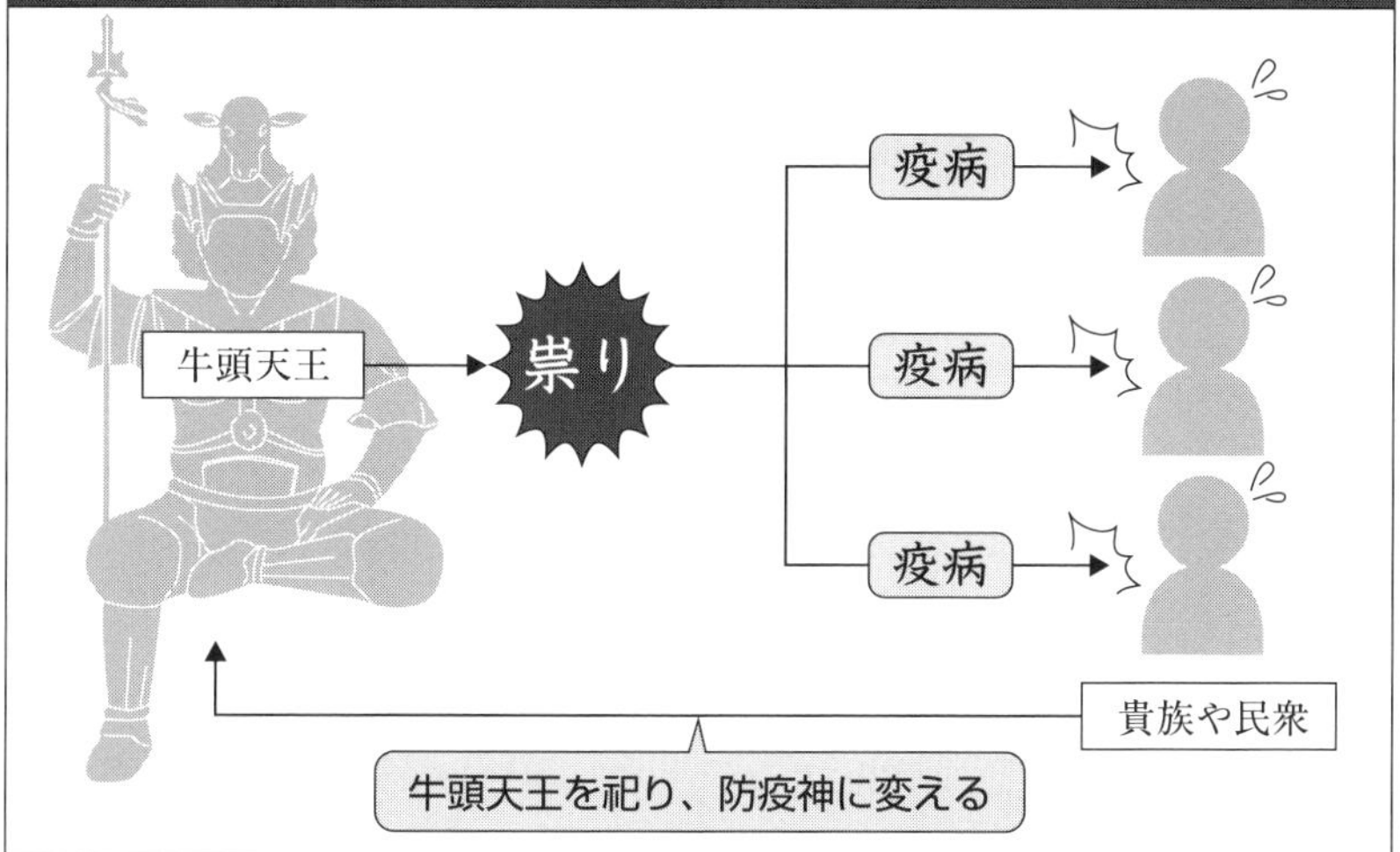
牛頭天王
祟り
疫病
疫病
疫病
貴族や民衆
牛頭天王を祀り、防疫神に変える

↓

牛頭天王を祀る京都・八坂神社にて、疫病鎮静化の祭祀が行なわれるようになる。

↓

祇園祭の誕生

↓

御霊会の際、疫病鎮静化のために、神泉苑に鉾を立てたことにちなみ、山鉾の巡行がはじまるなど、次第に風流化・大規模化していく。

↓

祇園祭の影響を受け、各地の神社で行なわれる夏祭りも大がかりなものへと発展。

8月

お盆 ——祖霊を祀る代表的な魂祭

お盆も神道行事のひとつ

祖先の霊を家に迎えて供養し、送り出す行事がお盆である。古来、旧暦七月十五日前後に行なわれた行事で、現在では一般に八月十三日を迎え盆、八月十六日を送り盆とするところが多い。十三日に玄関先などに迎え火を焚き、墓地や山、川から先祖の霊を屋内に特別につくった盆棚に迎え入れる。盆棚には盆花や団子、素麺、果物などを供えて祖霊をもてなし、十六日に送り火を焚いて送り出す一連の行事である。

このお盆行事は、一説に仏教の盂蘭盆会に基づくものといわれる。これは、釈迦の弟子目連が、七月十五日に百味の飲食を盆にのせて多くの僧たちに施したことで、餓鬼道に堕ちて苦しむ母を救ったという故事に由来するものである。

日本ではすでに斉明天皇三年（六五七）に盂蘭盆会が営まれたと『日本書紀』にあり、平安時代には貴族の年中行事として定着した。

このようにお盆行事は仏事だと思われがちであるが、もともとは祖霊を丁重に迎え、送り出すという祖霊祭であり、お盆行事には神々や祖霊とともに生きている日本人の原点を見出すことができるのである。

民俗学者の柳田国男は、盆行事はもともと日本の伝統的な行事であり、供物をのせるために用意された盆にちなんで、祖霊祭を盆と呼び習わすようになったのではないかと推測している。

祖霊と交流する盆踊

盆の期間中には、盆踊が行なわれる。踊りを通して祖霊と交流するという目的がある。もともと遊行僧の空也や一遍たちが悪霊を鎮めるために行なった念仏踊が、盆踊へと発展したと考えられており、おもにやぐらの周りを輪になって踊る輪踊や、縦列で村境まで踊っていく群行型の踊りがある。ともに踊ることで祖霊を鎮め、豊穣のための加護を祈る意味合いも込められているという。

お盆の伝来と、日本での習合

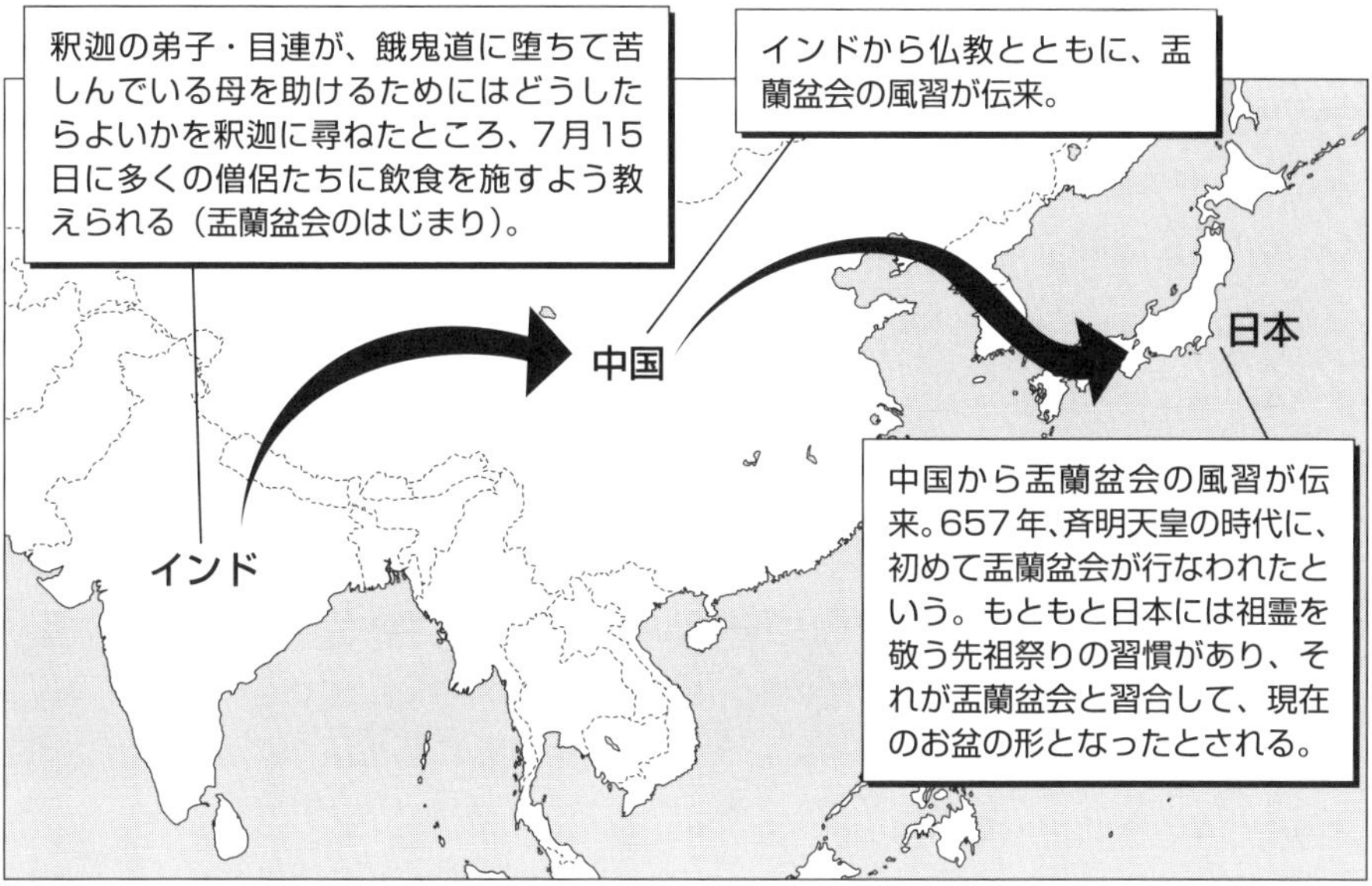
釈迦の弟子・目連が、餓鬼道に堕ちて苦しんでいる母を助けるためにはどうしたらよいかを釈迦に尋ねたところ、7月15日に多くの僧侶たちに飲食を施すよう教えられる（盂蘭盆会のはじまり）。
インドから仏教とともに、盂蘭盆会の風習が伝来。
インド
中国
日本
中国から盂蘭盆会の風習が伝来。657年、斉明天皇の時代に、初めて盂蘭盆会が行なわれたという。もともと日本には祖霊を敬う先祖祭りの習慣があり、それが盂蘭盆会と習合して、現在のお盆の形となったとされる。

日本古来の信仰が残る盆踊

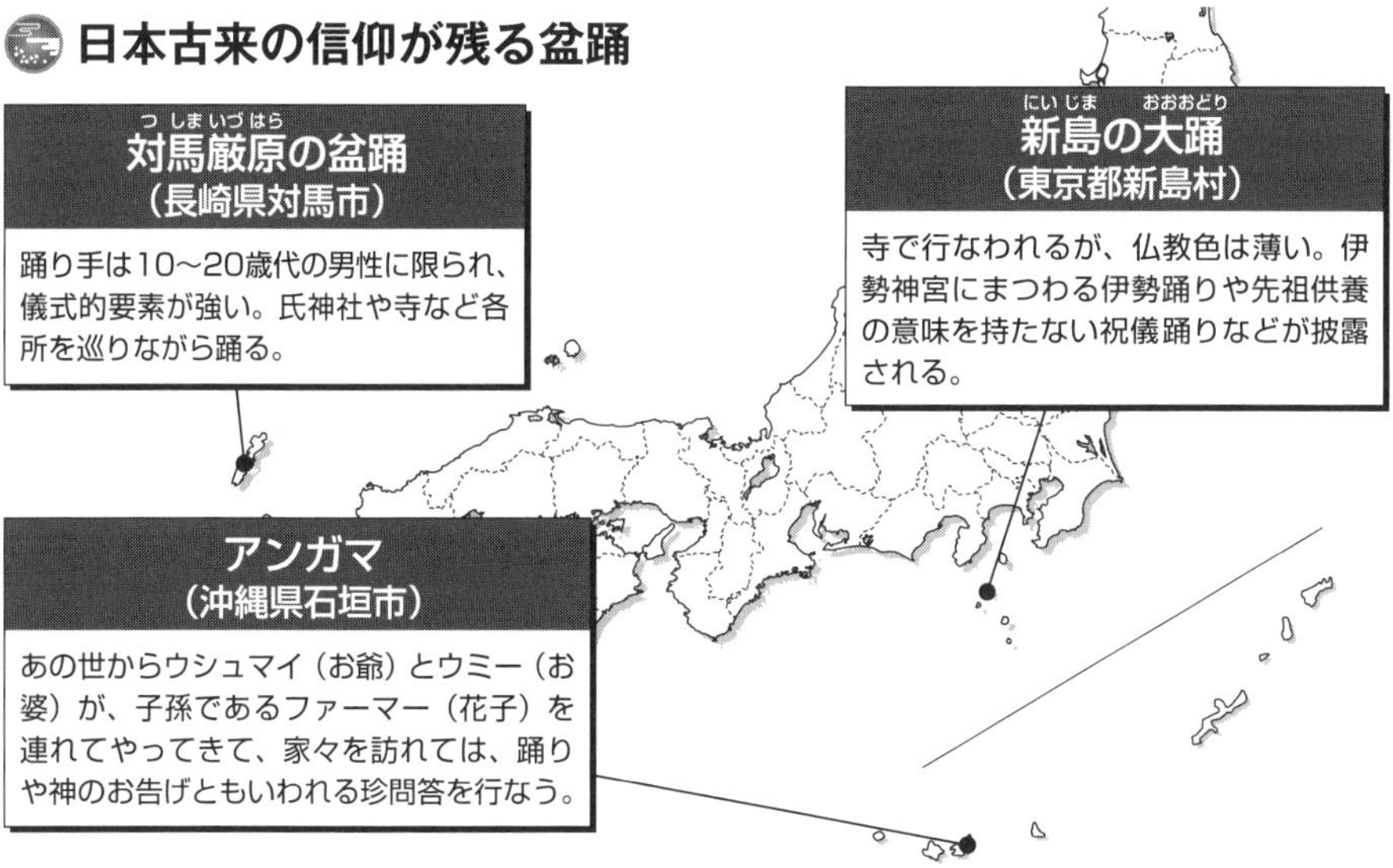
対馬厳原の盆踊
（長崎県対馬市）
踊り手は10〜20歳代の男性に限られ、儀式的要素が強い。氏神社や寺など各所を巡りながら踊る。
新島の大踊
（東京都新島村）
寺で行なわれるが、仏教色は薄い。伊勢神宮にまつわる伊勢踊りや先祖供養の意味を持たない祝儀踊りなどが披露される。
アンガマ
（沖縄県石垣市）
あの世からウシュマイ（お爺）とウミー（お婆）が、子孫であるファーマー（花子）を連れてやってきて、家々を訪れては、踊りや神のお告げともいわれる珍問答を行なう。

先祖供養のために踊るという風習は、仏教の本場インドにはなく、日本古来の信仰と結びついて生まれたものと考えられている。仏教色が薄く、古来の先祖祭祀の風習が残る地域が現在もある。

9月

月見

——月神に供え物を捧げ、農作物の収穫を感謝する

月の暦を目安とする農作業

月見は、旧暦八月十五日の夜に満月を愛でる行事として広く行なわれている。

古代中国ではこの日を「中秋」と呼び、名月を観賞する風習があった（中秋節）。この行事が日本でも取り入れられ、奈良・平安時代の貴族たちの間で、満月を眺めながら詩歌管絃の宴が催されるようになり、雅な行事として定着したのである。

ただし、もともと日本には満月を神聖視する信仰が根づいていた。古来、月の満ち欠けのサイクルを農作業の目安としてきたからである。ことに旧暦八月の満月の日は初穂祭の日にあたり、農村部では秋の収穫を月神に感謝する日だった。日本神話では、月神を月読命という。「読」は数えるという意味であり、月齢を数えて暦とした私たちの先祖の生活が浮かび上がってくる。

十五夜と十三夜の満月

現在では、旧暦八月十五日（十五夜）と九月十三日（十三夜）の夜に月見をする。十五夜は里芋の収穫期と重なり、里芋を供える風習があったことから芋名月とも呼ばれる。

月見をするにあたって、白木の台に芋、団子、栗、おはぎなどを供え、薄など秋の七草を飾るのが一般的である。

薄は稲穂の代わりに供えるもので、月神がこれに乗り移ってくると考えられていた。また、月見団子は、月と同じ丸い形をした団子を食べることで、月神の力を得ることができると考えられたためである。

なお、十五夜の特別な風習として、この日だけは、子どもたちが供物の団子などを盗み食いしてもよいとしている地域が多い。

これは、供物をとられたことを、姿が見えない神が食べたものだと解釈するからである。そのため供物を盗まれた家は、神が来訪したということで縁起がよいとされている。

月読命を祀るおもな神社

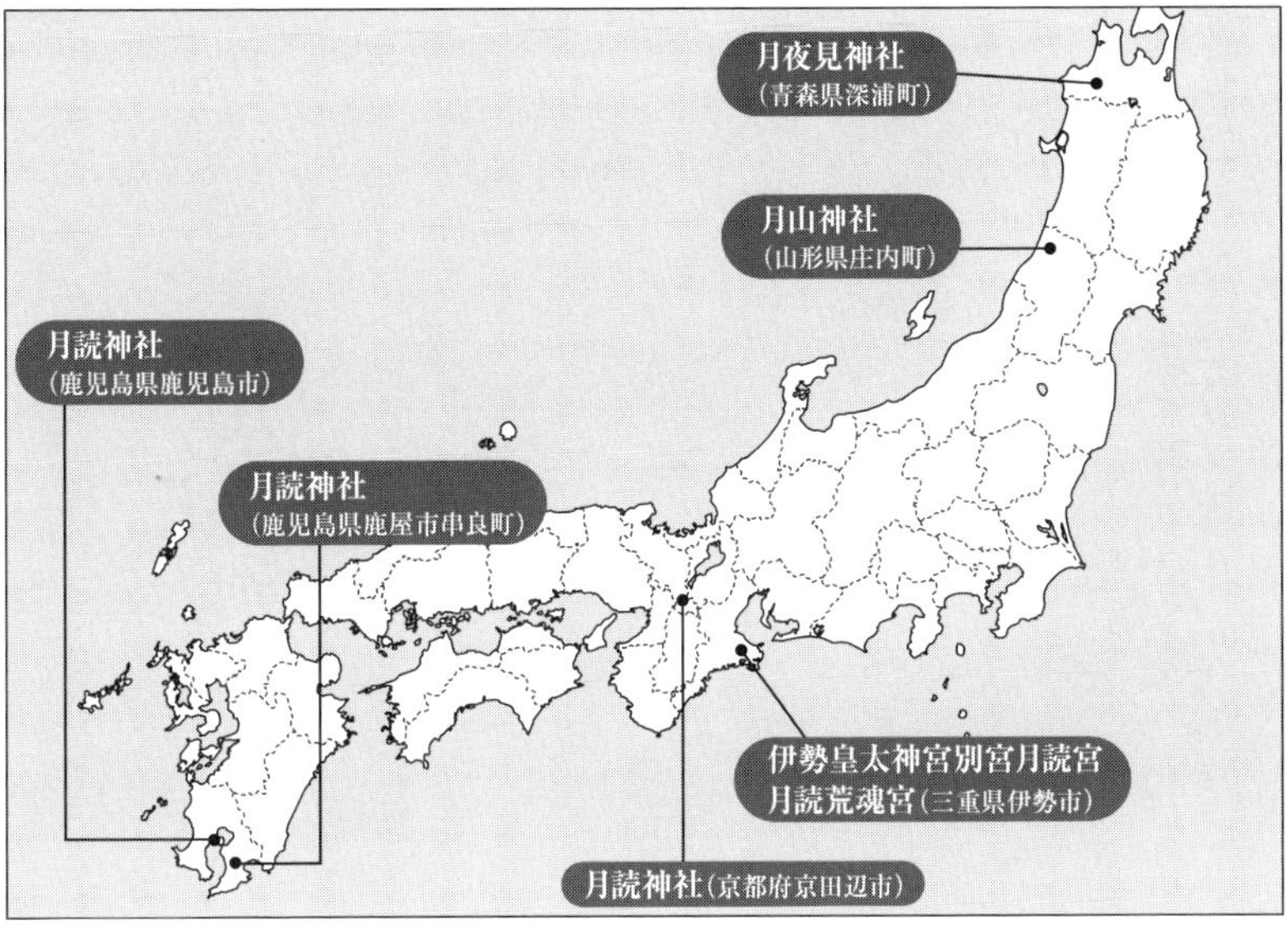
月夜見神社
（青森県深浦町）
月山神社
（山形県庄内町）
月読神社
（鹿児島県鹿児島市）
月読神社
（鹿児島県鹿屋市串良町）
伊勢皇太神宮別宮月読宮
月読荒魂宮（三重県伊勢市）
月読神社（京都府京田辺市）

日本人は、かつては月の満ち欠けを数えて季節を知り、農業を営んできた。そのため、月読命は農業に欠かすことができない暦を告げる農業神として信仰を集めた。

十五夜の起源

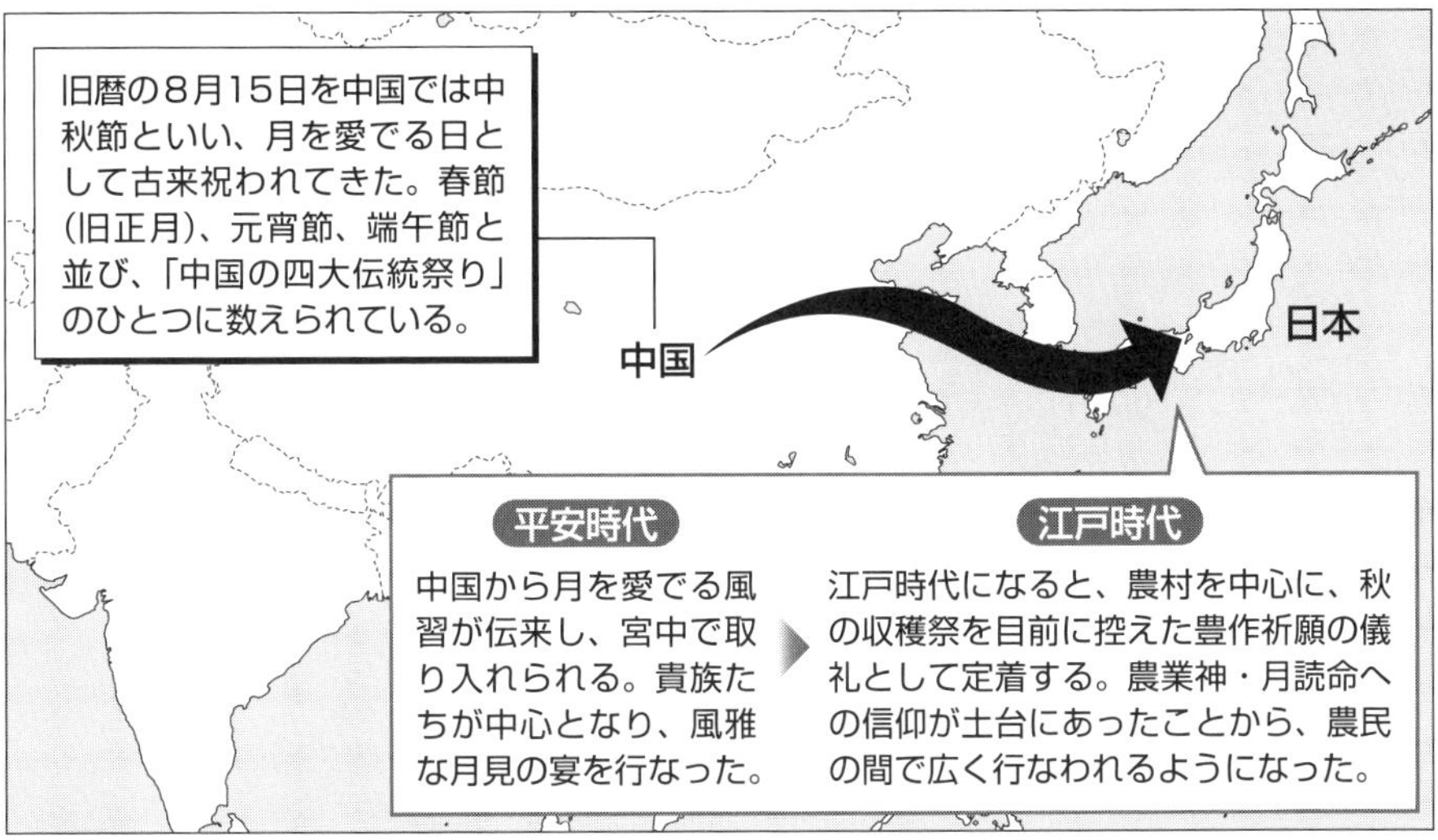
旧暦の8月15日を中国では中秋節といい、月を愛でる日として古来祝われてきた。春節(旧正月)、元宵節、端午節と並び、「中国の四大伝統祭り」のひとつに数えられている。
中国
日本
平安時代
中国から月を愛でる風習が伝来し、宮中で取り入れられる。貴族たちが中心となり、風雅な月見の宴を行なった。
江戸時代
江戸時代になると、農村を中心に、秋の収穫祭を目前に控えた豊作祈願の儀礼として定着する。農業神・月読命への信仰が土台にあったことから、農民の間で広く行なわれるようになった。

10月

神嘗祭

——いち早く神に収穫の感謝を捧げる伊勢神宮の重要神事

天照大御神に初穂を捧げる

十月十六日、十七日、その年の初穂を天照大御神にお供えする神事が伊勢神宮で行なわれる。これを神嘗祭という。

『倭姫命世紀』によると、一羽の真名鶴が一本の稲穂をくわえ、それを皇大神宮に捧げた。これを見た倭姫命は天照大御神が伊勢に鎮座したことを悟り、初穂を皇大神宮に供えた。これが神嘗祭の始まりであるという。

現在神嘗祭は、まず十月十五日午後十時、外宮への由貴大御饌の奉献から始まる。由貴大御饌とは、新穀で調理された御飯、神酒を中心とする神聖な食事のことをいう。

外宮で祭りが行なわれたのち内宮でも同様の祭りが行なわれ、両正宮に続いて十月二十五日まで、別宮や摂末社に至るまですべての社で神嘗祭が行なわれる。

一年を通して行なわれる稲作の神事

伊勢神宮では、この神嘗祭を行なうために実際に稲作を手がけており、それに伴って数々の付属祭りが行なわれる。四月には種籾をまく神田下種祭、五月上旬には御田植初、九月初旬には抜穂祭が行なわれ、稲刈をする。収穫された稲穂は御稲御倉に保管され、これを忌火屋殿で調理して神饌として供えるのである。

この一連の祭りを見ても分かるように、稲作はそのものが神事なのである。日本人は食べ物を神々からの恵みと捉え、神の加護があって初めて豊作がもたらされると考えてきた。そのため、いち早く神に豊穣の感謝を捧げるために、このような形式が整えられたと考えることができる。

なお、伊勢神宮の社殿は唯一神明造といい、掘立柱に萱葺きという古代建築の伝統様式を残している。二十年位が耐用年数の限度であるため、二十年に一度式年遷宮が行なわれてきた。現在は神嘗祭の直前に行なわれる。つまり、神嘗祭をつつがなく行なうために式年遷宮を行なってきたのである。

神嘗祭の流れ

10月15日	興玉神祭（おきたまのかみさい）	正殿の建つ地中に坐す興玉神に、祭りが無事に行なえるよう祈願し、祝詞が奏上される。
	御卜（みうら）	宮掌（くじょう）（神職のこと）が神職の名前を順に唱えていき、天照大御神の御心にかなうか否か占う。
	外宮・由貴夕大御饌	由貴大御饌（ゆきのおおみけ）を神に捧げる儀式。外宮御垣内で宵に行なう。
10月16日	外宮・由貴朝大御饌	由貴大御饌を神に捧げる儀式。外宮御垣内で未明に行なう。
	外宮・奉幣	天皇の幣帛を外宮正殿内に納める。幣帛には、絹や麻などの反物が用いられる。
	内宮・由貴夕大御饌	由貴大御饌を神に捧げる儀式。内宮御垣内で宵に行なう。
10月17日	内宮・由貴夕大御饌	由貴大御饌を神に捧げる儀式。内宮御垣内で未明に行なう。
	内宮・奉幣	外宮と同様に、内宮正殿に天皇の幣帛を納める。

※外宮・内宮の奉幣のあとは、夕刻に御神楽が奉納される。

＜由貴大御饌の式次第＞

由貴大御饌と奉仕者を祓い清める。
↓
由貴大御饌を神前に捧げる。神酒は３度にわけて供える。
↓
祝詞を奏上し、拝礼する。
↓
由貴大御饌を下げて、儀礼を終える。

※内宮では、由貴大御饌を神前に捧げる前に、「御贄調理の儀（みにえちょうりのぎ）」が行なわれる。

11月

七五三

子どもの成長を願うとともに氏子の仲間入りを認めてもらうハレの日

不安定な子どもの霊魂

十一月十五日、三歳の男女児、五歳の男児、七歳の女児が神社へ参拝する七五三の行事が全国で営まれる。

日本では古来、子どもの成長の節目となる日に祝い事を行なってきた。たとえば三歳の男女児は髪置き、五歳の男児は袴着、七歳の女児は帯解きの儀式などを行なった。髪置きは子どもの髪を伸ばし始めることであり、袴着は初めて袴を着用することをいう。帯解きは幼児用の紐を解き、大人用の帯を用いることを表わした儀礼である。

また、古くは「七歳までは神の子」と言われていたように、子供の霊魂は不安定で、しっかりした子どもになるよう、繰り返し祈ることが求められた。

とくに陰陽道では七、五、三という数字は危険が多いと考えられていたため、この節目となる時期に神社に参拝することで、子どもの厄を除去して今後の成長を神に願ってきた。

とはいえ、これらの儀礼はもともと形式が定まったものではなかった。期日も年齢も当初は一定していなかったのである。

それが七五三として十一月十五日に行なうようになった理由には諸説ある。「秋の収穫作業を終えて食べ物の豊富なこの時季に合わせた」、「霜月祭（P98）に合わせた」、「この日が陰陽道において最上吉日にあたるから」などである。

成長への通過儀礼

このような七五三の行事のなかでも、とくに重視されたのが七歳の祝いである。地域によっては七歳のときにだけ宮参りをするところもある。これは、七歳になったことを産土神に報告して、正式に氏子の仲間入りを認めてもらうという意味がある。この日を境として、子どもは一人前の人格として認められるようになり、共同体の一員になった。つまり七五三は、人生における通過儀礼のひとつであるともいえる。

子どもの成長を祝う儀礼

3歳 男児・女児	髪置き(かみおき)	頭髪を伸ばし、整え始める儀式。3歳頃までは、頭頂部の髪を残し剃ってしまうが、髪置きを終えた子どもは、大人と同様の髪型にすることができるようになる。
5歳 男児	袴着(はかまぎ)	男児が初めて袴をはく儀礼。碁盤の上に乗って四方に祈りを捧げる風習もある。これはどちらを向いても勝つようにという願いが込められている。
7歳 女児	帯解き(おびとき)	女の子が付け紐を解き、初めて大人の帯をつける儀礼。大人への通過儀礼のひとつで、子どもの無事な成長を願って行なわれる。

七五三の由来

古代、7歳以前の乳幼児の死亡率が高かったため、無事に成長していることが、めでたいことだった。

7歳・5歳・3歳は体調が変化しやすい節目の年齢で、厄払いが必要とされた。

子どもの成長は早く、その時々に合わせて親子ともに自覚をもって生活することが求められた。

↓

これらの動機が子どもの成長を祝う儀礼を育む。

↓

平安時代に、子どもの成長を祝う「髪置き」「袴着」「帯解き」の儀礼が形成される。

↓

江戸時代に3歳、5歳、7歳で行なわれる儀礼がひとまとめにされ、11月15日に現在のような七五三の行事が行なわれるように。

新嘗祭――天皇自らが神に奉告する、国をあげての収穫感謝祭

宮中で執行される新嘗祭

伊勢神宮で収穫祭として神嘗祭が行なわれるのに対して、宮中では十一月二十三日に天皇陛下がその年の新穀を神にお供えする新嘗祭が行なわれる。

新嘗祭は「にいなめのまつり」とも呼ばれる。新嘗とは「新饗（新稲を以て饗する）」であるといい、つまり新穀を神々に供え、おもてなしをするという意味である。

新嘗祭の起源は、皇祖神・天照大御神が地上に降臨する皇孫に、斎庭の稲穂を授けたことにさかのぼる。

神々が住まう高天原で育てられていた稲穂が、皇孫により初めて地上・葦原中つ国にもたらされたことで、わが国の農業が始まった。新嘗祭は、この恩恵に対し、皇孫にあたる天皇自らが、五穀豊穣の感謝を神々に奉告する祭りである。全国の神社でも新嘗祭が行なわれ、国をあげての収穫祭となっている。

深夜にまで及ぶ祭り

新嘗祭は古くは旧暦十一月の下の卯の日に行なわれていたが、現在は十一月二十三日、宮中の神嘉殿にて執り行なわれる。実際の収穫より一か月近く遅く営まれるのは、新嘗祭を前に忌み籠りし、心身を祓い清めるためと考えられている。

当日の午後、神嘉殿に神座が設けられる。夕刻に出御され、御座につかれた天皇は、古来のしきたり通りに神饌を神前に盛りつけられ、お供えされる。神饌は御飯、御粥、粟御飯、粟御粥、白酒、黒酒、鯛・烏賊・鮑・鮭の鮮物、鯛・鰹・鮑・鯵の干物、干柿、かち栗、生栗、干棗、鮑の煮つけ、海藻の煮つけ、鮑の吸物、海松の吸物である。お供えを終えると、御告文を奏上され、直会（神人共食）が行なわれる。これを夕の儀という。午後十一時からは同じ内容で暁の儀が行なわれ、これは二十四日午前一時過ぎにまで及ぶという。

新嘗祭の流れ

前日	①鎮魂の儀	天皇・皇后・皇太子の魂を鎮め、長寿を祈る。
当日	②新嘗祭	〈夕の儀〉 燈火が灯され、神楽歌が奏されるなか、神饌行立が行なわれる。女官、掌典（祭祀を司るもの）などにより、神饌を神嘉殿にお運びする。 ↓ 天皇と皇太子が侍従を引き連れ、神嘉殿に赴く。 ↓ 天皇が神饌を親供し、告文（神への感謝の言葉）を奏上。その後、直会を行なう。神人共食の儀礼である。 ↓ 神饌を下げ、参列者一同が拝礼して、儀を終える。
		〈暁の儀〉 午後11時より、夕の儀と同様の儀礼が行なわれる。

明治神宮の新嘗祭

明治天皇を祀る明治神宮で行なわれる新嘗祭の様子。全国各地から農産物が奉納される。

11月〜12月

霜月祭

——一年を締めくくる収穫感謝祭

神楽形式の「花祭り」

霜月祭は、十一月から十二月にかけて行なわれる収穫感謝祭で、いわば民間の新嘗祭といえる。祭りが実際の収穫期より一か月ほど遅いのは、この間、物忌みに服するためである。一年の農作業を締めくくる最後の祭りであり、一年の穢れを祓って新年を迎えるという意味も込められているため、物忌みが必要とされたのだ。

霜月祭は地方によって独自色が強く、それぞれ独特の祭りが繰り広げられている。

愛知県北設楽郡で、十一月から新年に至るまで行なわれる「花まつり」は、霜月神楽（伊勢流神楽）の流れをくむもので、花祭りの花は稲の花を意味するなどといわれる。祭場として選ばれた民家の土間の中央にかまどを設けて湯釜を置き、その周りで一晩中神楽を舞う。舞は神降ろしから始まり、神楽舞が夜を徹して催される。夜が明ける頃に神送りの神事を行ない、祭りは終わる。神と人が一体となって神遊びに興じるとともに、五穀豊穣に感謝し、来年の豊作を祈願する祭りである。

田の神をもてなす祭り

奥能登には「アエノコト（饗の事）」という行事が伝わる。十二月五日頃、稲穂に宿った田の神を家に招き、収穫に感謝するというものだ。田の神は男女二神と信じられており、床の間には神の依り代として二俵の新穀が奉納され、神饌も二膳ずつ供えられる。

家の当主は紋付袴の正装に身を包み、神を家に迎え、まず入浴していただく。その後床の間に案内し、神饌を一品ずつ丁寧に説明する。一時間経過したら、田の神が食べられたと解釈し、その膳をお下がりとして家族全員でいただく。

ただし、祭りはこれで終わりというわけではない。田の神は、その後家の神棚に鎮座し、そこで年を越す。そして翌年二月九日頃、農作業が開始される前に田の神を水田に送り出すため、再びアエノコトを行なうのである。

各地で行なわれる霜月祭

アエノコト（石川県能登地方）

「アエ」は饗応、「コト」は神事を指す。家の床の間に種籾の俵と２本の二股大根を依り代として飾るなどして田の神を迎え入れ、歓待する。

霜月神楽（秋田県横手市）

今年の収穫感謝と来年の五穀豊穣を祈る。夜を徹して湯立神楽が舞われ、巫女が神の託宣を告げる。参拝者は保呂羽山に登り、禊を行なってお祓いを受ける。

花祭り（愛知県東栄町）

神人和合、五穀豊穣、無病息災を祈願した 40 種類の舞いが披露される。湯立ての霜月神楽から生まれたと考えられている。

遠山の霜月まつり（長野県飯田市）

遠山地方にある、９つの神社が湯立神楽を行なう。このとき、各神社に保管されている個性的な面が用いられる。

霜月神楽の流れ

祭礼を行なう家（頭屋）に斎場を整え、釜をしつらえて湯を沸かす。

⇒ 湯を神々に献じ、頭屋の主人（頭人）や参拝者を湯によって祓い清める。

⇒ 子ども、若者、老人などにより、さまざまな舞いが行なわれる。

霜月祭りでは、湯立神楽の一種「霜月神楽」を行なう地域も多い。これは、新しい年を迎えるにあたって、今年の収穫への感謝と来年の豊作への祈りが込められた神事だ。また、頭人（神楽を行なう場に選ばれた家の主人）の古い魂を鎮め、新しい魂を迎え入れる意味もあるという。

12月

煤払い
——心身を清め、歳神を迎える

一年の厄落としだった煤払い

現代では、大晦日の日に大掃除を行ない、新年を迎える家庭が多いが、近世では十二月十三日に煤払いが行なわれた。

大掃除のことを煤払いというのは、当時薪を使って煮炊きをしていたためで、家中についた煤を払う必要があったからである。江戸城における年中行事のひとつであり、それにならって江戸市中でも行なわれた。

ただし煤払いには、たんに家のなかをきれいにするだけではなく、一年間の罪や穢れを祓い清め、歳神を迎えるという目的があった。煤払いを煤掃き節供や煤掃き正月などと呼ぶところもあり、清浄な身体で正月を迎えるための大切な行事であったことがうかがえる。

主人の胴上げで厄落とし

家庭内では、まず神棚から清め、順次屋内を掃除していく。畳をあげ、ふすまや障子を取り払って外に出し、家中の煤を箒で払い、きれいにする。

このときに使用した箒には一年間の穢れや厄がついていることから、それを祓うために川に流したり、注連縄を張って小正月の火祭りまで保管し、そこで燃やしたりした。

煤払いを終えたあとは、入浴して身を清め、神棚に灯明を点じ、神酒や小豆飯、団子などを供える。お供えものは、神に捧げたあとで、お下がりとして家族一同でいただく。

また、江戸時代の商家では、主人から奉公人まで一家総出で一日かけて煤払いを行なったあと、使用人にご馳走などをふるまい、祝宴を開いて一年の無事を感謝するのがならわしだった。最後はお開きの行事として、家の主人を胴上げすることもあったという。

現在はお祝いをするという意味で行なわれることが多いが、胴上げにより、主人が背負っていた家運の災厄が払い落とされると考えたのである。

「事始め」の時期のおもな行事と風習

新年に歳神を迎えるための準備を始める日が、「事始め」である。この時期には、身辺を清める様々な儀式・風習が行なわれた。

煤払い
歳神が訪れる住まいを掃除し、清める。本来は12月13日に行なわれていたが、現在は神棚だけを掃除して、住まいの大掃除は年末に行なうことが多い。

〈煤払いの風習〉

- **飾り海老**……神棚の煤払いに使ったわら箒を、使用後に海老のような形に曲げて縛り、翌年まで保管しておく風習。
- **煤湯**……煤払いの後に入浴し、煤で汚れた体を清める。
- **献供**……煤払いの日には、各地で特別な神供を献じる。このときの神供に、煤団子（米粉を練った団子）、煤掃き粥などがある。

お歳暮
神を迎えるために、まず周囲の人やお世話になった人に挨拶を済ませることで、心身を清める。

大祓
神社に詣で、穢れを祓い、無病息災を祈る儀式。「人形祓い」を行なう。

〈人形祓い〉
紙製の人形に姓名・生年月日などを書いて、息を吹きかけてから、神社に持っていく。神社では祝詞を唱えてから川に流すか焚き上げる。禊祓いの儀式。

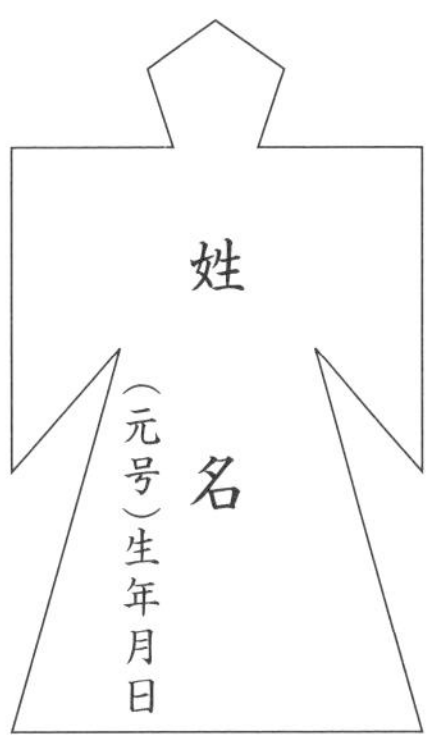
姓
名
（元号）生年月日

松迎え
門松やその他の正月飾りの松を山に取りに行く。

12月

門松

―― 歳神が降臨する目印であり、留まる場所

歳神が留まる場所だった門松

古代日本人は、神を招くために神聖な木を立て、神が降りるときの目印に、さらには神の留まる場所とした。正月飾りのひとつ、門松も、歳神の依り代として立てられたものである。一般に家の門に立てるのは、門が神々の集まる場所と考えられていたためだ。

このように門松は単なる飾り物ではなく、神聖な歳神の依り代であるため、門松の前に鏡餅や晴れの食物を供えたり、お松様と敬称で呼んで拝んだりするところも多い。木を切り出す場合も、その前に洗米を供え、柏手を打ってから鉈を入れるなど丁重に行なうのが通例だった。持ち帰って立てるまでの間も、家の清浄な場所に保管して大切に扱ったのである。

門松の歴史

門松の歴史は古く、平安時代末期にはすでに貴族の家の門前に飾られていたと伝えられる。

当初は長寿の象徴であり、「神を待つ」という意味も込められた松でつくられるのが普通だったが、鎌倉時代末頃から室町時代にかけて、力強い生命力を表わすとされた竹が加えられ、江戸時代になると松と同じく長寿の象徴とされた梅が加えられた。また楢、柳、栗、樫、榊など土地によってさまざまな木が用いられている。

門松をつくるための木を切るのは、十二月十三日の事始めの日とするところが多く、三十日までには立て終えるのが一般的だった。三十一日に立てるのは一夜飾りといい、神に対して誠意がないとみなされ、忌み嫌われた。

なお、東京の門松は先が斜めに切られていることが多い。これは徳川将軍家の門松にならったためだといわれる。かつて松平家（徳川家康の旧姓）では、敵対関係にあった武田家を竹とみなし、これを袈裟斬りに一刀両断して松（松平家を指す）で取り囲んだ門松をつくり、気勢を上げた。その風習が、江戸時代に入ってからも続けられたのである。

門松の松・竹・梅の意味とは？

松
常に緑の葉をつけている松は、神の聖なる木とされる。長寿・繁栄を象徴。

竹
なかなか折れず、毎年同じように成長することから生命力の象徴とされる。また、色の変化がないため、長寿も意味する。

梅
つぼみの硬さから「節操がある」、種の繁殖力の強さから「子子孫孫が繁栄する」という意味合いを持つ。

新年にやってくる歳神の依り代として、家の門前に門松を立てる。この風習は平安時代からあったといわれている。

その他のお正月飾りの意味

〈鏡餅〉

神に捧げる神饌として飾り、その後、神から新しい生命を授かるために食べる。

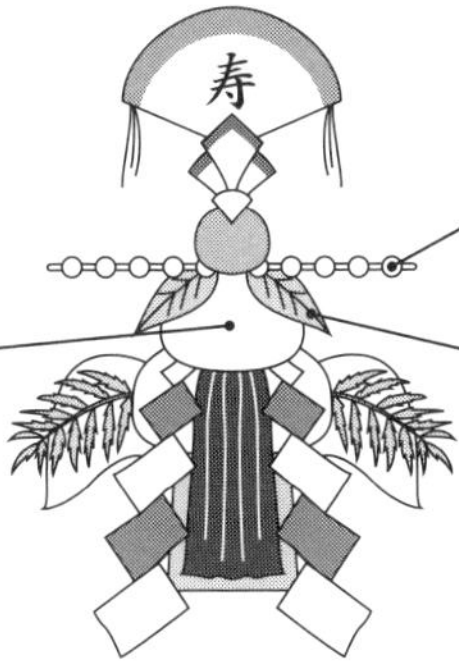
寿

柿串
柿は長寿を象徴する木。また、幸福を「かき」集める、厄を「かき」とる木とされる。

裏白（うらじろ）
シダの1種で、裏が白いことから、潔白と（白髪になるまでの）長寿を意味する。

譲葉（ゆずりは）
新しい葉が生えるとき、必ず古い葉が落ちることから、子孫繁栄に結びつけられる。

〈注連飾り〉

歳神を迎えるために玄関に飾る。注連縄を簡略化したもの。

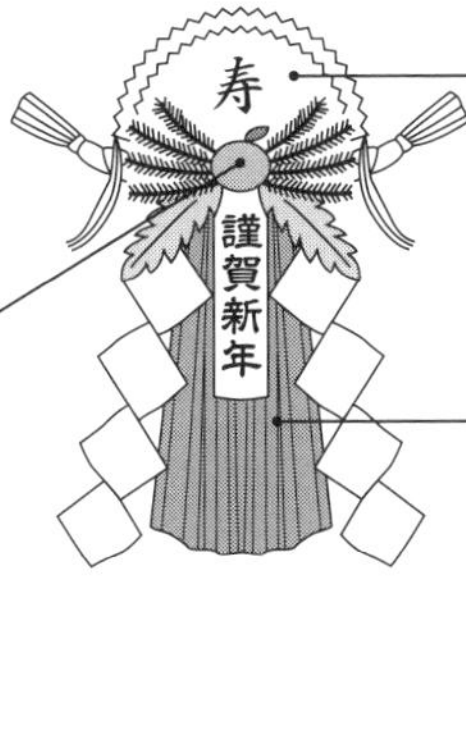
寿
謹賀新年

扇
末広がりの扇で、子孫繁栄を願うために飾る。

橙（だいだい）
代々家が栄えるようにという祈りを込めたもの。

昆布
かつては夷子布（えびすめ）と呼ばれ、七福神の恵比須にかけて縁起が良いとされる。

国譲り

葦原中つ国が神々のものとなる

地上の繁栄と天上の神々

高天原を追放された須佐之男命は、葦原中つ国の出雲の地に降り立った。そこで須佐之男命は、八つの頭と尾を持つ恐ろしい怪物、八岐大蛇が櫛名田姫を喰いにやってくることを知ると、彼女を妻にもらうことを条件として怪物を退治。櫛名田姫と結婚した。

その六世にあたるのが大穴牟遅神、のちの大国主神である。

あるとき、大穴牟遅神の異母兄弟の八十神は稲羽の八上比売との結婚を望み、大穴牟遅神を従者として、稲羽の地へと向かった。

その旅の途中、大穴牟遅神は毛皮が剥がれた兎と出会い、これを助ける。するとその兎は、「あなたが八上比売と結婚するでしょう」と予言した。その予言通り、大穴牟遅神は八上比売と結婚した。しかし、これを面白く思わない八十神たちの怒りを買うことになり、大穴牟遅神は殺害されてしまうのである。

母神の助けによって蘇ることができた大穴牟遅神だったが、再び八十神たちが命を狙ってきたため、根の堅州国へと逃れた。大穴牟遅神は、そこで須佐之男命の娘・須勢理毘売命と出会い、結婚した。須勢理毘売命を伴い地上に戻る際、須佐之男命から大国主神という名を授かった。

地上に戻った大国主神は、国づくりに励んだ。

やがて地上が栄え始めると、この様子を見ていた天照大御神は、地上は我が子が治める国であると宣言。次々と使者を送りこんで国譲りの交渉を行なわせ、最後に建御雷之男神を派遣した。

建御雷之男神は見事その役目を果たし、大国主神に国譲りを承諾させる。その際、大国主神は、自分のために天の御子が住むような天高く壮大な宮殿を建てることを条件とし、自らは隠身の神となることを宣言した。これが、出雲大社の起源である。

こうして地上の統治権は、天照大御神の子孫の神々へと伝えられたのである。

※表記は『古事記』による

第三章

神社の基礎知識

神社とは何か
――神を祀る場にはもともと建物はなかった

信仰のための特別な場所

全国の神社の包括団体である神社本庁によると、神社とは、①本殿、拝殿などの礼拝施設を有する、②神社神道に従って祭祀を行なう、③神職、氏子、崇敬者その他で組織される宗教団体である、④神社本庁統理の承認を受け、神社本庁の神社明細帳に登録されているなどといった要件を満たすものをいう。

日本史上に本殿や拝殿などの施設を備えた神社が登場したのは、七世紀以降のことだと考えられている。

もともと神々は特定の場所に常駐するものではなく、大木や岩、山などに鎮まると考えられていた。そこで祭りのたびに、そういった場所に神霊を招いたのである。

そして祭り以外のときには、決して立ち入ってはいけない聖域とされた。

やがて、それらの場所が祭場として定着し、神を饗応するための臨時の施設がつくられるようになり、神社が形成されていった。

神社という言葉はいつ頃から使われたか

神社という言葉が、史料に初めて登場するのは、『日本書紀』天武十三年（六八四）十月十四日の記事である。

大地震により諸国の官舎や農家の倉庫などが被害を受けたことが記されており、そのなかに「寺塔神社」の言葉も見える。この記事から、神社は官舎などと同じく地震で被害を受けるほどの建物であったことがわかる。

それでは、一体どうして神社の境内に常設の建造物が設けられるようになったのだろうか。

一説によると、これには仏教が大いに関わっている。六世紀に仏教が日本へ伝来すると、仏像を安置するための寺院がつくられるようになった。

それに応じるように、神を祀る場所も、きちんとした建造物が必要であると考えられるようになり、恒常的な社殿群がつくられていったのである。

神社の歴史

自然崇拝
古代の日本人は、自然のなかに非常に多くの神々の姿を見出してきた。登ることが難しく、山容が美しい山々や、天にまでそびえる樹木、巨大で尋常ではない形状の石などに神々は鎮座すると考え、そのような場所を中心として祭祀を行なってきた。

仏教伝来
６世紀の半ばに仏教が伝来すると、政治の実権を握っていた豪族・蘇我（そが）氏と物部（もののべ）氏との間で、仏教の受容を巡る争いが勃発する。結果、仏教を積極的に取り入れようとした蘇我氏が勝利を収めたことにより、仏教受容の流れが加速。寺院が各地に建立されるようになった。

神社の形成
仏教寺院の影響を受け、神々が鎮座する本殿を中心とした神社がつくられるようになり、神社の境内が各地に形成されていく。奈良時代には神祇制度が確立し、国家による神社の管理が行なわれるようになった。

神道指令
昭和２０年（１９４５）の終戦後、連合国軍最高司令官総司令部（通称GHQ）が神道指令を日本に突きつける。「国家神道」の廃止、公的機関による宗教儀式の禁止、公的教育機関における宗教教育の禁止などが言い渡された。

民間の宗教団体へ
神道指令により、国家と神道が乖離することになり、現在のような民間の宗教団体としての神社が誕生した。現在全国各地には、約８万にも及ぶ神社が鎮座している。

古代日本人は自然のなかに神の姿を感じ、敬ってきた。その後、仏教の影響もあり、常設の社殿を持った神社が建立されるようになり、全国各地に広がっていった。

神社の変遷

——時代の流れのなかで変化を遂げた祭神

地方に勧請される神霊

現代の神社では、本殿に神が鎮座し、それを中心に社殿が構成されるのが一般的であるが、古代の日本人は、巨大な岩やひときわ高い樹木、広大な山々などに神霊が鎮座すると考え、祭りを行なってきた。

その後、七世紀後半になると、律令国家が形成される過程で神社制度が整備されていき、神を祀るための恒常的な社殿を持つ神社が定着するようになる。なかでも霊験あらたかであるとして、朝廷からの崇拝をとくに集めた二十二社（P174）をはじめとする大社などへは、貴族や有力武士などがこぞって荘園を寄進したため、格式の高い神社は諸国に神領を持つようになった。そのなかには本社の分霊が勧請され、中央の大社の祭神が諸国でも祀られるようになったのである。

人を神として祀る神社

一方で、平安時代中期になると、人を神霊として祀る神社が現われるようになる。その根底には、御霊信仰があった。非業の死を遂げたものは、死後に怨霊となり、人々に祟りをもたらすとするものである。それを鎮めるために御霊神社が建立されていった。政争の末に大宰府で亡くなった菅原道真を祀る北野天満宮や、保元の乱で失脚した崇徳上皇の霊を祀る崇徳院廟社などがそれである。

戦国時代になると、偉業を成し遂げた武将が神として祀られるようになる。豊臣秀吉は死後、豊国大明神として豊国神社に祀られ、徳川家康は東照大権現として日光東照宮に祀られた。

明治時代に入ると、朝廷のために殉じたものなどを祀るため、全国に招魂社がつくられた。明治二年（一八六九）、鳥羽・伏見の戦いから五稜郭の戦いまでの国事殉難者を祀るためにつくられた東京招魂社は、明治十二年（一八七九）に靖国神社と改称され、地方の招魂社は昭和十四年（一九三九）に護国神社と改称された。

神社の変遷

古代

産土型神社

自然のなかに神の姿を見出し、その場所を中心として神を祀る。

おもな神社
・大神神社

三輪山を御神体とする大神神社は、古代神道の形をいまに伝える。

御霊神社

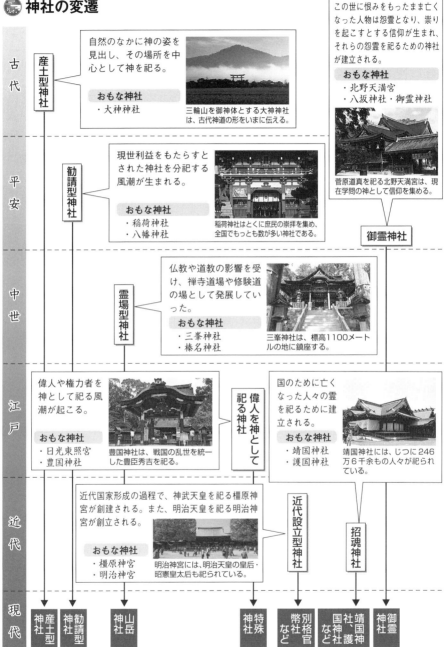

この世に恨みをもったまま亡くなった人物は怨霊となり、祟りを起こすとする信仰が生まれ、それらの怨霊を祀るための神社が建立される。

おもな神社
・北野天満宮
・八坂神社・御霊神社

菅原道真を祀る北野天満宮は、現在学問の神として信仰を集める。

平安

勧請型神社

現世利益をもたらすとされた神社を分祀する風潮が生まれる。

おもな神社
・稲荷神社
・八幡神社

稲荷神社はとくに庶民の崇拝を集め、全国でもっとも数が多い神社である。

中世

霊場型神社

仏教や道教の影響を受け、禅寺道場や修験道の場として発展していった。

おもな神社
・三峯神社
・榛名神社

三峯神社は、標高1100メートルの地に鎮座する。

江戸

偉人を神として祀る神社

偉人や権力者を神として祀る風潮が起こる。

おもな神社
・日光東照宮
・豊国神社

豊国神社は、戦国の乱世を統一した豊臣秀吉を祀る。

招魂神社

国のために亡くなった人々の霊を祀るために建立される。

おもな神社
・靖国神社
・護国神社

靖国神社には、じつに246万6千余もの人々が祀られている。

近代

近代設立型神社

近代国家形成の過程で、神武天皇を祀る橿原神宮が創建される。また、明治天皇を祀る明治神宮が創立される。

おもな神社
・橿原神宮
・明治神宮

明治神宮には、明治天皇の皇后・昭憲皇太后も祀られている。

現代

産土型神社 ／ 勧請型神社 ／ 山岳神社 ／ 特殊神社 ／ 別格官幣社など ／ 靖国神社、護国神社など ／ 御霊神社

神社の格式

——神社の名前に見える社格の名残

国が管理していた神社の格式

現代の神社には社格はないが、かつてはそれぞれの神社に格式が設けられ、待遇が異なっていた。『日本書紀』によると、第十代崇神天皇の時代に神社を天社と国社に分け、それに応じて神領や神戸を定めたという。天社は天神を祀る社で、国社は国神を祀る社である。これを社格の始まりとする見方もあるが、一般には七世紀後半以降に社格制度が確立したと考えられている。

平安時代の『延喜式』によると、官社は「官幣社」と「国幣社」に分けられた。これらの神社には、祈年祭のときに幣帛が奉られ、その数は二千八百六十一社に及んだ。しかし、律令国家の衰退とともに、それらの制度は有名無実化していった。

十一世紀末頃には、一の宮の制度が誕生する。各国ごとに、由緒正しく、多くの崇敬を集めた神社を一の宮とし、続いて二の宮、三の宮などと格づけを行なったのである。この一の宮は、中央と地方を結びつける役割も果たした。

明治時代以後、社格は、かなり細かく区分された。明治政府は、官幣社、国幣社をさらに大社、中社、小社と区分したほか、府社、県社、郷社、村社、無格社の制度を整えた。祈年祭、新嘗祭、例祭のときに、官国幣社は宮内省式部寮から、諸社には府県市町村などから幣帛料が供進された。戦後、国家と神社が分離されたことに伴い、昭和二十一年（一九四六）に社格は廃止された。

神宮、大社、神社の違いとは

一方、神社の名称にはどういう意味が秘められているのか。「神宮」は、伊勢神宮に代表されるように、天皇や皇族を祀るとくに格式の高い神社で、「宮」は天皇や皇族を祀る由緒の古い神社に用いられる。「大社」は、もともと出雲大社を指したが、現在は篤い信仰を集める神社にも使用されている。「神社」という社号は、一般の神社に対して用いられている。

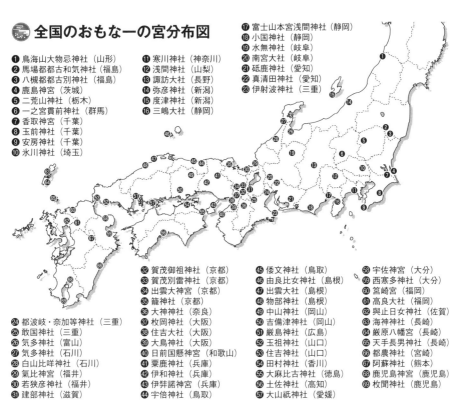

全国のおもな一の宮分布図

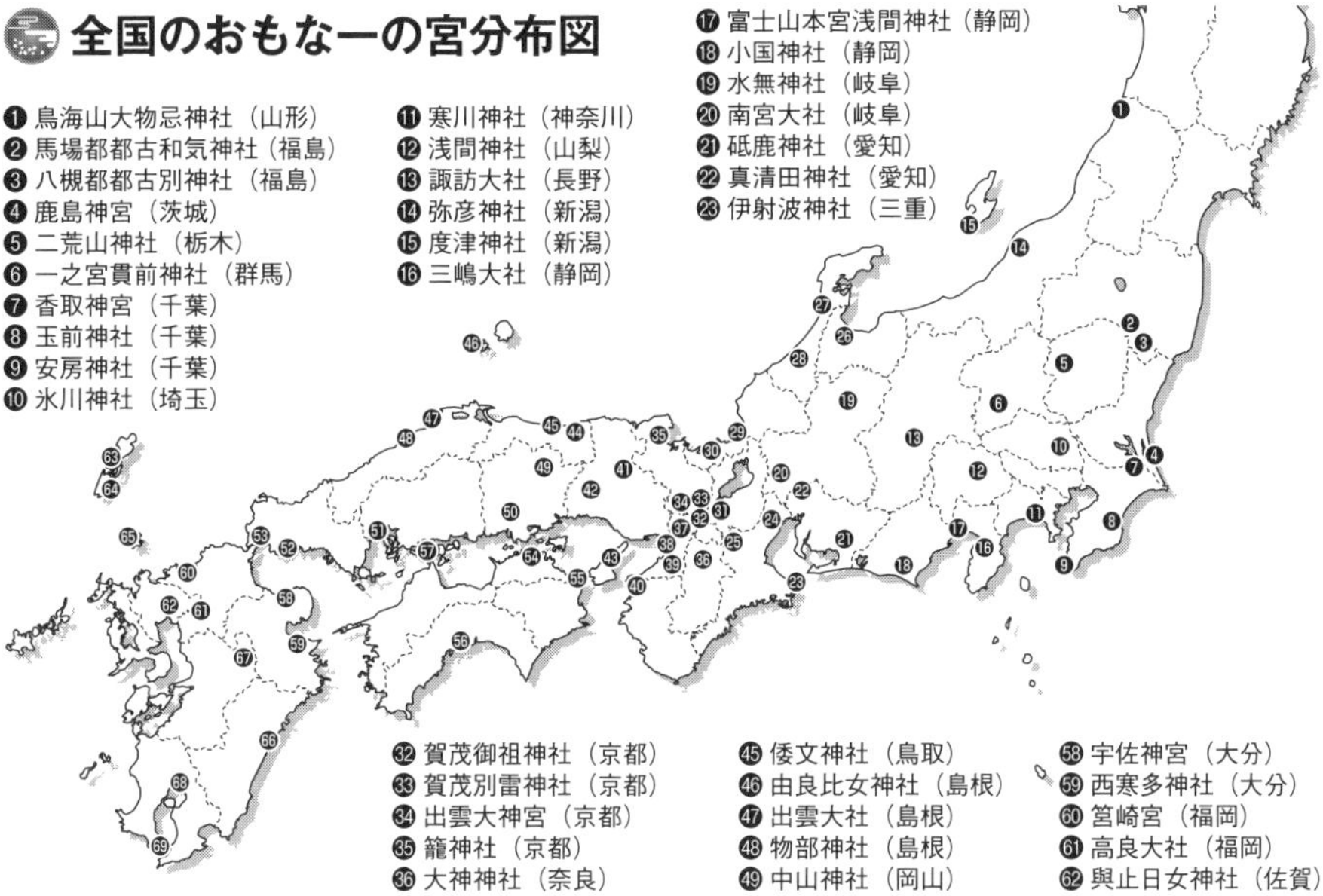

1. 鳥海山大物忌神社（山形）
2. 馬場都都古和気神社（福島）
3. 八槻都都古別神社（福島）
4. 鹿島神宮（茨城）
5. 二荒山神社（栃木）
6. 一之宮貫前神社（群馬）
7. 香取神宮（千葉）
8. 玉前神社（千葉）
9. 安房神社（千葉）
10. 氷川神社（埼玉）
11. 寒川神社（神奈川）
12. 浅間神社（山梨）
13. 諏訪大社（長野）
14. 弥彦神社（新潟）
15. 度津神社（新潟）
16. 三嶋大社（静岡）
17. 富士山本宮浅間神社（静岡）
18. 小国神社（静岡）
19. 水無神社（岐阜）
20. 南宮大社（岐阜）
21. 砥鹿神社（愛知）
22. 真清田神社（愛知）
23. 伊射波神社（三重）
24. 都波岐・奈加等神社（三重）
25. 敢国神社（三重）
26. 気多神社（富山）
27. 気多神社（石川）
28. 白山比咩神社（石川）
29. 氣比神宮（福井）
30. 若狭彦神社（福井）
31. 建部神社（滋賀）
32. 賀茂御祖神社（京都）
33. 賀茂別雷神社（京都）
34. 出雲大神宮（京都）
35. 籠神社（京都）
36. 大神神社（奈良）
37. 枚岡神社（大阪）
38. 住吉大社（大阪）
39. 大鳥神社（大阪）
40. 日前国懸神宮（和歌山）
41. 粟鹿神社（兵庫）
42. 伊和神社（兵庫）
43. 伊弉諾神宮（兵庫）
44. 宇倍神社（鳥取）
45. 倭文神社（鳥取）
46. 由良比女神社（島根）
47. 出雲大社（島根）
48. 物部神社（島根）
49. 中山神社（岡山）
50. 吉備津神社（岡山）
51. 厳島神社（広島）
52. 玉祖神社（山口）
53. 住吉神社（山口）
54. 田村神社（香川）
55. 大麻比古神社（徳島）
56. 土佐神社（高知）
57. 大山祇神社（愛媛）
58. 宇佐神宮（大分）
59. 西寒多神社（大分）
60. 筥崎宮（福岡）
61. 高良大社（福岡）
62. 與止日女神社（佐賀）
63. 海神神社（長崎）
64. 厳原八幡宮（長崎）
65. 天手長男神社（長崎）
66. 都農神社（宮崎）
67. 阿蘇神社（熊本）
68. 鹿児島神宮（鹿児島）
69. 枚聞神社（鹿児島）

11～12世紀に一の宮の制が設けられる。各国内でもっとも由緒があり、信仰の篤い1社を一の宮としたが、いつからか同一国内で複数の神社を一の宮と定める地域も現われるようになった。また、一の宮の座を巡って争いが起き、時代によって一の宮が交代する場合もあった。

社号による格式の違い

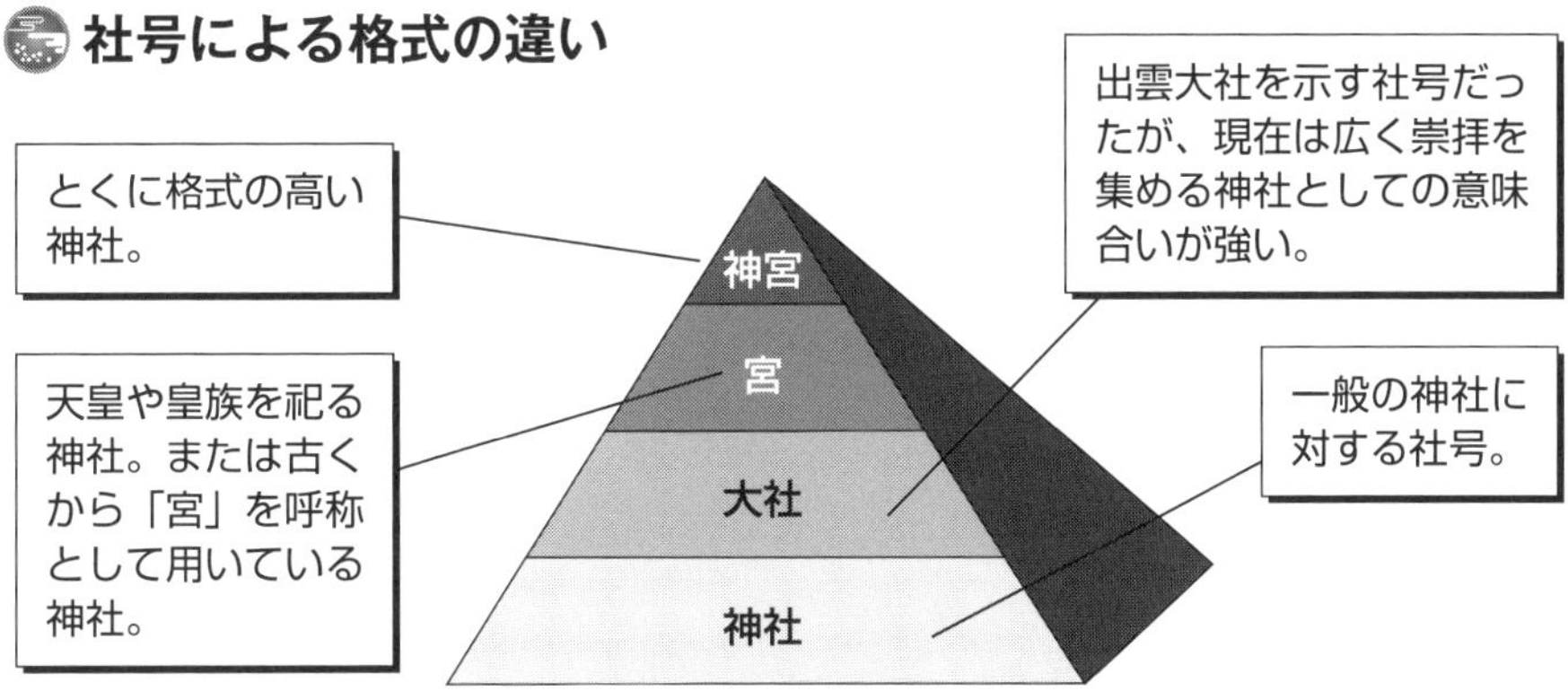
とくに格式の高い神社。
天皇や皇族を祀る神社。または古くから「宮」を呼称として用いている神社。
出雲大社を示す社号だったが、現在は広く崇拝を集める神社としての意味合いが強い。
一般の神社に対する社号。
神宮
宮
大社
神社

⛩ 神社の歩き方 ⛩

神社境内 MAP

神社にはさまざまな施設が存在する。各場所はいったいどのような役割をもっているのか、それぞれの施設について紹介する。

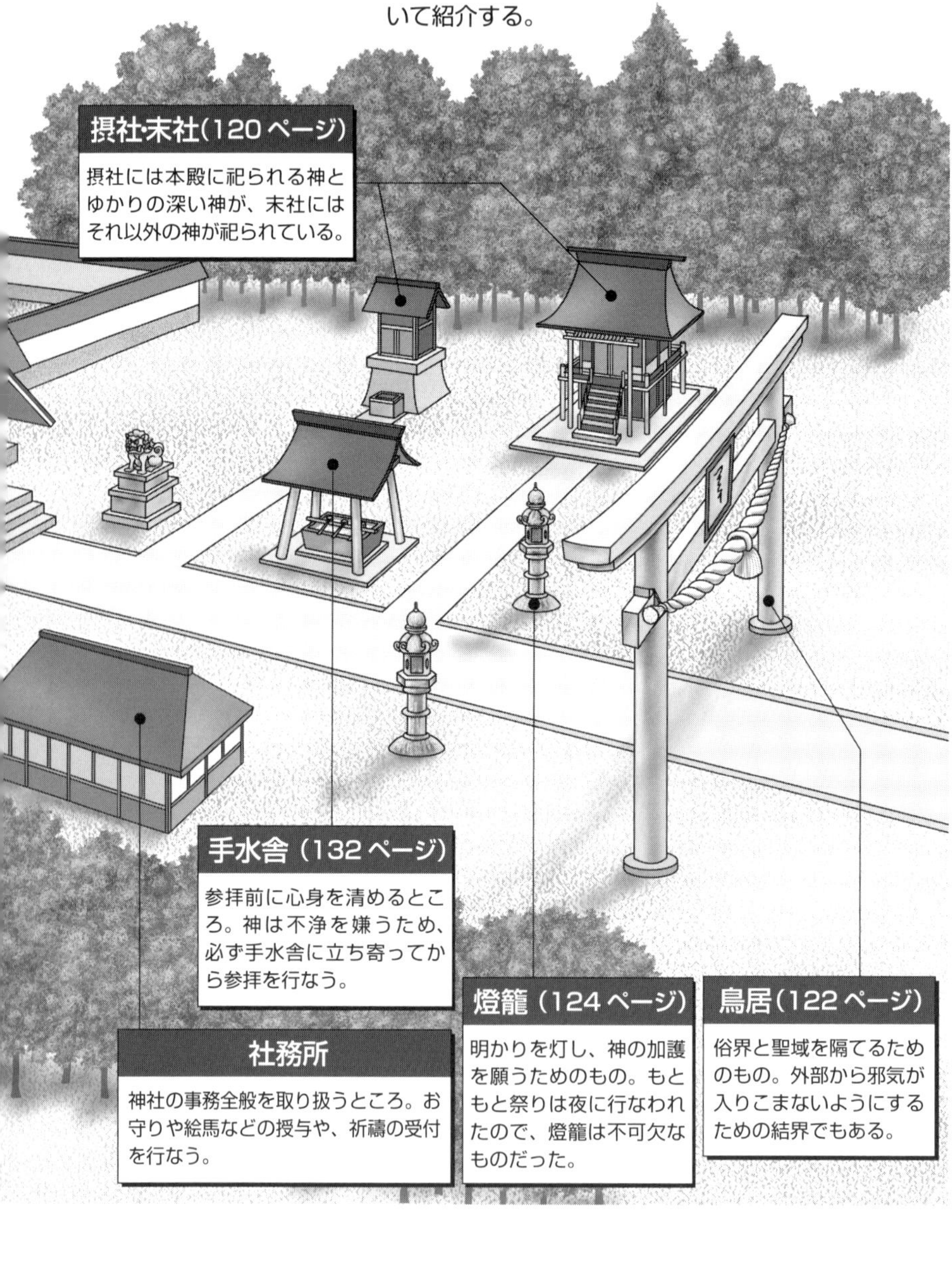

摂社·末社(120 ページ)
摂社には本殿に祀られる神とゆかりの深い神が、末社にはそれ以外の神が祀られている。
手水舎（132 ページ）
参拝前に心身を清めるところ。神は不浄を嫌うため、必ず手水舎に立ち寄ってから参拝を行なう。
社務所
神社の事務全般を取り扱うところ。お守りや絵馬などの授与や、祈禱の受付を行なう。
燈籠（124 ページ）
明かりを灯し、神の加護を願うためのもの。もともと祭りは夜に行なわれたので、燈籠は不可欠なものだった。
鳥居(122 ページ)
俗界と聖域を隔てるためのもの。外部から邪気が入りこまないようにするための結界でもある。

本殿（114ページ）
神社において、神が祀られている場所。聖域であり、参拝客が立ち入ることはできない。
拝殿（118ページ）
参拝を行なう場所。賽銭箱に賽銭を入れ、一般に二拝二拍手一拝の作法で参拝を行なう。
狛犬（128ページ）
参道の両脇に一対で置かれる。神社の守護や魔除けといった役割を果たす。神社によっては、神使を置くところもある。

本殿
――参拝者は決して立ち入ることができない聖域

神が鎮座する場所

各神社において、その中心となる建物が本殿である。本殿はその神社の神が祀られているところであり、神の依り代となる御神体が安置されている。

御神体は、鏡や剣、勾玉、御幣（幣束）などさまざまである。なかには、サメの歯を御神体としている神社もある。

当然本殿は神聖な場所であり、人が立ち入ることができない聖域である。そのため、人が立ち入ったり、中をうかがうことができないよう、瑞垣で囲われるのが一般的だ。たとえば、伊勢神宮の場合は四重の垣が巡らされている。

また、普段は鍵がかけられており、特別な祭祀のときにだけ扉が開かれる。

大神神社に本殿がない理由

とはいえ、すべての神社に本殿が備えられているわけではない。たとえば、奈良県桜井市の大神神社は、三輪山を御神体とするため、とくに本殿を設けていない。拝殿から神体山である三輪山を拝むのである。

三輪鳥居の奥に広がる禁足地からは土器や勾玉などが出土しており、かつてはここが祭祀の中心であったと考えられている。

また、長野県諏訪市にある諏訪大社も本殿がないことで知られる。諏訪大社も、古来、宮山を御神体としているためだ。

これらの神社から、日本人の原初の信仰の形を見ることができる。

神道豆知識

「みや」「やしろ」の語源

神社のことをよく「お宮」「お社」と呼ぶ。みやは「御屋」、尊敬を表わす接頭語の「御」と、家を表わす「屋」からなる。つまり一般の住居ではなく、高貴な人々が住む家のことを指す言葉だ。古来、とくに格式高い伊勢神宮を「神宮」と呼んでいたことから、やがて一般の神社も「宮」と呼ぶようになった。

一方、「やしろ」は、「社」と書く。これは古代中国で土地の神や、その神を信仰する人々を社と呼んでいたことにちなむ。この社が、元来、神が降臨する場所という意味を持つ「屋代」と結びつき、「やしろ」と読むようになったのである。

本殿が国宝に指定されている神社

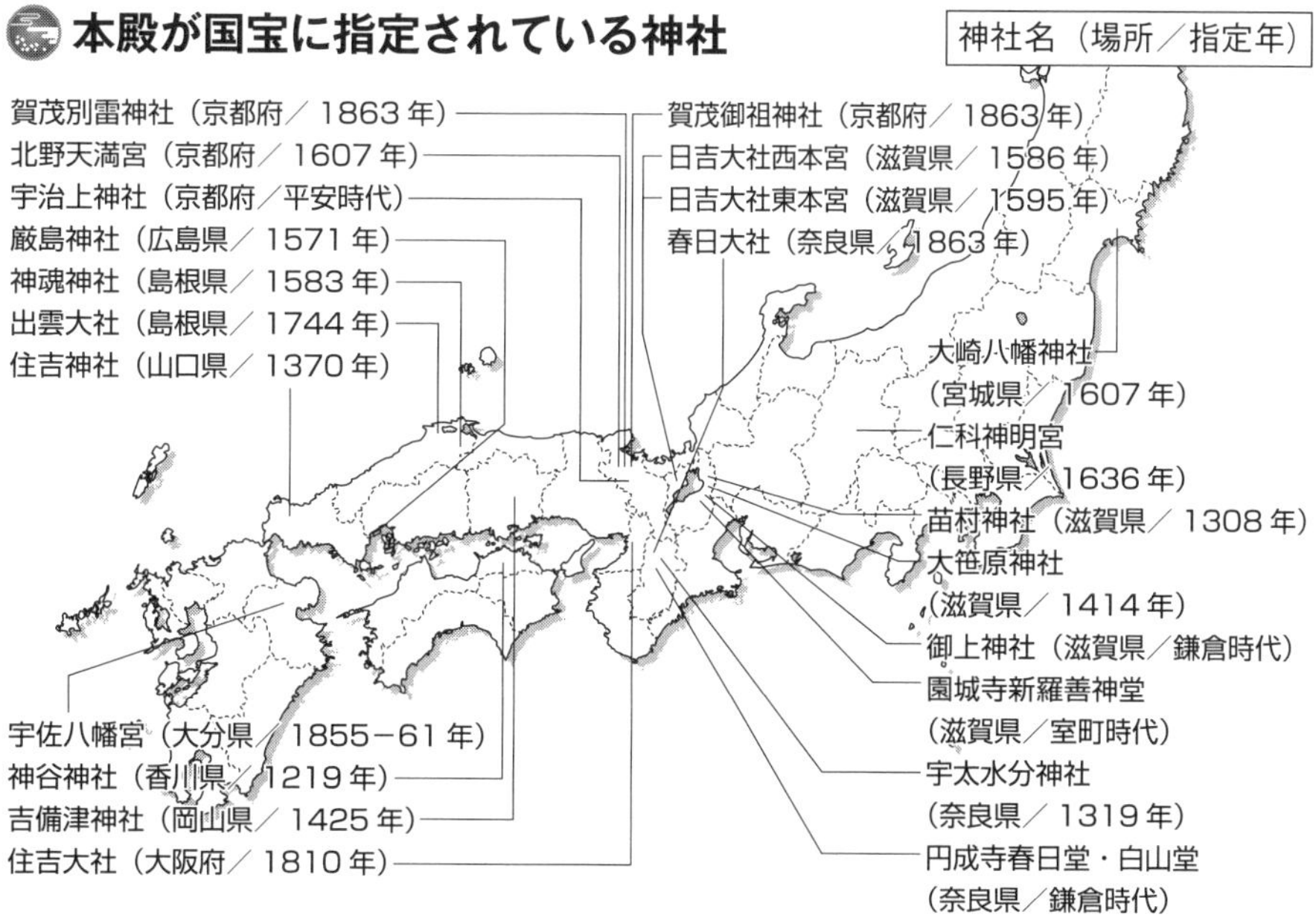
神社名（場所／指定年）
賀茂別雷神社（京都府／ 1863 年）
北野天満宮（京都府／ 1607 年）
宇治上神社（京都府／平安時代）
厳島神社（広島県／ 1571 年）
神魂神社（島根県／ 1583 年）
出雲大社（島根県／ 1744 年）
住吉神社（山口県／ 1370 年）
賀茂御祖神社（京都府／ 1863 年）
日吉大社西本宮（滋賀県／ 1586 年）
日吉大社東本宮（滋賀県／ 1595 年）
春日大社（奈良県／ 1863 年）
大崎八幡神社
（宮城県／ 1607 年）
仁科神明宮
（長野県／ 1636 年）
苗村神社（滋賀県／ 1308 年）
大笹原神社
（滋賀県／ 1414 年）
御上神社（滋賀県／鎌倉時代）
園城寺新羅善神堂
（滋賀県／室町時代）
宇太水分神社
（奈良県／ 1319 年）
円成寺春日堂・白山堂
（奈良県／鎌倉時代）
宇佐八幡宮（大分県／ 1855－61 年）
神谷神社（香川県／ 1219 年）
吉備津神社（岡山県／ 1425 年）
住吉大社（大阪府／ 1810 年）

御神体を安置する本殿は神社内でもっとも神聖な場所である。由緒の古い建造物が多く、現在全国で 23 の本殿が国宝に指定されている。

本殿の屋根に配される千木と鰹木

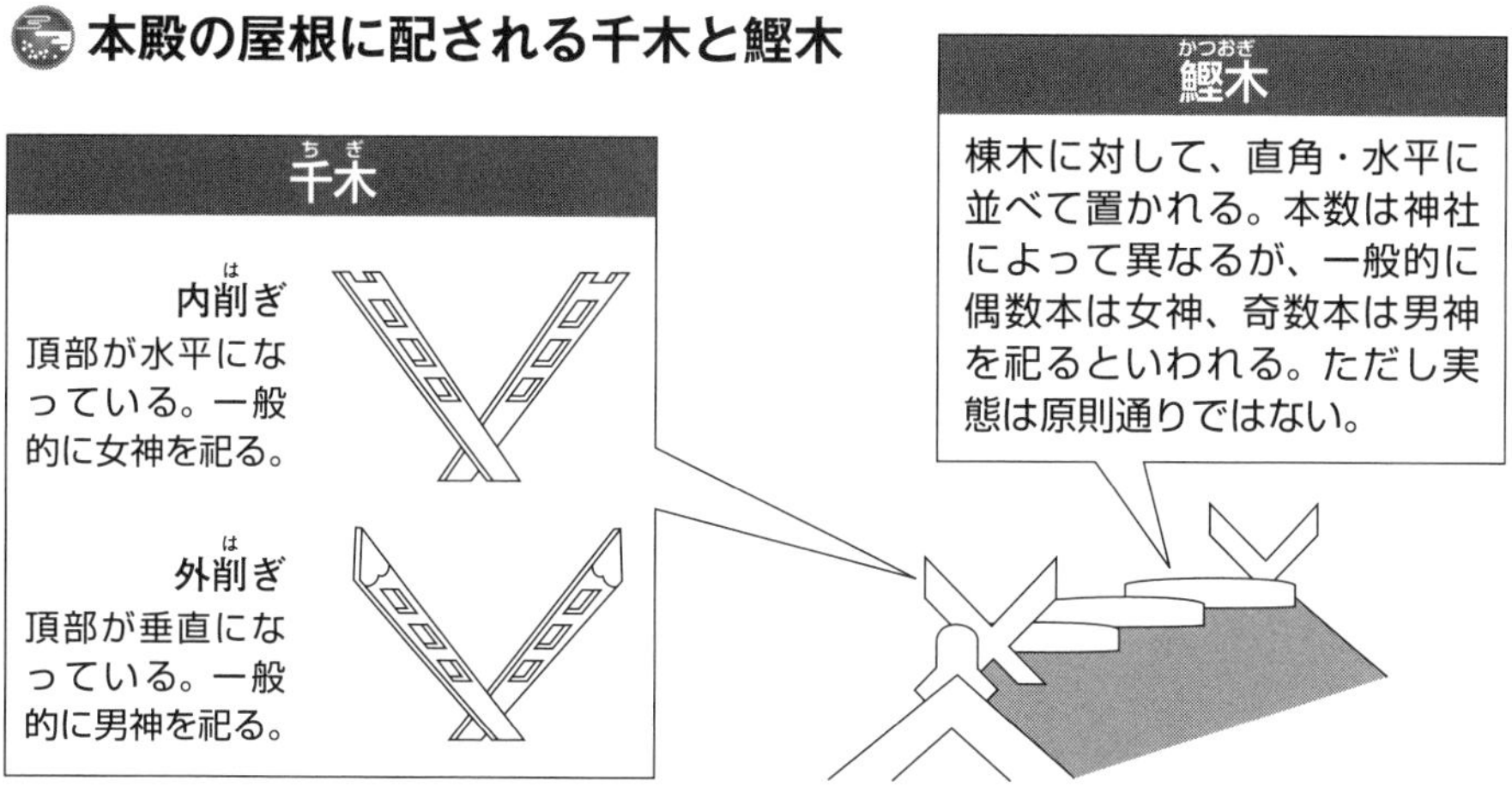
千木（ちぎ）
内削ぎ（は）
頂部が水平になっている。一般的に女神を祀る。
外削ぎ（は）
頂部が垂直になっている。一般的に男神を祀る。
鰹木（かつおぎ）
棟木に対して、直角・水平に並べて置かれる。本数は神社によって異なるが、一般的に偶数本は女神、奇数本は男神を祀るといわれる。ただし実態は原則通りではない。

社殿の破風の先端が屋根の上で交差して突き出たものを千木という。上部を垂直にする外削ぎと上部を水平にする内削ぎがあり、その形状で男女神どちらを祀っているかを示すといわれる。また、社殿の棟上に棟と直交するように置かれた木材を鰹木という。

社殿建築 ——神社や信仰の違いによって異なる様式美

神明造と大社造

社殿の建築様式は、大きく「神明造（しんめいづくり）」と「大社造（たいしゃづくり）」に分けることができる。神明造は、高床式の穀物蔵に起源があるといわれ、伊勢神宮の内宮（ないくう）、外宮（げくう）に代表される。伊勢神宮の様式は古来の伝統様式を守っていることから、とくに唯一神明造と呼ばれる。

神明造の特徴は、切妻（きりづま）の屋根の平側に入り口がある（平入（ひらいり））ところにある。

この神明造から発展したものに「流造（ながれづくり）」や「八幡造（はちまんづくり）」などがある。流造は、平入の前面の屋根を伸ばし、庇（ひさし）を設けた様式で、京都の上賀茂（かみがも）神社、下鴨（しもがも）神社に代表される。八幡造は、平入の建物を前後に二棟並べたもので、宇佐神宮（うさじんぐう）や石清水八幡宮（いわしみずはちまんぐう）に代表される。

一方、大社造は古代の住居を原型にするといわれ、切妻の妻側に入口が設けられている（妻入（つまいり））。出雲大社に代表される。

大社造から発展したものに、「住吉造（すみよしづくり）」や「春日造（かすがづくり）」などがある。住吉造は、社殿の内部が前後二室に分かれているという特徴を持つ。住吉大社に代表される。

春日造は、正面に庇が設けられ、屋根に反りをもたせた造りとなっている。春日大社がその代表例である。

千木と鰹木

社殿をよく見ると、屋根に独特の飾りが設けられていることがわかる。

屋根の上で交差している二本の板木を「千木（ちぎ）」という。切妻屋根の端の破風板（はふいた）を屋根の上にまで延ばし、交叉させたものである。

屋根の上に水平に置かれている木を「鰹木（かつおぎ）」という。これは、屋根が強風などで飛ばないために置かれたもの。形が鰹に似ていることから、鰹木と呼ばれるようになったという。

これらの飾り物は、かつては貴族や豪族の住居に用いられたものだった。それが神社にも取り入れられるようになり、現在では神社特有のものとなっている。

おもな本殿の建築様式

神明造

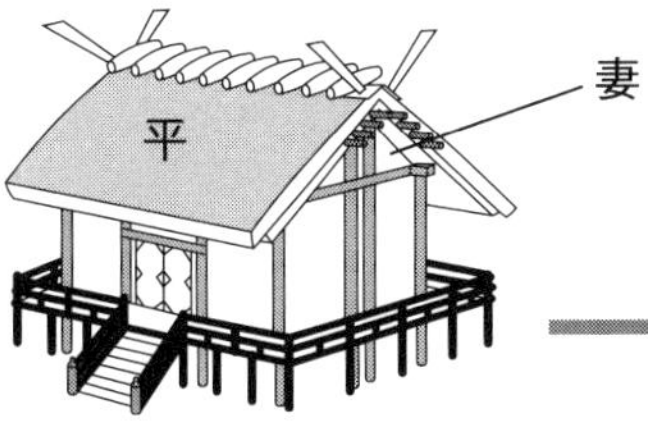
平
妻

切妻造で平入（平側に入口がある）。高床式の穀物蔵から発達したもので、最古の建築様式のひとつ。屋根に反りを持たない。伊勢神宮の本殿はとくに唯一神明造と呼ぶ。

流造

切妻造で平入。屋根に反りがつけられ、前面が庇となっている。もっとも普遍的な様式。京都の賀茂神社と宇治上神社が代表的。

八幡造

切妻造で平入の社殿が前後に２棟つながっている。入口のある建物が外殿、奥の建物が内殿。八幡神を祀る神社によく見られる。

大社造

切妻造で妻入（妻側に入口がある）。古代の建築様式を伝える。出雲大社が代表的。

住吉造

切妻造で妻入。屋根は反りを持たない。社殿の内部は前後の２室、室と堂からなる。大阪の住吉大社が代表的。

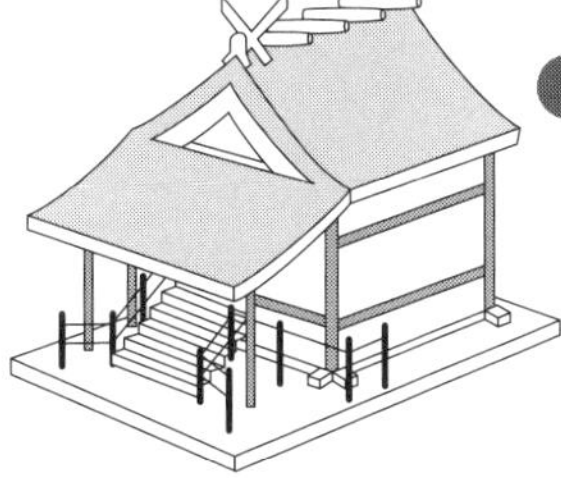

春日造

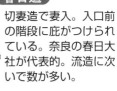

切妻造で妻入。入口前の階段に庇がつけられている。奈良の春日大社が代表的。流造に次いで数が多い。

拝殿

――神を拝礼するために設けられた御殿

祭祀や祈願が行なわれる場

御神体が祀られている本殿は聖域である。そのため、神社で参拝を行なう際は、本殿に直接上がり、神に祈りを捧げることはできない。

そこで設けられたのが、拝殿である。その言葉通り、拝殿は人が神を拝むための場所であり、ここで参拝を行なうことが一般的となっている。神職による祈禱や神への祭祀なども、この場所で行なわれる。

とはいえ、拝殿は本殿よりも大きくつくられており、また、この場所で祭祀や祈願などが執り行なわれるため、拝殿を本殿だと誤解している人もいるのではないだろうか。

拝殿が大きくつくられたのは、大勢の氏子たちが参列して祭祀が行なわれるようになったことが一番の理由である。

また、雨風に影響されずに恒例の祭りを執り行なうことができるからでもある。

もともと拝殿は、礼殿と呼ばれていた。鎌倉時代頃から拝殿という語が用いられるようになったとされる。

拝殿を持たない伊勢神宮

一方で、伊勢神宮のように拝殿を持たない神社もある。

伊勢神宮では庭上で祭祀が行なわれ、一般の参拝者は本殿前の外玉垣南御門から拝礼するのが通例となっている。

このことからもわかるように、本来、拝殿という参拝のための建物はなかった。雨のときは、楼門や舞殿で祭祀や拝礼を行なっていたとされる。

その後、参拝施設として拝殿が独立するようになり、神社のなかでも中心的な位置を占めるようになったのである。

また、京都府の伏見稲荷大社や東京都の明治神宮のように、拝殿がふたつある神社もある。この場合は、本殿に近い拝殿を内拝殿、内拝殿よりも手前にある拝殿を外拝殿と呼ぶ。

拝礼の作法

1．拝殿前で一礼する

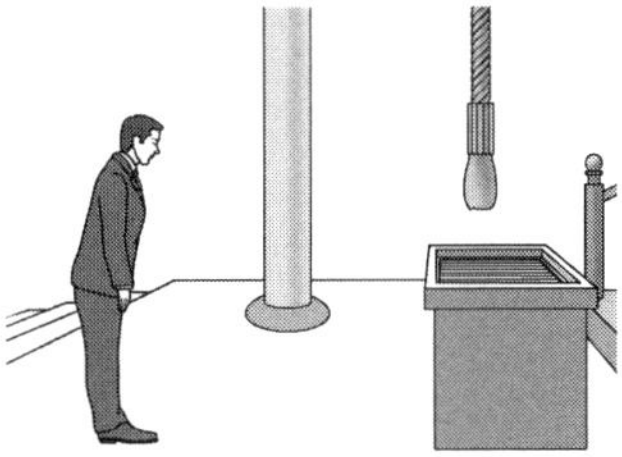

まず初めに拝殿前で軽く一礼（小揖）。その後、拝殿へ進み再度一礼する（深揖）。

2．賽銭箱に金銭を入れ、鈴を鳴らす

賽銭箱にそっと金銭を入れる。鈴があれば、鈴緒を引き、鳴らす。

3．二拝二拍手一拝を行なう

2度お辞儀（腰を90度に曲げる）をし、2回柏手を打つ。その後、胸の前で両手を合わせてお祈りをし、最後にもう一度お辞儀をする（神社によって作法が異なるところもある）。

4．神前から３歩ほど下がり一礼する

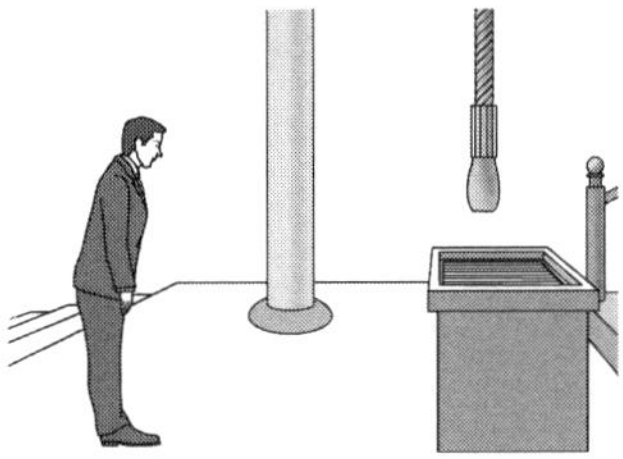

参拝後、神前から少し下がった位置で、一礼する。鳥居を出たところで、本殿に向かい一礼する。

お辞儀の作法

拝（はい）

90度に腰を折るもっとも丁寧なお辞儀。拝礼のときに行なう。

深揖（しんゆう）

45度に腰を折るお辞儀。拝礼の前後に行なう。

小揖（しょうゆう）

15度に腰を折るお辞儀。

摂社と末社 ——祭神と関わりの深い神とその土地の神

摂社と末社の違いとは

本殿や拝殿とは別に、神社の境内には小さな社が多く祀られている。これらは摂社、あるいは末社と呼ばれる。たとえば伊勢神宮の内宮には摂社が二十七、末社が十六、外宮には摂社が十六、末社が八社もある。

それでは、この摂社と末社とは、いったいどういうものなのだろうか。

一般に、本殿に祀られている祭神とゆかりの深い父母神や妃神、御子神などが祀られている社を摂社、それ以外の神が祀られている社を末社という。

ただし、摂社と末社とを明確には区別せず、神社の境内にあることから総称して境内社と呼ぶ場合もある。

境外に鎮座する場合は、境外社と呼ぶ。

摂社と末社の格式

摂社の方が末社よりも社格が高いともされているが、末社に祀られている神は、古来、その土地の人々に信仰されてきた地主神である場合が多く、本殿よりも由緒が古いこともある。

また、流行神を摂社・末社に勧請するケースも見られる。たとえば、中世以降、武士や庶民の間で人気を博した八幡や稲荷、祇園天王などである。

いずれにせよ、摂社や末社は古くから信仰を集める社であり、本社と同様に大切な神社であることに変わりはない。

神道豆知識

春日大社の摂社「榎本神社」

春日大社の境内には、榎本神社という摂社がある。春日大社の創建は８世紀のことであるが、それ以前に同地に地主神の巨勢姫明神（現在は猿田彦大神）を祀る榎本神社が鎮座していたと伝えられている。その後、春日大社が創建され、武甕槌命、経津主命、天児屋命と比売神の４柱を本殿で祀るようになると、榎本神社は春日大社の摂社として祀られるようになった。

神社における摂社と末社

〈社殿の配置（一例）〉

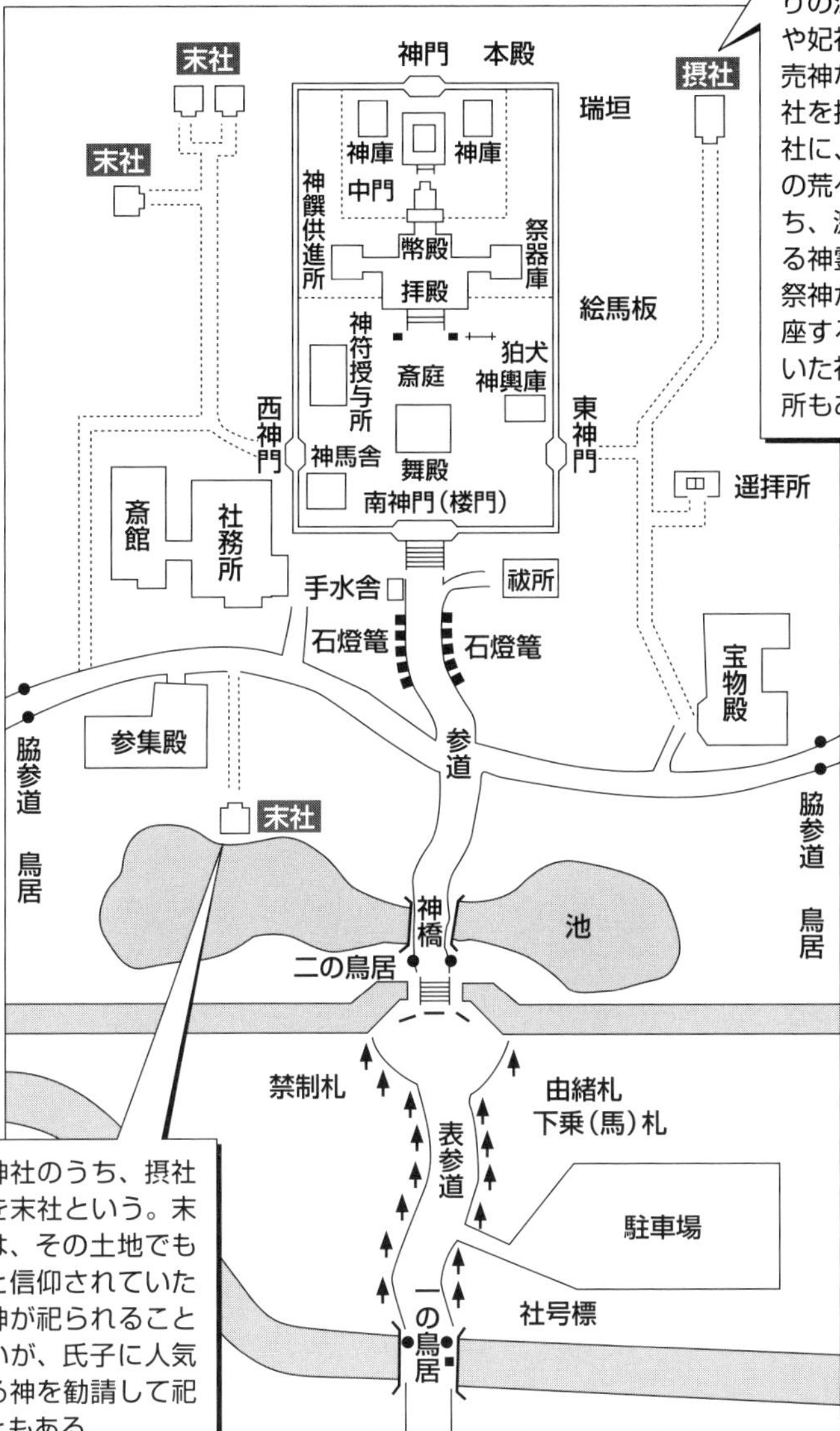

末社
末社
神門
本殿
瑞垣
摂社
神庫
神庫
中門
神饌供進所
幣殿
祭器庫
拝殿
絵馬板
神符授与所
斎庭
狛犬
神輿庫
西神門
東神門
神馬舎
舞殿
南神門（楼門）
遥拝所
斎館
社務所
手水舎
祓所
石燈篭
石燈篭
宝物殿
参集殿
参道
脇参道
鳥居
脇参道
鳥居
末社
神橋
池
二の鳥居
禁制札
由緒札
下乗（馬）札
表参道
駐車場
社号標
一の鳥居

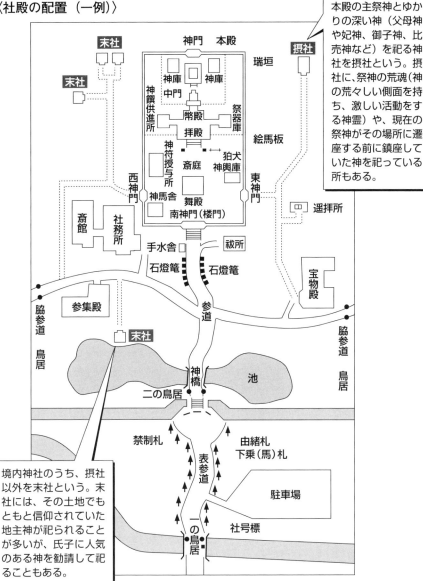

境内社（境内に鎮座する神社）のうち、本殿の主祭神とゆかりの深い神（父母神や妃神、御子神、比売神など）を祀る神社を摂社という。摂社に、祭神の荒魂（神の荒々しい側面を持ち、激しい活動をする神霊）や、現在の祭神がその場所に遷座する前に鎮座していた神を祀っている所もある。

境内神社のうち、摂社以外を末社という。末社には、その土地でもともと信仰されていた地主神が祀られることが多いが、氏子に人気のある神を勧請して祀ることもある。

鳥居 ―― 俗界と神域を隔てる神社の結界

鳥居の起源は何か

神社に参拝する際、一番初めに目にするのが鳥居である。

神社の入口に必ず設置されている鳥居は、俗界と神域を隔てるためのもの。つまり、鳥居の内側が神聖な場所であることを示しているのである。

また、外部から神域に邪気が入らないようにするための結界でもある。

一般に鳥居が赤く塗られているのは、古来、赤い色には魔除けの力があるとされたからだ。

そんな鳥居の起源について、定説はなく、さまざまな説が唱えられている。

天照大御神が天石屋戸に隠れたとき、八百万の神々は天照大御神に外に出ていただくため、長鳴鳥（ニワトリ）をたくさん集めて鳴かせた。このとき、長鳴鳥が止まった木を鳥居の起源だとする説がある。つまり、「鳥が居る木」で「鳥居」となったというわけだ。

また、インドの仏教寺院やヒンドゥー教寺院の門「トラナ（サンスクリット語で塔門の意味）」が日本語に転じてトリイ（鳥居）になったという説もある。

あるいは、「通り入る」という言葉が、やがて短く「とりい」へと変化し、その音に合わせて「鳥居」という漢字が当てはめられたともいわれる。

シンプルな「神明系」と装飾的な「明神系」

鳥居は、二本の柱の上に笠木を置き、その下に貫を通して柱を固定したものが基本構造である。神社によってその形態や材質は異なり、じつに六十数種類にも及ぶという。それを大別すると、「神明系鳥居」と「明神系鳥居」に分けることができる。

神明系鳥居は、基本的に笠木が一直線で、額束（神社名を記した扁額を掲げるところ）がないという特徴がある。一方、明神系鳥居は、笠木の両端が上向きに反り返っているという特徴を持つ。

ただしこれらには例外もあり、一概に言うことはできない。

鳥居の構造

笠木（かさぎ）
明神系鳥居の場合、笠木に反りがある。神明系鳥居の場合は笠木が一直線になっている。
島木（しまき）
貫（ぬき）
柱の上部を横に結ぶ。明神系鳥居の場合、貫が柱から突き出る形だが、神明系鳥居の場合、貫は柱から突き出ないのが一般的。
額束（がくづか）
神社名を記した扁額が飾られる。神明系鳥居には原則ない。
台石
柱

鳥居の形状

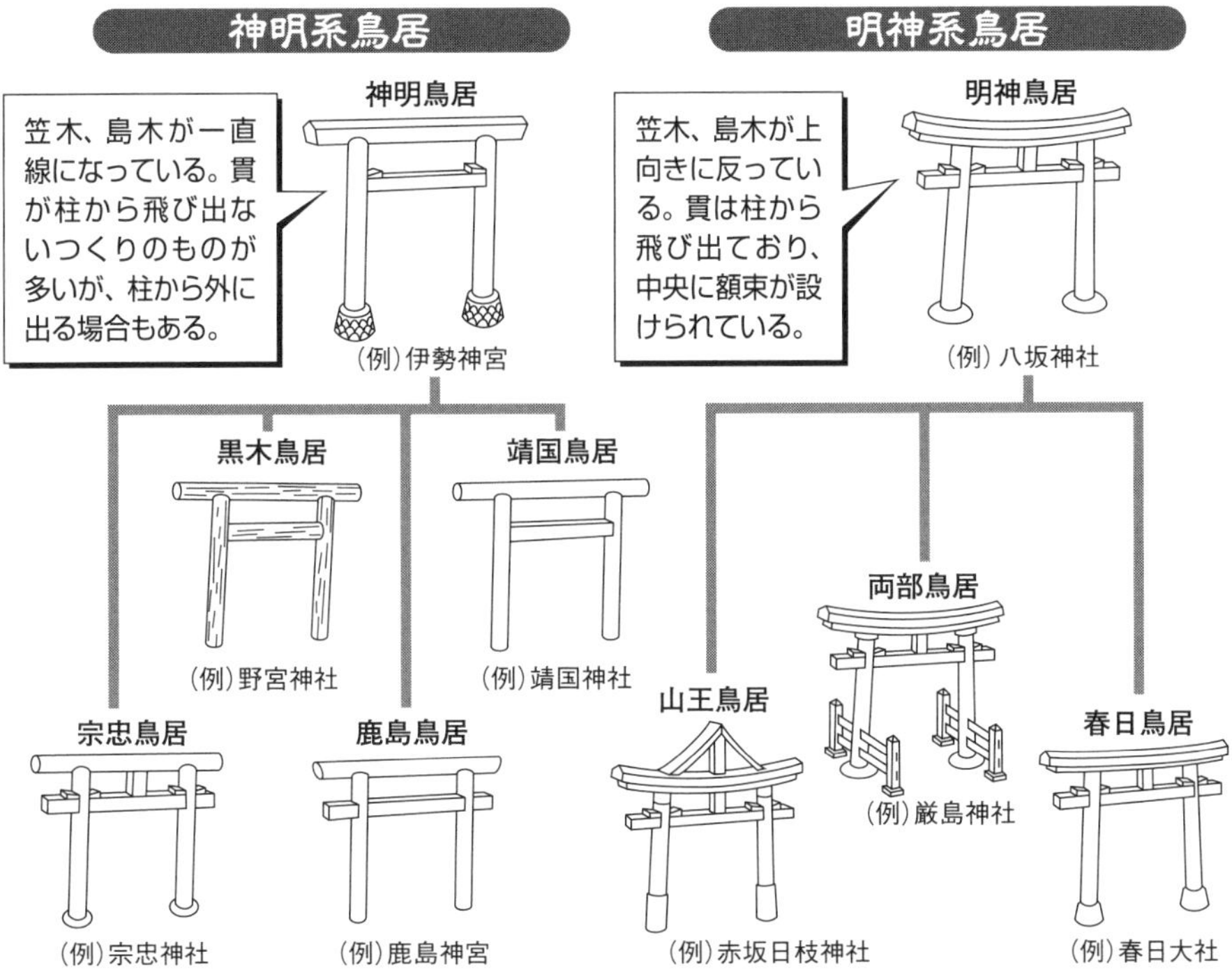
神明系鳥居
神明鳥居
笠木、島木が一直線になっている。貫が柱から飛び出ないつくりのものが多いが、柱から外に出る場合もある。
(例)伊勢神宮
黒木鳥居
(例)野宮神社
靖国鳥居
(例)靖国神社
宗忠鳥居
(例)宗忠神社
鹿島鳥居
(例)鹿島神宮
明神系鳥居
明神鳥居
笠木、島木が上向きに反っている。貫は柱から飛び出ており、中央に額束が設けられている。
(例)八坂神社
両部鳥居
(例)厳島神社
山王鳥居
(例)赤坂日枝神社
春日鳥居
(例)春日大社

燈籠（とうろう）——神の加護を願うための祈りの明かり

燈籠の目的とは

神社の参道（さんどう）を歩いていると、その両脇に石燈籠（いしどうろう）が置かれているのを目にするはずだ。これは、明かりを灯（とも）し、神の加護を願うためのものである。

また、祭りなどのとき、神が鎮座されるときの目印になるともいわれている。

祭りは本来夜間に行なわれたので、庭燎（にわび）を焚くなどして明かりを灯す必要があった。そして社殿が建設されると、その内部を照らすために燈籠が必要とされた。燈籠のなかには菜種油などの灯芯を入れて、火を灯していた。

現在、燈籠は台（だい）燈籠と釣（つり）燈籠に大別することができる。

台燈籠は、一般に宝珠（ほうじゅ）、笠、火（ひ）袋（ぶくろ）、中台、竿、台座からなる。文字通り、台座の上に設けられた固定式のものだ。

釣燈籠は、宝珠、吊輪、笠、火袋、受台、脚からなり、軒先などに吊るされて使用された。

また、石製のほかにも金属や陶器など、じつにさまざまな素材の燈籠がつくられた。

一方、石燈籠は、神社や寺院だけでなく、安土桃山時代以降、庭園にも置かれるようになった。茶の湯が盛んになったことから、庭を照らすとともに優雅な装飾として用いられるようになったのである。

春日燈籠の特徴

燈籠のなかでも、もっとも一般的なのが、春日（かすが）燈籠と呼ばれる石製のものである。

春日燈籠は奈良の春日大社に置かれており、背丈が高く、笠の先端部分に蕨手（わらびて）が設けられ、火袋が六角形、もしくは四角形となっている。火袋の側面には、春日大社の象徴とされる鹿や山、雲などが装飾として彫られている。

春日大社には、平安時代以降、奉納された燈籠が境内に約三千基ある。毎年二月に行なわれる万燈（まんとう）籠（ろう）の祭りでは、それらすべてに火が灯され、人々に神の加護があるよう祈られる。

石燈籠各部の名称

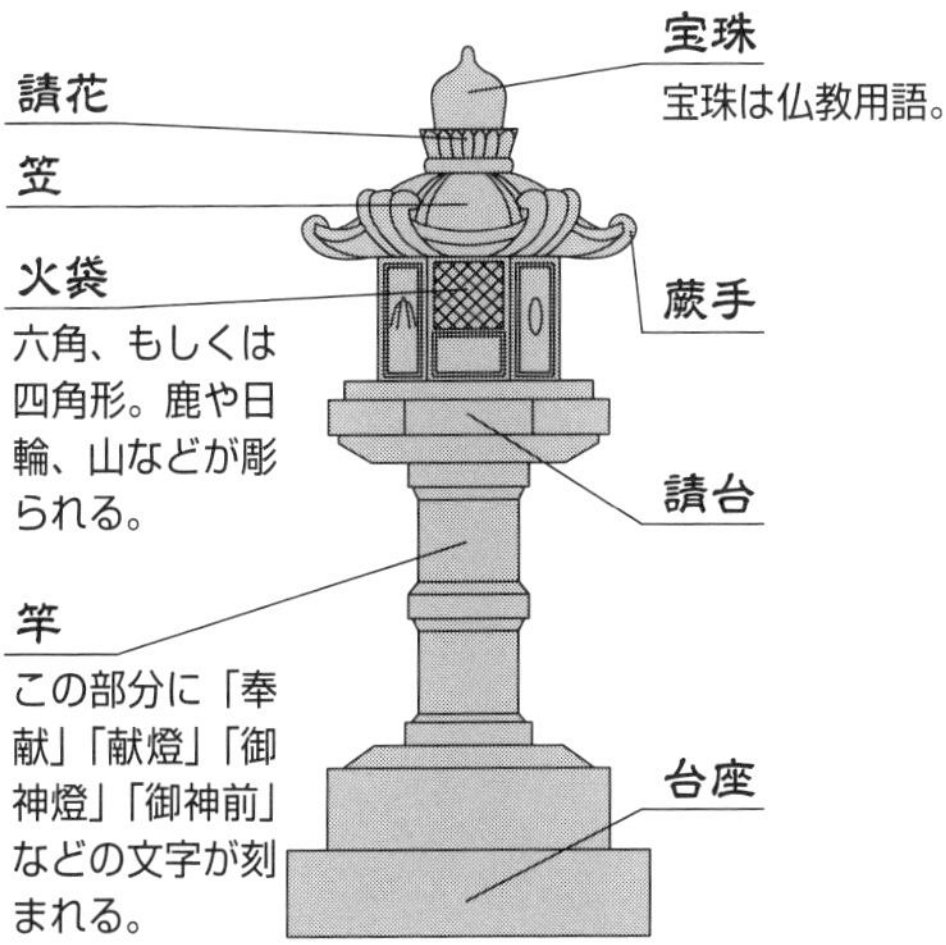

宝珠
宝珠は仏教用語。
請花
笠
火袋
六角、もしくは四角形。鹿や日輪、山などが彫られる。
蕨手
請台
竿
この部分に「奉献」「献燈」「御神燈」「御神前」などの文字が刻まれる。
台座

燈籠の種類

名称	備　考
木燈籠	破損しやすく、あまり数は残っていない。鎌倉時代につくられた春日大社の黒漆六角瑠璃釣燈籠が最古のもの。
陶燈籠	近世以降、陶器製のものがつくられる。
金燈籠	鉄製と金銅製がある。鋳金、彫金技術によって細部に装飾が施されているという特徴を持つ。
石燈籠	もっとも一般的な形状。八角形のものをはじめ、六角形や円形などさまざまな形状のものがある。

各国で用いられた石燈籠

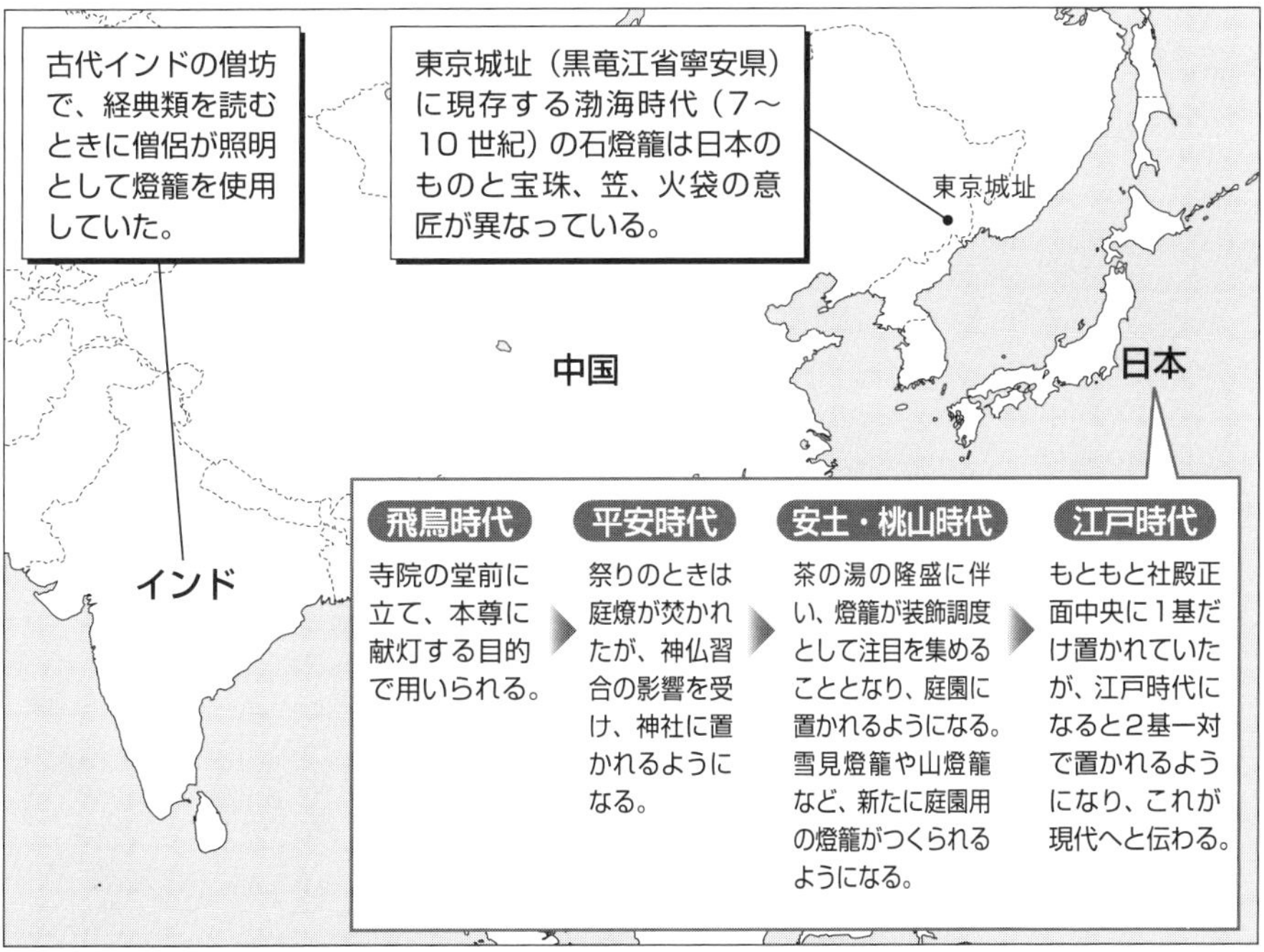

古代インドの僧坊で、経典類を読むときに僧侶が照明として燈籠を使用していた。
東京城址（黒竜江省寧安県）に現存する渤海時代（7～10世紀）の石燈籠は日本のものと宝珠、笠、火袋の意匠が異なっている。
東京城址
中国
日本
インド
飛鳥時代
寺院の堂前に立て、本尊に献灯する目的で用いられる。
平安時代
祭りのときは庭燎が焚かれたが、神仏習合の影響を受け、神社に置かれるようになる。
安土・桃山時代
茶の湯の隆盛に伴い、燈籠が装飾調度として注目を集めることとなり、庭園に置かれるようになる。雪見燈籠や山燈籠など、新たに庭園用の燈籠がつくられるようになる。
江戸時代
もともと社殿正面中央に1基だけ置かれていたが、江戸時代になると2基一対で置かれるようになり、これが現代へと伝わる。

注連縄（しめなわ）――内側が神聖な場所であることを示す縄張り

稲藁でつくる注連縄の意義

神社の鳥居や拝殿などには、注連縄が張られる。注連縄は、その内側が神域であることを示すためのものである。

天石屋戸の神話において、天照大御神が二度と隠れることができないよう、布刀玉命が天石屋戸の前に注連縄をかけたことが起源であると伝わる。

注連縄は、稲藁を左縒りにして縄にし、そこに紙垂（和紙を切り、折ったもの）と注連の子（藁の端を出したもの）を下げてつくられる。一説に、注連縄は雷雲の形を模したものであるといわれる。紙垂をつけるのは雷光を表わすため、注連の子をつけるのは雨が降る様子を表わすためだという。

稲作は日本人にとってはまさに命の糧であり、米の生育に欠かせない雨乞いの意味や、豊作を願う気持ちを注連縄に込めたともいわれている。

そんな注連縄は、形状によっていくつかの種類に分けることができる。

「前垂注連」は、紙垂と紙垂の間に、藁を二、三本垂らしたもの。「大根注連」「牛蒡注連」は、形状がそれぞれ大根や牛蒡に似ているところからの命名である。そのほか、出雲大社の神楽殿に張られた注連縄のように、本体の中央部が太くなっている特殊なものなどがある。

新年の門戸や祭りのときに注連縄を飾る理由

注連縄は、決して神社に限られたものではない。我々の日常生活に深く根づいたものとなっている。たとえば、正月に家の戸口に張る注連飾りは、注連縄を簡略化したもので、歳神を家に迎えるためのものだ。その家が歳神にふさわしい神聖な場所であることを示すとともに、穢れなどが入り込まないようにするために用いるものである。

また、祭りの際、町全体に注連縄を張ることもある。これも同様に、町全体が神域であることを示すためである。

注連縄の構造

紙垂
注連縄と同じく、神聖な場所であることを示す。
注連の子
紙垂の間に垂らした藁製の飾り。
注連縄
神聖な場所であることを示すとともに、これ以上先へは立ち入ってはいけないことを表わす。一般の縄と区別するため、左縒りにするのが普通。

おもな注連縄の種類

前垂注連

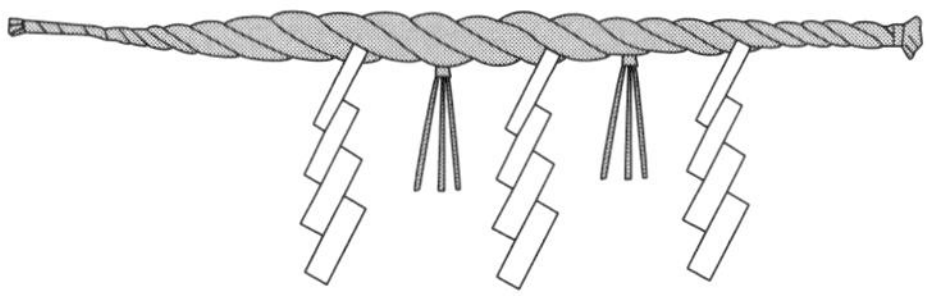

細い藁製の縄に、藁茎と紙垂を垂らしたもの。祭礼や神事のときにも用いられる。

大根注連

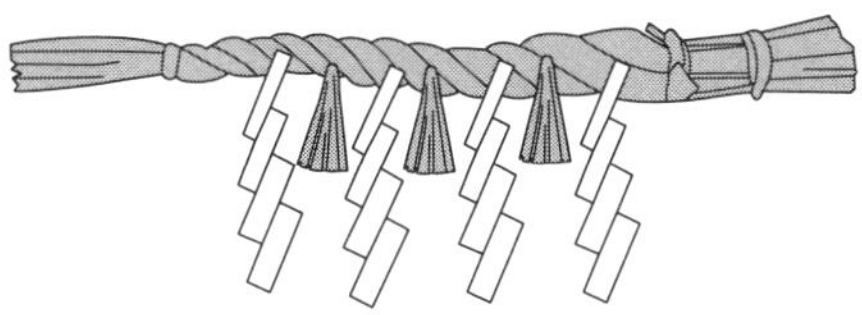

藁製の縄に藁茎、紙垂を垂らしたもので、大根に似ていることからその名がつけられる。拝殿の前に掛けられる。

牛蒡注連

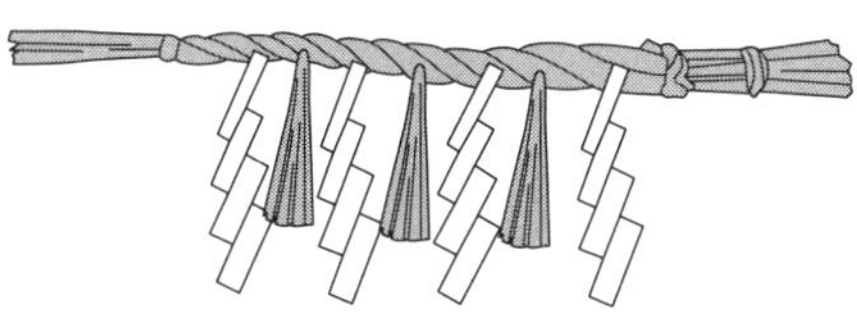

向かって右側を太く、左側を細くつくった藁製の縄に藁茎、紙垂を垂らしたもので、牛蒡に似ていることからその名がつけられる。拝殿に掛けられることが多い。

狛犬（こまいぬ）——邪気を祓い、神社を守る一対の石像

宮中から神社へ

　参道の両脇に置かれている一対の狛犬（こまいぬ）は、神社の守護や魔除けといった役割を果たす獅子像である。日本へは朝鮮半島の高麗（こうらい）（九一八～一三九二。九三六年に朝鮮半島全土を統一）経由で伝えられた。

　当時の日本人は獅子を実際に見たことがなく、異様な姿をした犬だと考えた。そのため高麗の犬ということで「高麗犬（こまいぬ）」と呼ばれ、やがて「狛犬」と称されるようになったという。魔除けとして置かれたことから、「拒魔（こま）犬」が語源だとする説もある。

　伝来当初、狛犬は宮中の清涼殿（せいりょうでん）の御簾（みす）や屏風（びょうぶ）、門扉（もんぴ）などを止めるために使う置物として用いられたようだ。

　その後、平安時代後期から鎌倉時代にかけて、神社の拝殿の床上に置かれるようになった。

　時代が下るにつれて、狛犬の置き場所は、拝殿の前に移り、三の鳥居のそばになり、やがては一の鳥居のそばに置かれるようになっていった。

阿吽の姿や子取り・玉取りで一対

　狛犬にはとくに定められている形式はないが、一般的に阿吽（あうん）の姿で表わされることが多い。向かって右側に置かれるのが口を開いた「阿」型で、左側に置かれるのが口を閉じた「吽」型である。

　阿吽とは、物事の始めと終わりを表わしたもので、一対で森羅万象（しんらばんしょう）が完結するといわれている。これは、仏教の仁王（におう）像が阿吽型になっているのと同じである。

　ただし、狛犬の場合は厳密に定められているというわけではなく、両方とも口を開けているもの、はたまた閉じているものもある。

　また、「子取り（こと）り」と「玉取り（たまと）り」で一対をなす狛犬もある。

　子取り型とは、前肢（まえあし）で子犬をあやしている姿であり、玉取り型とは、鞠（まり）（玉）を押さえている姿のことである。

　子取りと玉取りは、阿吽型と異なり、どちらが右といったような配置の規定はない。

一般的な狛犬

吽型

阿型

通常、狛犬は左右一対で神社に置かれる。向かって右が口を開けた「阿型」、左が口を閉じた「吽型」という「阿吽型」が一般的。石像が多いが、木や金属、陶器でつくられたものもある。

狛犬の伝来

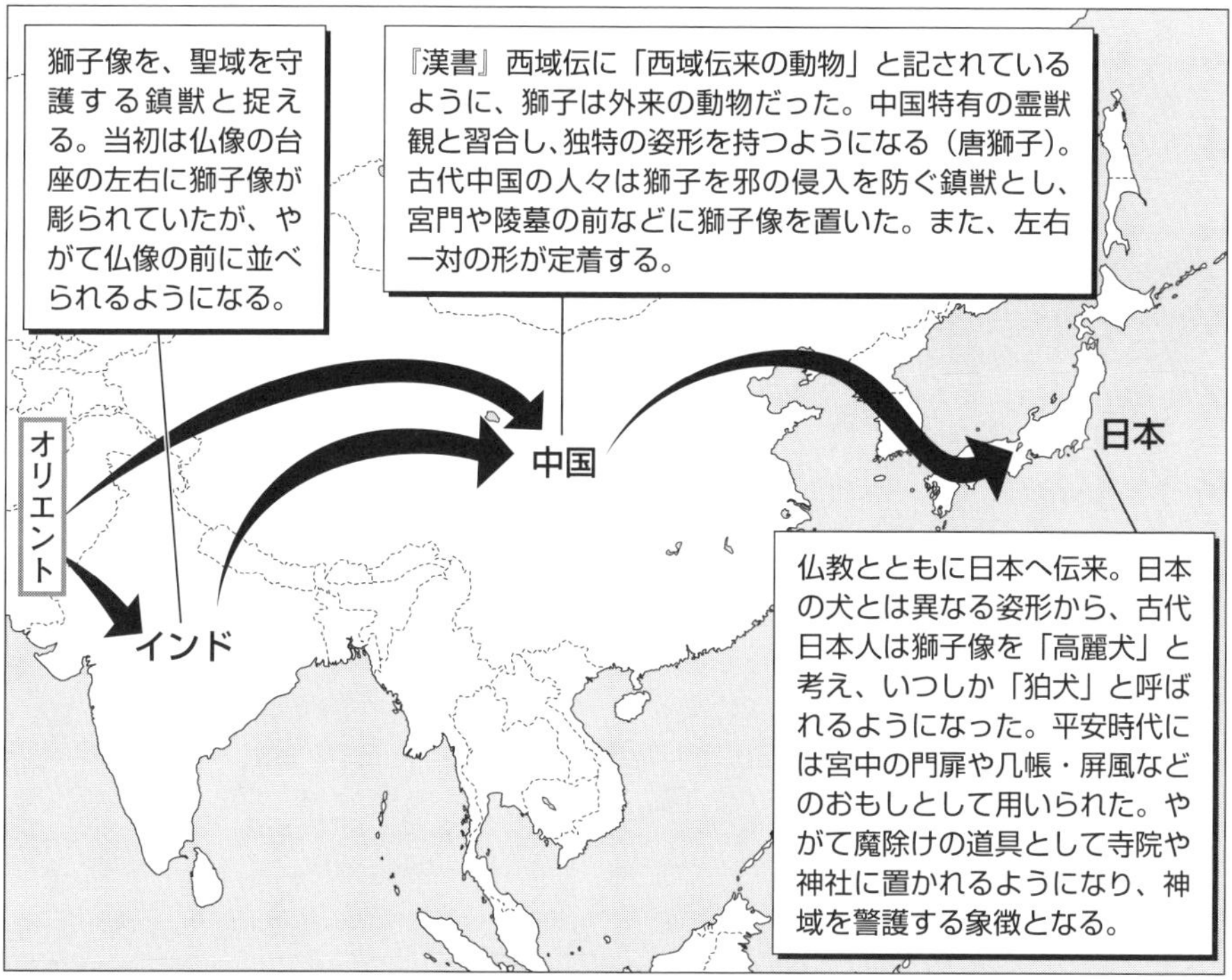
獅子像を、聖域を守護する鎮獣と捉える。当初は仏像の台座の左右に獅子像が彫られていたが、やがて仏像の前に並べられるようになる。
『漢書』西域伝に「西域伝来の動物」と記されているように、獅子は外来の動物だった。中国特有の霊獣観と習合し、独特の姿形を持つようになる（唐獅子）。古代中国の人々は獅子を邪の侵入を防ぐ鎮獣とし、宮門や陵墓の前などに獅子像を置いた。また、左右一対の形が定着する。
オリエント
インド
中国
日本
仏教とともに日本へ伝来。日本の犬とは異なる姿形から、古代日本人は獅子像を「高麗犬」と考え、いつしか「狛犬」と呼ばれるようになった。平安時代には宮中の門扉や几帳・屏風などのおもしとして用いられた。やがて魔除けの道具として寺院や神社に置かれるようになり、神域を警護する象徴となる。

眷属(けんぞく)——姿を見せない神の代わりに神意を伝える使い

狛犬は霊獣、狐は神使

神社によっては狛犬を置かず、代わりに別の動物を置いているところもある。たとえば伏見稲荷大社には狛犬ではなく狐(きつね)が置かれている。

この狐は神に仕える動物であると考えられており、そのような動物を総称して「眷属(けんぞく)」という。もともと眷属とは仏教用語で、本来は仏や菩薩(ぼさつ)などに従う神のことを指す。

眷属が神社に置かれるのは、日本の神々がその姿を人間の前には現わさないためである。そこで、神の意志を神に代わって伝えるために、眷属が人々のもとへ派遣されたのである。

それらは神話に由来するものもあれば、神社近くの土地に多く生息しているからという理由で指定されたものもある。

眷属は、前述の狐のほか、奈良県の春日大社の鹿、京都府の北野天満宮の牛、滋賀県の日吉(ひえ)大社の猿、和歌山県の熊野大社の烏(からす)など神社によってじつにさまざまである。

埼玉県の三峯(みつみね)神社、東京都の御嶽(みたけ)神社の眷属は狼である。犬の祖先で「神犬」とされたことから「お犬さま」と呼ばれ、親しまれている。日本狼はすでに絶滅してしまったが、いまも神の使いとして信仰のなかに生きている。

稲荷神社の神使はなぜ狐なのか

狐が稲荷神社の神の使いとされるのは、田の神信仰と深く関わっているためである。

稲の穂が実るころになると、山から狐が降りてきて、人里で目撃されることが多かった。豊穣をもたらす山の神が里へ降りてくると、田の神である稲荷神になると信じられていたことから、狐は稲荷神の使いであると考えられたのである。あるいは、稲荷神社の祭神・宇迦之御魂神(うかのみたまのかみ)は御饌津神(みけつかみ)とも呼ばれたが、この御饌津神の名を御狐神と書き間違えたことから、稲荷神社と狐が結びついたという説もある。

おもな神社の眷属と由来

北野天満宮
眷属　牛
由来　祭神菅原道真の干支が牛であったことにちなむ。

伏見稲荷大社
眷属　狐
由来　御饌津神（みけつかみ）が転じて御狐神となった、仏教の荼枳尼天（だきにてん）の乗り物が狐だった、などが由来。

日吉大社
眷属　猿
由来　大山祇神（おおやまつみのかみ）の妻の化身とされる、比叡山に生息する猿にちなむ。

石清水八幡宮
眷属　鳩
由来　宇佐八幡宮から八幡神を勧請した際、船の帆に金の鳩が現われたことにちなむ。

三峯神社
眷属　狼
由来　江戸時代、秩父の山中に棲息する狼が災厄から守る神として解釈される。

春日大社
眷属　鹿
由来　祭神武甕槌神（たけみかづちのかみ）が鹿島神宮から鹿に乗って鎮座したことによる。

熊野大社
眷属　烏
由来　神武（じんむ）天皇が大和に上陸した際、その先導役を八咫烏（やたがらす）がつとめたことによる。

神道豆知識

狐は口に何をくわえている？

稲荷神社の狐像のなかには、何かを口にくわえている像がある。一体何をくわえているのかというと、食物を司る神・宇迦御魂神（うかのみたまのかみ）にちなみ、農耕にまつわるものが多い。

たとえば、穀霊を表わす玉や、稲を刈る鎌、穀物を保管する蔵の鍵などじつにさまざまである。そのほか、経典の巻物や仏法具の如意宝珠（にょいほうじゅ）をくわえていることもある。これは、日本で仏教の荼吉尼天と稲荷神が習合した影響によるものだ。

手水舎――一般参拝者が行なう簡略化した禊

穢れはもっとも忌むべきものという考え

拝礼前に心身を清めるための場所、それが手水舎である。神社参拝の際には、まずここに立ち寄り、手や口をすすいでから参拝するのがマナーだ。

神道では、穢れを忌むべきものとして扱う。

穢れとは、「気枯れ」「気離れ」のこと。つまり気力が著しく衰えている状態を指すともいう。

穢れは死や動物などの血肉に接したり近づいたりすることで身についてしまうとされ、穢れたままの状態で神に近づくことは禁忌とされた。

そのため、神に拝礼する前には心身を清める必要があったのである。これを禊という。たとえば神職は、祭祀の前には一定期間忌籠りをし、心身を清浄にしてから臨んでいる。

日本神話によると、火の神を産んで亡くなった妻の伊弉冉尊に会いに黄泉の国へ出かけた伊弉諾尊が、黄泉の国でついてしまった死の穢れを祓うために筑紫の日向の橘の小戸の阿波岐原で、身につけていたものをすべて脱ぎ捨て、水のなかへ入った。

これが禊の由来であるとされている。

手水舎の起源

かつては、神社の近くにある川や海などで心身を清めていた。そういった風習が簡略化され、境内に手水舎が設けられるようになったのである。

手水舎の水は、大きな水盤や自然石に注がれる。自然石には、「洗心」という文字が刻まれていることが多い。これは、「手を洗い、心を洗う」という意味である。

また、その水口に、神の使いを使用しているところも多い。たとえば、奈良の春日大社では鹿を、京都の岡崎神社では兎を用いている。

なお、伊勢神宮では、五十鈴川に御手洗場を設け、そこで心身を清めてから参拝する。古来の禊の風習が、いまに息づいているのである。

心身を祓い清める手水舎

参道に置かれている手水舎の水盤には、常に清浄な水がたたえられている。神前に立つ前に、ここで日常生活の穢れを落とし、心身を祓い清めるのがマナー。もともとは自然の川や湧水を利用していた。

手水の作法

1．右手で柄杓（ひしゃく）を持って水を汲み、左手を清める

※柄杓で水を汲むのは一度だけにする

2．左手に柄杓を持ち替え、右手を清める

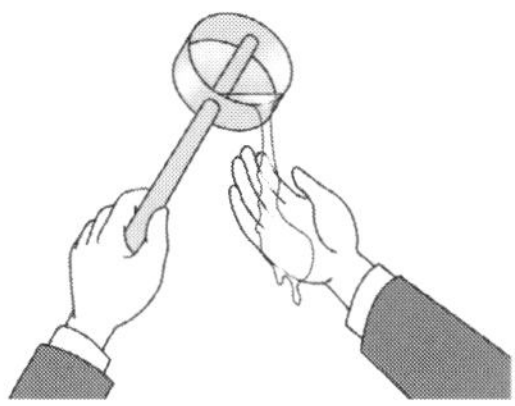

3．再び右手に持ち替え、左の手の平に水を溜め、口をすすぐ

※柄杓に直接口をつけない。水は飲み込まずに吐き出す

4．最後に左手を清め、柄杓の柄を清めて元に戻す

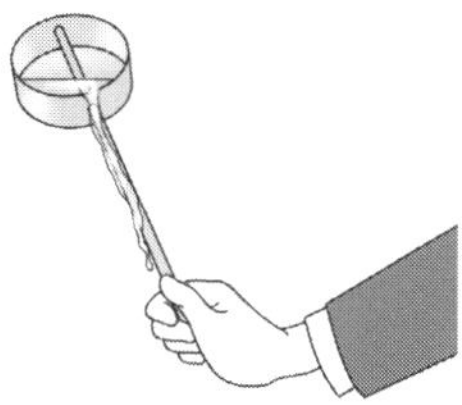

神輿 ―― 華麗な装いが施された神の乗り物

天皇の乗り物が起源

全国各地で行なわれる祭りに欠かすことができない神輿。神輿は、「しんよ」とも読み、字のごとく、本殿に鎮座している神が、祭りのときに本殿を出て御旅所へと向かうときに乗るものである。その際、神輿が氏子の住む地域内を回ることを神幸という。

神輿の起源は定かではないが、一説に貴人の乗り物だった輿を起源とするという。

なかでも、天皇しか乗ることが許されなかった「鳳輦」や、天皇・皇太子、妃が乗る「葱華輦」が、神々の乗り物として用いられるようになったとされる。

神輿の名が初めて史上に現われるのは、奈良時代の天平勝宝元年（七四九）のこと。東大寺の大仏建立に際して、宇佐神宮の八幡神が来京したとあり、そのとき八幡神の遷座に用いられたのが紫色の輿だったと伝わる。

また、貞観八年（八六六）、祇園社で疫神鎮めの祭りを行なった際、神輿を用いて牛頭天王を勧請したという。

祭りで使う山車と神輿の違い

神輿にはさまざまな形状のものがあるが、もっとも一般的なものは木製で、社殿を小型化したものである。

台と胴と屋根で構成され、胴部は四角形、六角形、八角形、屋根には鳳凰、または葱華（ネギ坊主形の飾り）が飾られる。

また、台には二本の轅がつけられ、大勢の人が担ぎ運べるようにできている。現在は、祭りでこのような神輿を数多く見ることができる。

一方、山車も祭りに欠かすことはできない。

山車とは、神の依り代である山を巡行させるための車のことで、山から神を迎えるために引かれるものである。

京都・祇園祭では、八坂神社の神輿を迎える際に山車や山鉾の巡行が行なわれ、夏の風物詩となっている。

神輿の構造

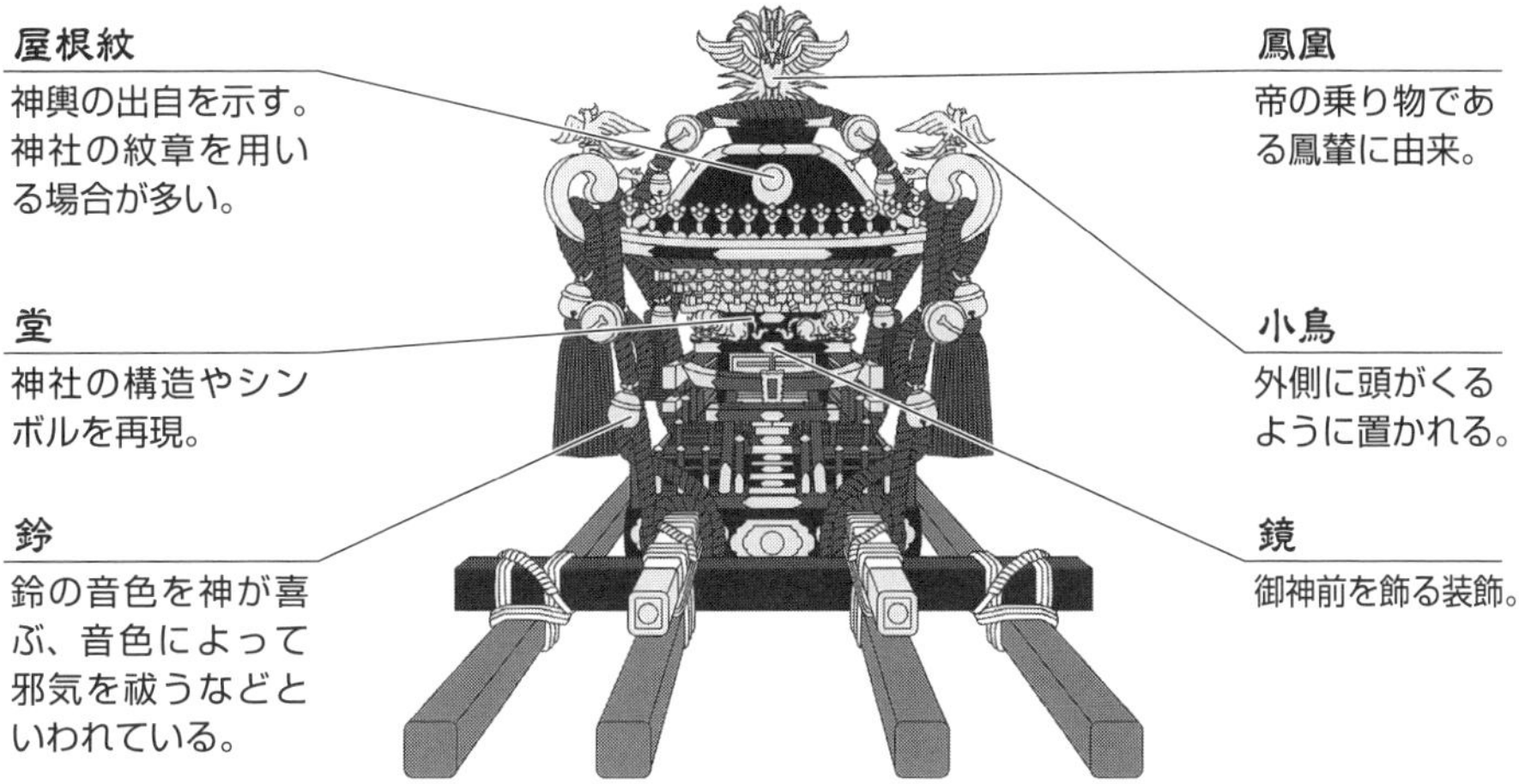
屋根紋
神輿の出自を示す。神社の紋章を用いる場合が多い。
堂
神社の構造やシンボルを再現。
鈴
鈴の音色を神が喜ぶ、音色によって邪気を祓うなどといわれている。
鳳凰
帝の乗り物である鳳輦に由来。
小鳥
外側に頭がくるように置かれる。
鏡
御神前を飾る装飾。

各地に伝わるおもな神輿神事

灘のけんか祭（兵庫県姫路市）
堂を布で覆った神輿を担ぎ、ほかの神輿とぶつけあう神事。ぶつかり合いが激しいほど、神意にかなうとされている。
祇園祭（京都府京都市）
平安時代、疫病を鎮めるために日本全国の国の数と同じ66本の鉾をつくらせ、それを神泉苑に送って悪疫を封じ込む御霊会を行なったことに端を発する。現在は33基の山鉾が町を巡行する。
白瀑神社例大祭（秋田県山本郡）
神輿を担いで町内を練り歩いたのち、神輿を担いだまま神社裏手にある滝壺に入り、神輿ごと滝のしぶきを浴びる。五穀豊穣と家内安全を祈願。
貴船祭（山口県周南市）
神官の先導で、神輿を担いだまま海を渡る（みそぎ神事）。海上交通の安全と豊漁を祈願して行なわれる。
みこし渡し（高知県四万十市）
白岩神社の神を移した神鏡を八坂神社に迎えた翌日、白岩神社と八坂神社の神を乗せた神輿を川舟に乗せて川を渡り、白岩神社へ神を返す。
三社祭（東京都台東区）
正和元年（1312）、神輿の船の祭礼を行なうよう神託が下り、三社祭が行なわれるようになったという。最終日の日曜日、本社の宮神輿3基が各町会を渡御する。
大原はだか祭（千葉県いすみ市）
祭りのハイライトである「汐ふみ」は、十数基の神輿が一斉に海へとなだれ込み、もみあう勇壮な神事となっている。

天孫降臨（てんそんこうりん）

ついに地上へと降り立った高天原（たかまがはら）の神々

天孫と国津神（くにつかみ）の娘の結婚

大国主神（おおくにぬしのかみ）より国譲りがなされると、いよいよ天照大御神（あまてらすおおみかみ）の子・天之忍穂耳命（あめのおしほみみのみこと）が降臨する準備が整った。

ところが、天之忍穂耳命は邇邇藝命（ににぎのみこと）という子が産まれたため、自分の代わりにこの子を降臨させるよう天照大御神に申し出た。こうして天照大御神の孫にあたる邇邇藝命が地上に降臨することになったのである。

邇邇藝命が諸神を従え、いざ地上へ降り立とうとしたところ、突然辺り一帯を光輝かせる異形の神が一行の前に立ちはだかった。天宇受売命（あめのうずめのみこと）がその名を問いただしたところ、その神は自らを国津神の猿田毘古神（さるたひこのかみ）だと名乗り、天孫を先導するためにやってきたのだと答えた。

こうして一行は、猿田毘古神の先導を得て、筑紫（つくし）・日向（ひむか）の高千穂（たかちほ）の峯（みね）へと降り立ったのである。そしてこの地を気に入った邇邇藝命は、宮を建て、住居とした。

あるとき、邇邇藝命は笠沙（かささ）の岬で国津神・大山津見神（おおやまづみのかみ）の娘・木花之佐久夜比売（このはなのさくやびめ）と出会う。その美しさに一目ぼれした邇邇藝命は、彼女に結婚を申し入れた。これに喜んだ大山津見神は姉の石長比売（いわながひめ）も送ってよこしたが、石長比売が醜かったため、邇邇藝命は彼女を送り返してしまう。大山津見神は「御子は木の花が咲くがごとく栄えるが、その命ははかなく尽き果ててしまうでしょう」との言葉を送った。

かくして邇邇藝命は、木花之佐久夜比売を妻とした。すると彼女が一夜で懐妊したため、邇邇藝命は「どこかの国津神の子ではないか」と疑った。木花之佐久夜比売は邇邇藝命のこの行為を嘆き、「それなら火のなかで産みます。私に偽りがなければ無事に産まれるはずです」と火中出産を申し出た。まもなく、炎が燃え盛るなかで、木花之佐久夜比売は火照命（ほでりのみこと）、火須勢理命（ほすせりのみこと）、火遠理命（ほおりのみこと）という３人の御子を無事に出産したのであった。

※表記は『古事記』による

第四章

参拝の基礎知識

参拝の作法――神に対面するために定められた心得

鳥居をくぐったらそこは神の領域

神社を参拝する際に、まず向かうことになるのが鳥居である。

鳥居をくぐる際は、その前で一旦立ち止まって姿勢を正し、帽子をかぶっていたらそれを取って一礼をする。神社によっては、一の鳥居、二の鳥居と、いくつもの鳥居が立っていることがある。鳥居をくぐる前には、その都度、一礼して進みたい。できれば、一の鳥居から順にすべての鳥居をくぐり、拝殿に向かう。

鳥居をくぐったのち参道を歩くわけであるが、その際は、真ん中を歩かないように注意したい。参道の真ん中は、「正中」といって神の通り道であり、人がそこを歩くのは非礼にあたる。参道では端を歩くのが、正しい作法なのである。

身を清めて「二拝二拍手一拝」が基本

参道を進むと、途中に手水舎が置かれており、清らかな水をたたえた水盤と柄杓が用意されている。参拝前には、ここで身を清めるのが作法である。

まずは右手で柄杓を取って水を汲み、それを左手にかけて洗い清める。次に柄杓を左手に持ち替え、右手を清める。もう一度、柄杓を右手に持ち、左の手のひらに水を受け、それで口をすすぐ。そして左手を清め、柄杓を垂直に立てて流れる水で柄杓を洗い清めたら、元の場所に柄杓を伏せて戻す。

こうして心身を清めたのち、いよいよ拝殿へと向かう。大抵の神社には拝殿の前に賽銭箱が置かれ、鈴が吊るされているので、賽銭箱に賽銭を入れ、鈴を鳴らしたのち、拝礼を行なう。鈴の音には、邪気を祓い、神を招く力があるとされている。

拝礼は、姿勢を正し、二度礼をし、二度柏手を打ち、一度礼をする「二拝二拍手一拝」が一般的な作法となっている。

神社によって異なるところもあるが、身を清めて、神を敬う心で参拝することが何よりも大切なのである。

神社参拝の手順

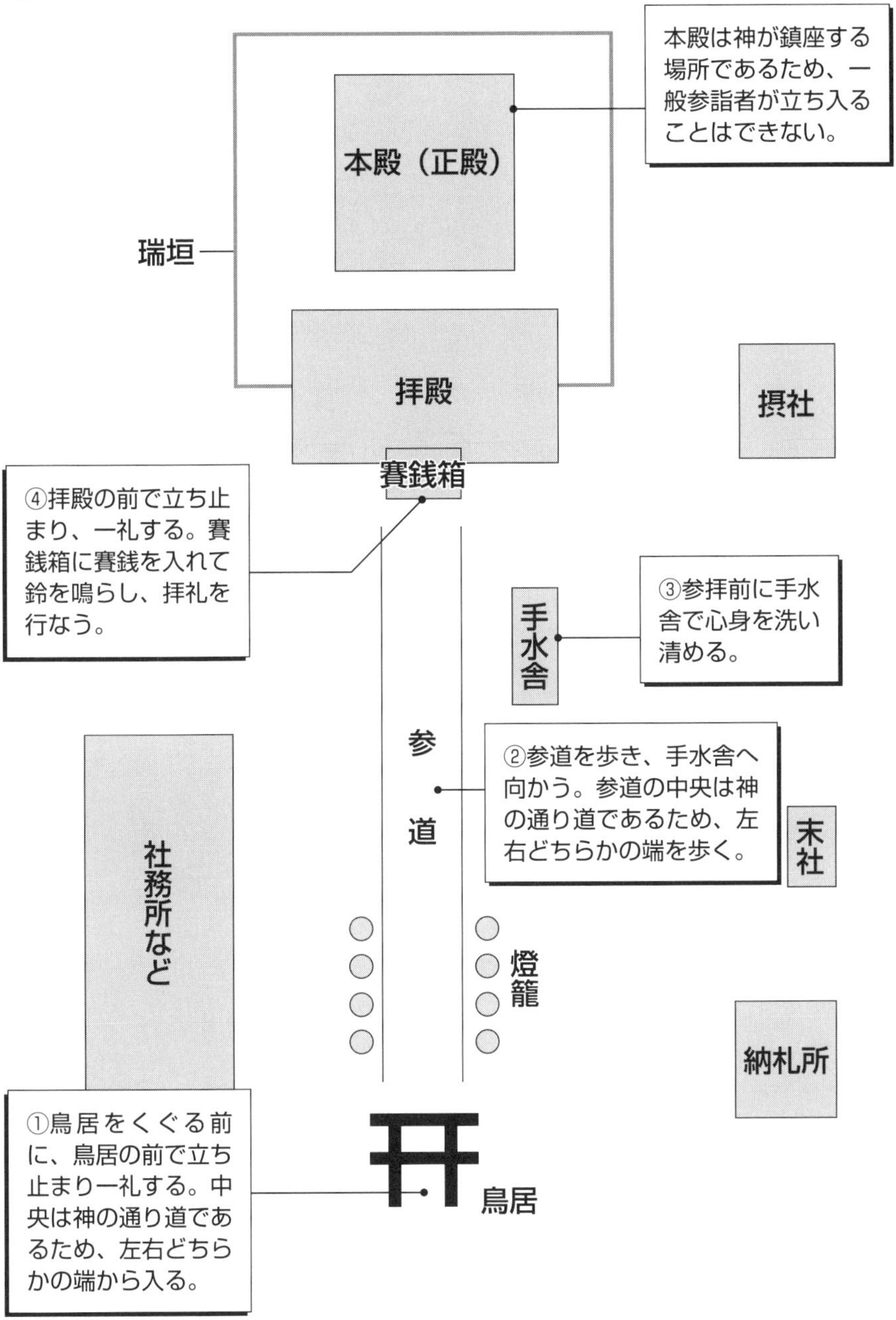
本殿は神が鎮座する場所であるため、一般参詣者が立ち入ることはできない。
本殿（正殿）
瑞垣
拝殿
摂社
賽銭箱
④拝殿の前で立ち止まり、一礼する。賽銭箱に賽銭を入れて鈴を鳴らし、拝礼を行なう。
手水舎
③参拝前に手水舎で心身を洗い清める。
参道
②参道を歩き、手水舎へ向かう。参道の中央は神の通り道であるため、左右どちらかの端を歩く。
末社
社務所など
燈籠
納札所
①鳥居をくぐる前に、鳥居の前で立ち止まり一礼する。中央は神の通り道であるため、左右どちらかの端から入る。
鳥居

賽銭（さいせん）
——本来は秋の収穫を神に感謝するためのお供えだった

もともとは米だった賽銭

お参りの際には、賽銭箱に金銭を投げ入れ、神にお願い事をする。このとき、「ご縁」があるようにと、五円玉を賽銭にする人も多いだろう。

しかし、もともと賽銭は金銭ではなかった。

古くは、神前に農作物や海の幸、山の幸を供えてきたのである。なかでも、米をもっとも重要視してきた。

米は天照大御神によって授けられた神聖なものとされる。人々はその恵みに感謝し、収穫した米をお供えすることで、翌年の豊作を願ったのである。

その際、米は白紙に巻いて包み、「おひねり」として供えた。

米を白紙に包んで供える習慣は、いまも残っている。また、金銭を「初穂料」として神社に奉納するのも、米を供えていた頃の名残である。

金銭を供えたのは室町時代から

その後、貨幣経済が発達するなかで、米ではなく金銭を供えるようになった。

平安時代の天台宗の僧・円仁が記した『入唐求法巡礼行記』によると、中国では九世紀に仏前への散銭が一般化したという。日本では、遅れて室町時代以降に盛んになり、紙に包まず、そのまま銭を神仏の前に投げるようになったといわれる。

賽銭箱の起源ははっきりしていないが、室町時代の僧・快元の『快元僧都記』には「天文九年（一五四〇）に、鎌倉の鶴岡八幡宮に散銭櫃が置かれていた」とあることから、やはり室町時代には大きな神社に賽銭箱が置かれていたことがわかる。その後、貨幣社会の浸透とともに各地の神社の社殿前に賽銭箱が置かれていったという。

賽銭箱の形状は、一般的には長方形で、上部が梯子状になっているものが多い。これは、古来、神前に海や山の幸を供えた形にちなむといわれる。

賽銭の変遷

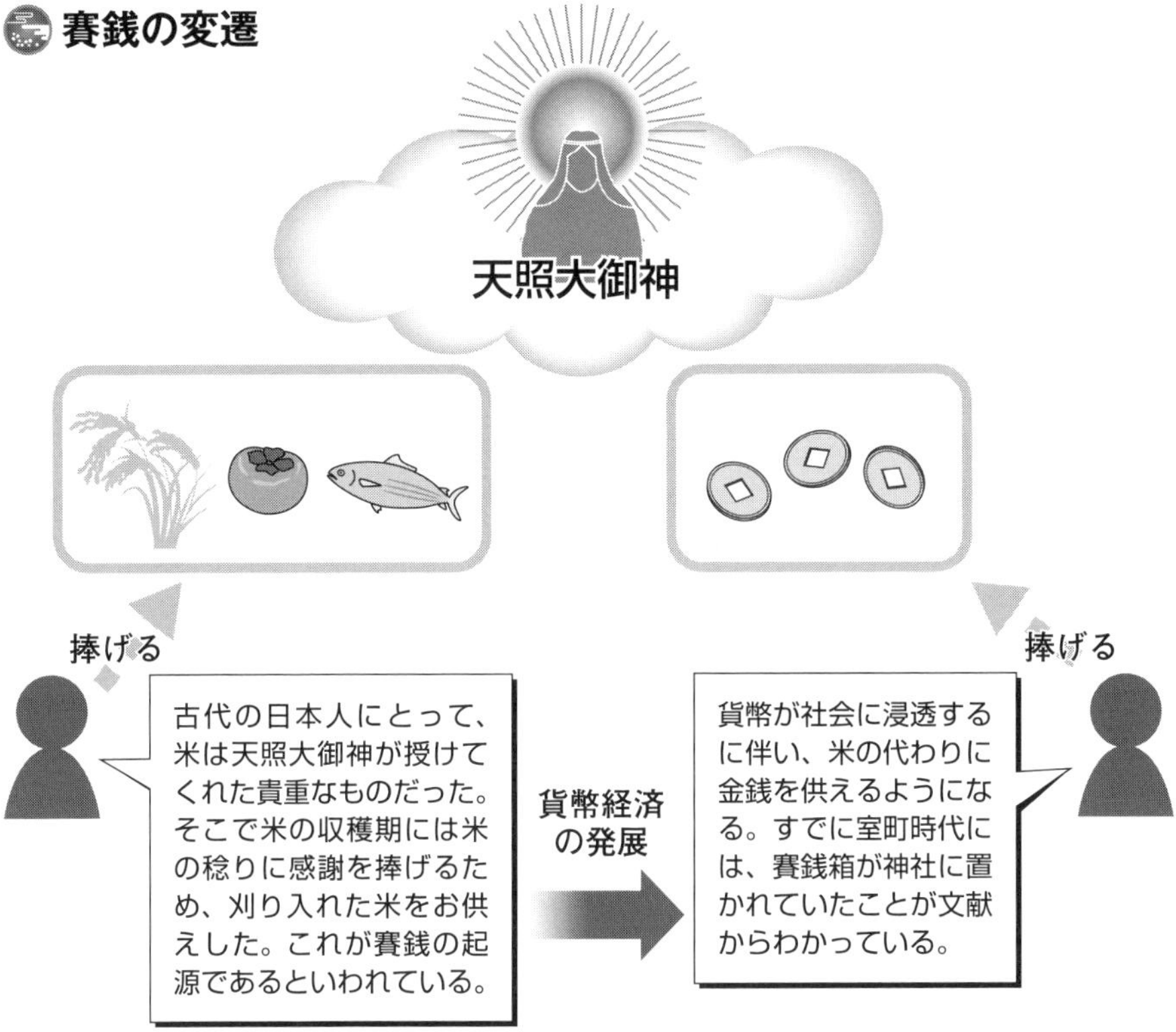
天照大御神
捧げる
捧げる
古代の日本人にとって、米は天照大御神が授けてくれた貴重なものだった。そこで米の収穫期には米の稔りに感謝を捧げるため、刈り入れた米をお供えした。これが賽銭の起源であるといわれている。
貨幣経済の発展
貨幣が社会に浸透するに伴い、米の代わりに金銭を供えるようになる。すでに室町時代には、賽銭箱が神社に置かれていたことが文献からわかっている。

祭祀時に神前に捧げるもの

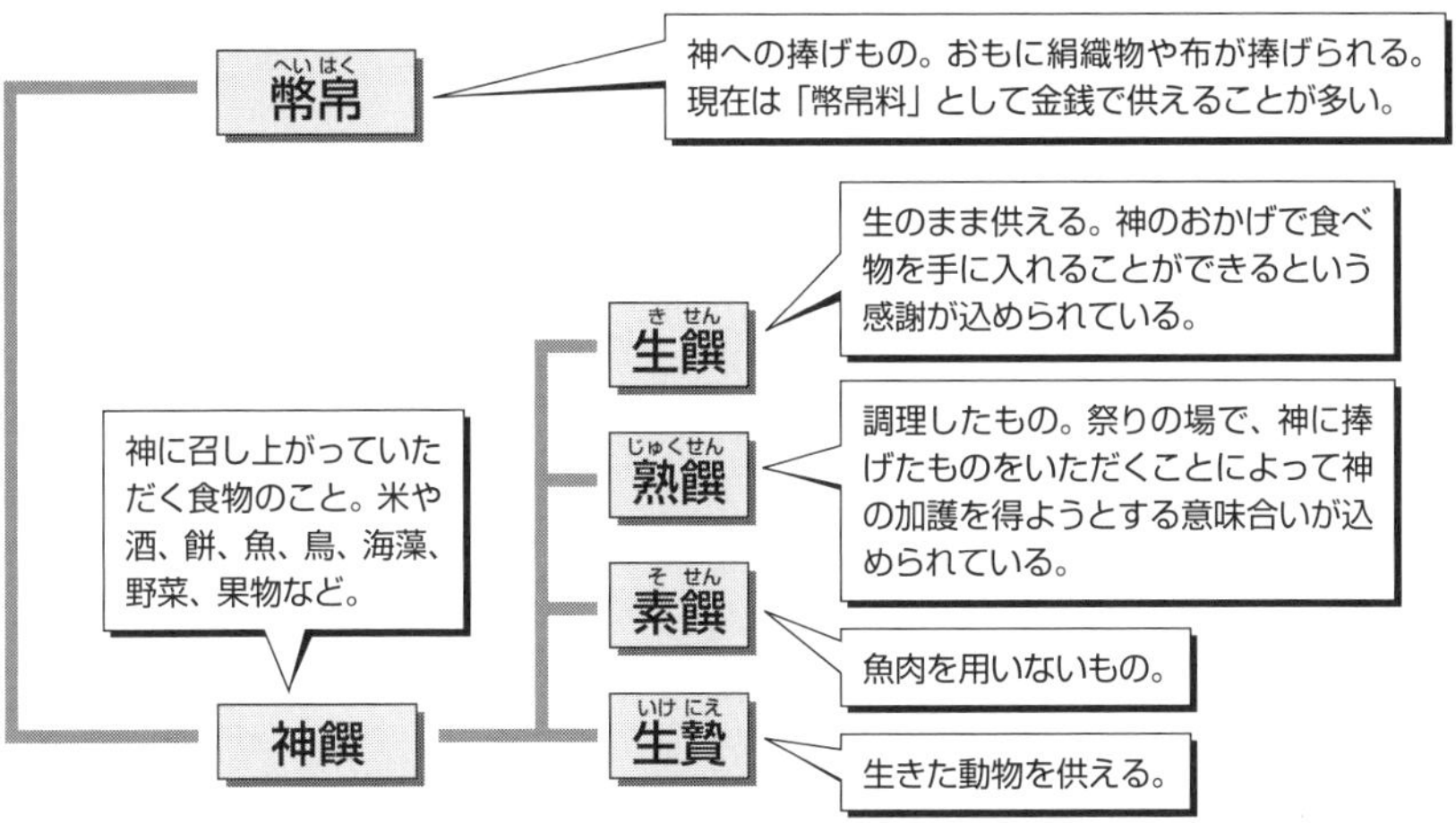
幣帛（へいはく）
神への捧げもの。おもに絹織物や布が捧げられる。現在は「幣帛料」として金銭で供えることが多い。
神饌
神に召し上がっていただく食物のこと。米や酒、餅、魚、鳥、海藻、野菜、果物など。
生饌（きせん）
生のまま供える。神のおかげで食べ物を手に入れることができるという感謝が込められている。
熟饌（じゅくせん）
調理したもの。祭りの場で、神に捧げたものをいただくことによって神の加護を得ようとする意味合いが込められている。
素饌（そせん）
魚肉を用いないもの。
生贄（いけにえ）
生きた動物を供える。

玉串の捧げ方

――祈念を込め、神威を受けるために奉納する榊

玉串を捧げる意味とは

神事の際、神への捧げものとして用いられるのが玉串である。玉串とは、榊の小枝に紙垂や木綿（クワ科の落葉樹・楮の樹皮の繊維からつくった糸）をつけたもので、神への真心を示すとともに、神とのつながりを確認するためのものである。

この玉串を神前に捧げて拝礼することを玉串拝礼という（玉串を捧げる手順については、左図参照のこと）。

玉串の起源は天石屋戸神話に求められる。

石屋に籠ってしまった天照大御神の出御を仰ぐために行なわれた神祭りのときに、根つきの榊の上枝に玉を、中枝に鏡を、下枝に白和幣（和幣は、麻や絹などで織り上げた、神に捧げるための布のこと）・青和幣をかけて石屋に捧げた。

本居宣長はこの神話から、玉串を「手向串」と説き、玉串とは、神に誠心を捧げ、祈願の意を込めて神前に手向けるものであると解している。

神の世界との境を示す木

そんな神聖な玉串に用いられる榊は、ツバキ科サカキ属の常緑樹のことである。

もともとは神の世界との「境木」であり、俗界と聖域の境界に生育する聖なる樹木であると考えられた。それが転じて「榊」となったのである。

なお、榊は「神（神）」と「木」を組み合わせてつくられた日本製の漢字だ。

丸みを帯びた、つややかな緑の葉を一年中保つことから、神の変わらぬ生命力の恵みを受けることができるとして、神事に欠かすことができないものとして重宝されるようになった。

また、家庭においても、榊は神棚へ供えるものとして欠かすことはできない。

なお、榊の生息しない寒冷地では、杉や樅といった常緑樹を代用として用いている。

玉串の捧げ方

1 神職から玉串を受け取る。このとき、左手で下から受け取り、右手を上から添える

2 神前に進み、案（机）の前で一礼し、玉串の先を時計回りに90度回す

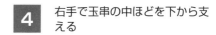

3 神前に置かれた案の前に進み、一礼。玉串の枝の根元を両手で持ち、祈念する

4 右手で玉串の中ほどを下から支える

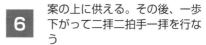

5 時計回りに180度回転させ、玉串の枝の根元を神前に向ける

6 案の上に供える。その後、一歩下がって二拝二拍手一拝を行なう

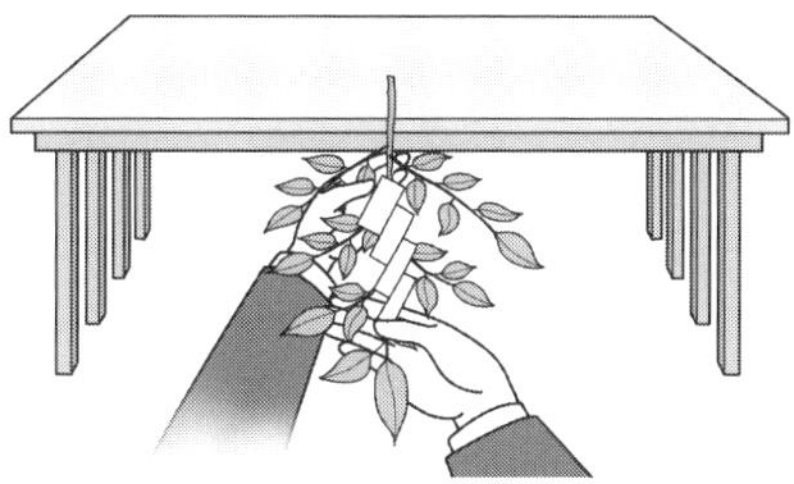

おみくじ

——今後の行く末を神に仰いだ人々の思い

国家の政策もおみくじで決めた

参拝後、おみくじを引いて、その結果に一喜一憂するのも楽しいものだ。

現代のおみくじは個人の運勢を占うものだが、「神籤」と書くように、もともとは神意をうかがうためのものだった。古代社会においては、占いによって国の政治や人事を決めたり、その年の作柄や天候を予測したりする習慣があった。たとえば、亀の甲羅を火であぶり、ひびの割れ方で吉凶を判断する亀卜や、熱湯に手を入れて、人の正邪を神に問う盟神探湯という占いが行なわれていた。

おみくじもこのような占いのひとつで、『日本書紀』の斉明天皇四年（六五八）の条には、有馬皇子が謀反の吉凶を「ひねりぶみ」で占ったと記されている。「ひねりぶみ」とは、紙片か木簡でつくったくじのことである。

現在のような形式のおみくじが考案されたのは、平安時代のことだとされる。天台宗の僧・良源が人の運勢や吉凶を百の漢詩（五言絶句）に表わしたものが、社寺に取り入れられて発展した。これを元三大師百籤という。

その後、江戸時代に入り、同じく天台宗の僧・天海が元三大師百籤を改良し、一から百までの番号を振り、引いた番号の文面で占うというおみくじの形式に仕立て直した。これが広く庶民に広まることとなり、現代へと受け継がれていった。

おみくじを神社の木に結ぶのはなぜか？

おみくじを引いたあと、神社の境内にある木に結んで帰る習慣がある。吉が出たなら持って帰り、凶が出たら結ぶという人もいる。これも江戸時代からの習慣である。結ぶことで凶が転じ、厄が払われると考えられたことにちなむものだ。

もっとも、おみくじの内容は神から伝えられたものであるから、吉凶にかかわらず持ち帰って読み返し、その後の行動の指針にするとよい。

おみくじで縁起が良い順番

7段階の場合

縁起が良い ←→ 悪い

大吉	中吉	小吉	吉	末吉	凶	大凶

12段階の場合

縁起が良い ←→ 悪い

大吉	中吉	小吉	吉	半吉	末吉	末小吉	凶	小凶	半凶	末凶	大凶

引いたおみくじはどうすればよいか

1. おみくじに記されている教訓を生活指針とする

おみくじは、ただ単に吉凶を占うだけのものではなく、神からの言葉が記され、加護が秘められている。そのため吉凶にかかわらず、おみくじに記されている内容を自分の行動指針とし、のちにお礼参りをして納めるとよい。

2. 境内に結びつける

神と縁を結ぶため、おみくじを境内に結ぶようになったのだという。また、凶が吉に転じるよう祈願したり、さらなる神の加護を願ったりする場合に、境内に結びつける。

かつては境内の木々に直接結びつけられていたが、木を傷めないよう、いまでは「おみくじ結び所」が指定されている神社が多い。

お守り――あらゆる災厄から身を守るために着用した神の分霊

神が宿ったものを身につける

参拝した折には、お守り(まも)を求める人も多いだろう。お守りには神霊が宿っており、これを身につけることで、さまざまな災厄から身を守ってくれる。

このような風習は、はるか昔から見られるものである。古代の日本人は、神が依(よ)りつくとされる物をお守りとした。それは、刀や鏡、勾玉(まがだま)、米、宝石などじつにさまざまである。それらを身につけることにより、神霊の力を得、災厄を除こうとしていた。

その後、六世紀に仏教が伝来すると、平安時代頃から仏寺で呪符(じゅふ)が配布されるようになり、神社でも護符(ごふ)やお守りがつくられるようになった。神社のお守りには社名、神名、祈禱(きとう)文が書き込まれており、人々の間でこれをありがたがる風潮が生まれた。そうしてお守りの信仰が、急速に広まっていったのである。

小さな袋でも神と同じように扱う

現在、神社のお守りは、護符や神札を守袋に入れた懸守(かけまもり)など、さまざまな種類がある。それらのお守りは神職が作成し、神前にお供えして祈禱を捧げたもので、小さくても神の霊力が宿っている。

そこで、数えるときは御神体のときと同様に「一体、二体……」とする。

神道豆知識　お守りの期限

お守りやお札は毎年新しく受けるものとされている。普通、正月に受けることが多いが、旅行などで受けた場合には、約1年を目安に持っていよう。

古くなったお守りやお札は、神社に返納するとよい。

本来であれば、そのお守りを授かった神社に返納すべきだが、遠方の神社で授与された場合は、近くの神社に納めさせてもらうとよいだろう。その際は、きちんと神にその旨をお祈りしてからにする。

納められた古いお守りは、お札とともに神職が祝詞(のりと)をあげて焚き上げ、焼納する。これが、お焚き上げ、左義長(さぎちょう)、どんど焼きなどと呼ばれる行事である。

お守りの変遷

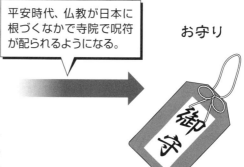

平安時代、仏教が日本に根づくなかで寺院で呪符が配られるようになる。

勾玉

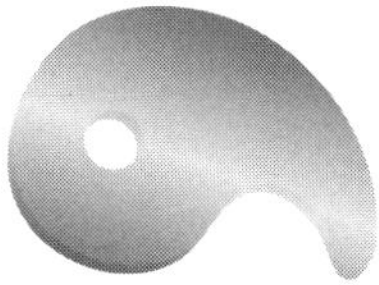

古代日本人は、人間の霊魂を「タマ」と捉え、丸い形状の宝玉に依りつくと考えていた。なかでも勾玉は、霊魂が飛び回っている様子を表わしたものだとされ、これを身につけていれば神霊の助けを得ることができるとされた。

お守り

御守

仏教の呪符の影響で、鎌倉時代には神社でお札やお守りを配布するようになった。

神社に関するものの数え方

名称	助数詞
お守り	体
お札	体
神像	体
神輿	基
石燈籠	基
几帳	基
神社	社
祭神	柱

神の霊力が宿ったもの

お守り

お札を小さくしたもの。神の分霊が宿る。常に身につけることで、あらゆる災厄から守られる。

お札

神札、護符などと呼ばれる。神の分霊が宿る。家内安全や商売繁盛などを願う。

破魔矢

もともとは、その年の豊作の吉凶を占う神事で用いられていた。江戸時代になり、魔除けの縁起物となる。

神符

木や紙に、神社の祭神や神使などの図像や文字が記されたもの。

絵馬

——神の降臨を願い、奉納された神馬

もともとは本物の生きた馬だった

神社に行くと、木製の板に願い事を記した絵馬が奉納されているのを見ることができる。ことに受験シーズンには、合格祈願の絵馬がずらりと並び、季節の風物詩にもなっている。

かつては、絵馬ではなく、生きた馬を神に捧げていた。「神馬」という言葉があるように、馬は神の乗り物として神聖視されていたのである。そのため、祭祀や祈願のときには馬を奉納し、神の降臨を願った。

たとえば、祈雨のときには黒馬を、止雨のときには白馬を奉納した。奈良県の丹生川上神社には、天平宝字七年（七六三）から仁和三年（八八七）までの間に、黒馬が二十一頭、白馬が十九頭奉納されたという。

しかし、祭祀のたびに生きた馬を奉納するのは容易なことではなかった。

そこで、木や土でつくった馬の像を奉納するようになり、やがてはそれを簡略化し、木の板に馬の絵を描いて奉納するようになったのである。

描かれているのが馬でなくても「絵馬」

奈良時代の遺跡（静岡県浜松市の伊場遺跡や、奈良県大和郡山市の稗田遺跡など）から絵馬が出土していることから、すでにこの頃には絵馬を奉納する習俗があったと考えられている。

現代のように、さまざまな図像が見られるようになったのは鎌倉時代以降のことだとされる。絵馬に神像や神の持ち物、神の使いなどが描かれるようになり、また、一般庶民の間にも絵馬を奉納する習慣が広まっていった。安土・桃山時代には、絢爛豪華な文化の影響を受け、狩野派の画家などが絵を描いた華麗な絵馬が流行した。

江戸時代になると、絵馬が小型化し、現代に近い形となる。縁結びや商売繁盛など、市井に生きる人々の願望が反映されたものが多く、それらは現代にも通ずるものがある。

絵馬の変遷

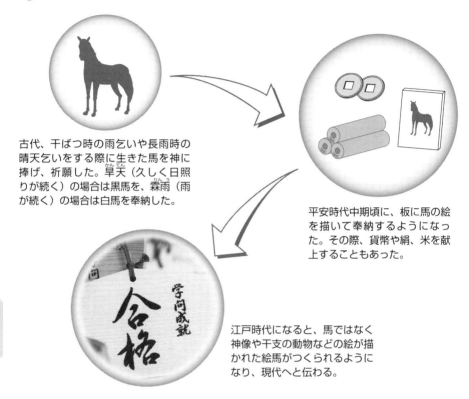

古代、干ばつ時の雨乞いや長雨時の晴天乞いをする際に生きた馬を神に捧げ、祈願した。旱天（久しく日照りが続く）の場合は黒馬を、霖雨（雨が続く）の場合は白馬を奉納した。

平安時代中期頃に、板に馬の絵を描いて奉納するようになった。その際、貨幣や絹、米を献上することもあった。

学問成就
合格

江戸時代になると、馬ではなく神像や干支の動物などの絵が描かれた絵馬がつくられるようになり、現代へと伝わる。

絵馬の書き方

住所、氏名、年齢を記入する。

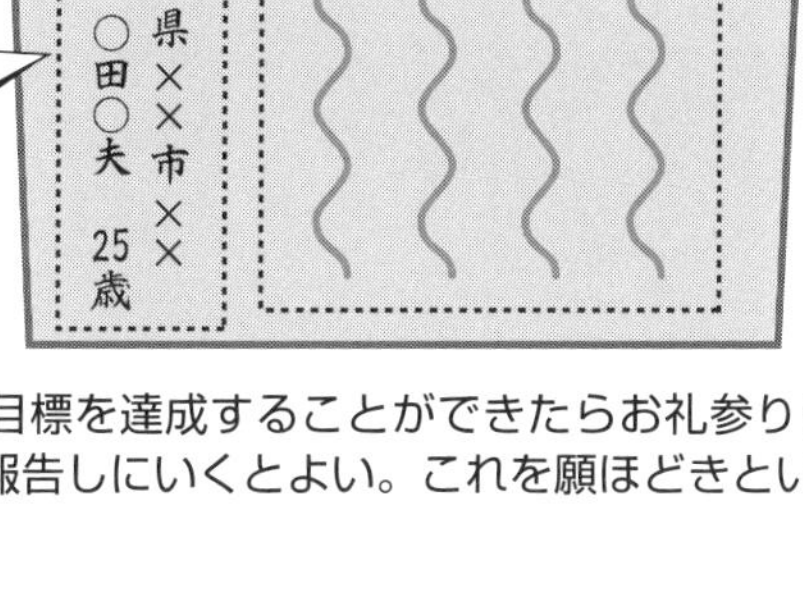
××県××市××
○田○夫
25歳

自分の達成したい目標を具体的に書く。神に対して目標を宣言し、それを見守っていてくれるよう祈願する。

絵馬を奉納したのち、目標を達成することができたらお礼参りに行く。たとえ達成しなくても、ことの結果を報告しにいくとよい。これを願ほどきという。

神酒
——神を喜ばせる、神事には欠かせない飲み物

神と人、人と人を結びつける

神事において、神酒（みき）は欠かすことができない飲み物である。

酒は米から醸造（じょうぞう）されることから、神に供える神饌のなかでもとくに重要視されてきた。伊勢神宮など由緒のある社のなかには、境内に酒殿を設け、神酒を醸造しているところもある。

また、神に捧げた神酒を人がお下がりとしていただくことで、神と人とを結びつけると考えられた。神前結婚式における三三九度（さんさんくど）の儀礼や、親族固めの盃などで神酒が用いられるように、人と人とを結びつける働きも担っているのである。

酒を司る神たち

酒は、周知の通り気温や湿度に大きく左右されるため、同じ製法でも毎年質が異なる。

古代の人々はそこに神の力を感じ、酒は神が司るものだと考えた。日本神話によると、木花開耶媛命（このはなさくやびめのみこと）が、狭名田（さなだ）の稲でつくった天甜酒（あまのたむけざけ）が酒の始まりだとされている。

また、各地の酒蔵では「松尾様（まつのお）」という神を祀っているところが多い。

これは、京都の松尾大社の境内の奥にある湧き水「亀井の水（かめのい）」を醸造時に混ぜると、酒が腐らないと伝えられていることにちなむ。松尾大社も酒造技術を伝えた人々の信仰を受けていたため、いまも全国の蔵元の崇敬を集めている。

また、『日本書紀』崇神（すじん）天皇紀によると、大和（やまと）の大神（おおみわ）神社の神主が、天皇に神酒を献上した折に「このみきは　わがみきならず　やまとなす　おほものぬしの　かみしみき　いくひさ　いくひさ」と歌ったという。大神神社はいまも酒造の神として各地の酒蔵から信仰され、新酒ができると、神社から杉玉を受けて店先に飾る風習が伝わる。これは、新酒が完成した合図を意味する。

そのほか、酒解神（さかどきがみ）と酒解子神（さかどきこがみ）を祀る京都の梅宮（うめみや）神社も、酒造の神として崇敬を集めている。

神酒の種類

白酒	白貴ともいう。神田で収穫した米を使用し、醸造する。白濁した酒。
黒酒	黒貴ともいう。久佐木という植物を蒸し焼きにして灰にし、その粉末を白酒に加えてつくる。黒灰色の酒。
清酒	濁り酒の上澄みをすくい取った酒や、絹のようなもので濾した酒のことをいう。すでに飛鳥時代からつくられていたとみられる。
醴酒	甘酒のこと。米、こうじに酒を加えて一夜で醸造することから一夜酒ともいう。

酒の神を祀るおもな神社

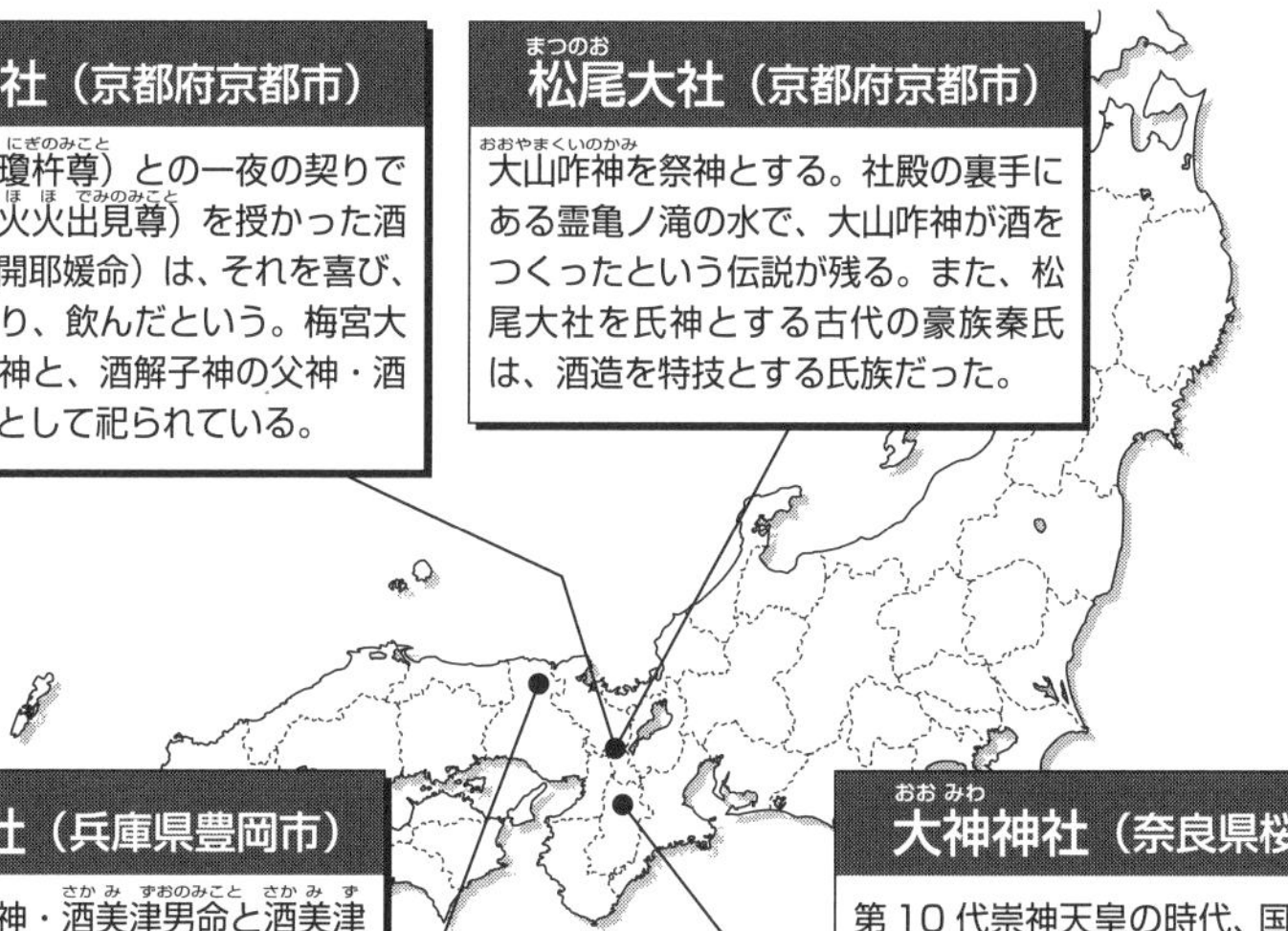

梅宮大社（京都府京都市）

大若子神（瓊瓊杵尊）との一夜の契りで小若子神（彦火火出見尊）を授かった酒解子神（木花開耶媛命）は、それを喜び、天甜酒をつくり、飲んだという。梅宮大社にはこの３神と、酒解子神の父神・酒解神が主祭神として祀られている。

松尾大社（京都府京都市）

大山咋神を祭神とする。社殿の裏手にある霊亀ノ滝の水で、大山咋神が酒をつくったという伝説が残る。また、松尾大社を氏神とする古代の豪族秦氏は、酒造を特技とする氏族だった。

酒垂神社（兵庫県豊岡市）

酒造司の守護神・酒美津男命と酒美津女命を祭神とする。白鳳３年（675）に物部韓国連久々比命という郡司が、五穀豊穣を祈って酒造神・酒弥豆男命を祀ったことに始まるとされる。境内に隣接して酒米をつくった神田がある。また、酒造用水としては奥の谷あいに湧く清水を使用していた。

大神神社（奈良県桜井市）

第１０代崇神天皇の時代、国中に疫病が蔓延した。そのとき、大田田根子を神主として祀らせると疫病が鎮まった。その折、大物主神が酒をつくり、天皇に献上したため、酒造り発祥の地と呼ばれる。現在、酒蔵の軒先に吊るされている杉玉は、大神神社でつくられたものである。

海幸彦と山幸彦

海神の力を借り、兄を屈服させた火遠理命

釣針を巡る争い

邇邇藝命と木花佐久夜比売との間に産まれた子のうち、火照命は海の魚や貝を獲って暮らすようになり、海幸彦と呼ばれた。また、火遠理命は山の動物を獲って暮らすようになり、山幸彦と呼ばれた。

そんなある日のこと、火遠理命は兄の火照命に頼みこみ、お互いの仕事道具、弓矢と釣針を交換した。ところが、兄の釣針を持って漁に出かけた火遠理命は魚を1匹も釣ることができず、それに加えて兄の釣針をなくしてしまうという始末だった。

火遠理命は自分の剣を砕いて釣針をつくり、弁償しようとしたが、火照命は「もとの釣針を返せ」と激怒し、それを受け取ろうとしなかった。

途方に暮れた火遠理命が海辺で泣いていると、そこへ潮の流れを司る神・塩椎神が現われ、海神・綿津見神の宮殿へ行くよう進言する。綿津見神の宮殿にたどり着いた火遠理命は、そこで海神の娘・豊玉毘売と出会い、2人は結婚した。

それから3年の時が過ぎた。綿津見神の宮殿にすっかり住み着いていた火遠理命は当初の目的を思い出し、再び悲嘆に暮れる。事情を聞いた綿津見神は海中の魚を集めて火照命の釣針を見つけ出させると、それを火遠理命に渡した。そして渡すときに「呪文を唱えながら後ろ手で返す」よう、助言したのだった。こうして兄の釣針を持って地上に帰った火遠理命は、綿津見神の助言に従って呪いの言葉とともに釣針を兄に返した。そして兄を屈服させ、火照命を配下としたのである。

その後、火遠理命のもとに、身重の豊玉毘売が現われて出産した。その子鵜葺屋葺不合命は叔母の玉依毘売に養育され、やがて2人は結婚。4人の子を儲けたが、その末の息子の若御毛沼命（神倭伊波礼毘古命）が、のち神武天皇として即位する。

※表記は『古事記』による

第五章

日本の神々

伊弉諾尊と伊弉冉尊

——世界と神々を産み成した始祖神

愛する妻を取り戻しに黄泉の国に

伊弉諾尊と伊弉冉尊は、日本の国土と多くの神々を産み出した夫婦神である。「イザナ」は「誘」で、「キ」「ミ」はそれぞれ男性、女性であることを表わす。つまり、互いに誘い合う男女という神格を持っている。

二人は、まず自然にできたオノゴロ島に降り立って国土と神々を次々と産み出した。

しかし、妻の伊弉冉尊は火の神軻遇突智を産んだときに、体を焼かれて死んでしまう。妻の死を嘆いた伊弉諾尊は、妻恋しさから死者の世界である黄泉の国へ伊弉冉尊を迎えに行った。

しかし、そこにいたのは醜く変わり果てた伊弉冉尊だった。これに驚いた伊弉諾尊は慌てて逃げ出し、現世と黄泉の国との境である黄泉比良坂に千引きの岩を置き、二つの国を隔てた。こうして二人は、完全に決別することになった。

その後、地上に戻った伊弉諾尊の身体には、黄泉の国の穢れが多く染みついていた。そこで禊を行なったところ、多くの神々が産まれた。このとき、左の目を洗うと天照大御神が、右の目を洗うと月読尊が、そして鼻を洗うと素戔嗚尊が生まれた。

『古事記』によると、伊弉諾尊は近江の多賀大社に鎮座したとあり、滋賀県の多賀大社では、伊弉諾尊と伊弉冉尊を祭神として祀っている。

また、この二神は夫婦神であることから夫婦和合や縁結び、さらには国土やさまざまな神々を産んだことから安産や繁栄をもたらすとして信仰を集めている。

神DATA	
別称	伊邪那岐命、伊邪那美命
神格	万物を生み成す
神徳	縁結び、延命長寿など
おもな神社	伊弉諾神社（兵庫県淡路市）、多賀大社（滋賀県犬上郡）、三峰神社（埼玉県秩父市）

天照大御神（あまてらすおおみかみ）

高天原の最高神にして皇室の祖神

神々を統べる太陽の女神

天照大御神（あまてらすおおみかみ）は、日本神話における最高神である。

伊弉諾尊の禊の際に誕生した天照大御神は、産まれてすぐに天上界の支配を委ねられた。

ところが、弟の素戔嗚尊が高天原（たかまがはら）で繰り広げた粗暴な振る舞いを悲しみ、天石屋戸（あまのいわやと）にその身を隠してしまった。

すると世界は暗闇に覆われ、災厄が世に満ちた。困り果てた神々は、一計を案じ、天石屋戸の前で盛大な祭りを催し、楽しそうに大騒ぎをしたのである。その騒ぎを聞いて不思議に思った天照大御神は、何事か訊ねてみようと天石戸を少し開き、身を乗り出した。とそこを天手力雄神（あめのたぢからおのかみ）によって引き出され、世界は再び光に満ちたのである。

天照大御神の出現により、秩序が回復し、元の平和な社会に戻る。天照大御神の光のおかげで、活々とした生命を保ち、楽しく生活ができるのである。

その後、天照大御神は地上を統治するために孫の瓊瓊杵尊（ににぎのみこと）を地上に派遣した。そのひ孫が初代神武（じんむ）天皇である。

現在、天照大御神は皇室の祖神と仰がれて、皇室や伊勢神宮で丁重に祀られている。かつては天皇しか幣帛（へいはく）を奉ることはできなかったが、中世以降、庶民の間でも天照大御神への信仰が篤くなり、江戸時代には伊勢参りが盛んに行なわれていった（P30参照）。

神DATA	
別称	天照大神、大日孁貴神（おおひるめむちのかみ）、大日女尊（おおひるめのみこと）、天照坐（います）大神など
神格	太陽神、皇祖神
神徳	国家安穏、天下泰平
おもな神社	伊勢神宮内宮（皇大神宮・三重県伊勢市）、各地の皇大神社、神明社

月読尊（つくよみのみこと）

――夜の世界を統べる三貴神（さんきしん）の一神

月を読むことは日にちを数えること

月読尊（つくよみのみこと）は、伊弉諾尊の禊の際に誕生した三貴子（さんきし）の一柱神で、月神である。

伊弉諾尊から夜之食国（よるのおすくに）を治めるよう委任されているが、日本神話においてはほとんど活躍する場面は描かれていない。

しかし、古代の人々は、月読尊を重要な神であるとして信仰してきた。月読尊のツクは「夜空の月」、ヨミは「読む」で、暦を数えるという意味を持つ。

古代の人々は、月の満ち欠けを数えることで季節を知ってきた。農業や漁業を営む人々にとって、月の動きは生活の指針であり、そのため月読尊を篤く敬ってきたのである。

『日本書紀』には、月読尊が食物と深く関わっていることを示す神話が記されている。

地上に食物を司る神・保食神（うけもちのかみ）がいることを知った天照大御神は、そこに月読尊を派遣した。保食神は月読尊をもてなすため、さまざまな食物を自分の口から出したのだが、月読尊は穢（けが）れたものを食べさせるのかと怒り、保食神を斬り殺してしまう。

すると、殺された保食神の身体から五穀や牛馬、蚕（かいこ）などが生じた。これが食の起源であり、農耕が月神の支配下にあることを象徴している。

なお、この神話は『古事記』では須佐之男命（すさのおのみこと）と大宜都比売（おおげつひめ）の話になっている。

神DATA	
別称	月夜見尊（つきよみのみこと）、月弓尊（つきゆみのみこと）
神格	農耕神、漁業神
神徳	五穀豊穣、大漁祈願など
おもな神社	月読宮（三重県伊勢市）、月夜見神社（青森県深浦町）、月山神社（山形県庄内町）、月読神社（鹿児島県鹿児島市）など

素戔嗚尊（すさのおのみこと）

――善と悪の二面性を持った神

文化の神に成長した乱暴者

素戔嗚尊は、天照大御神と月読尊とともに伊弉諾尊から産まれた三貴子の一柱神である。しかし、素戔嗚尊は父の伊弉諾尊から海の統治を命じられながら、その務めを果たさなかったり、高天原で乱暴狼藉を働いたりと荒ぶる一面を持っていた。

素戔嗚尊のスサは「すさぶ（荒れる）」であり、その名の通りの神格を持っていたのである。

神々によって高天原を追放された素戔嗚尊は、その後、出雲の地に降り立った。すると、泣いている老夫婦とその娘奇稲田姫と出会う。

八つの頭と尾を持つという八岐大蛇に娘を生贄として捧げようとしていることを知った素戔嗚尊は、奇稲田姫を妻とすることを条件とし、八岐大蛇を退治した。

このように、かつての荒ぶる神は、英雄神として大きな変貌を遂げたのである。

その後、素戔嗚尊の系譜から日本の国造りを行なった大国主神が登場するように、素戔嗚尊は天神と国神を結びつける役割を果たしている。

現在は農業や厄除け、家内安全などじつに多彩な利益をもたらす神として信仰を集める。

また、荒ぶる神という性質から、疫神としても信仰され、京都・八坂神社に祀られた。その祭礼は祇園祭として行なわれ、夏祭りの代表とされる。

神DATA	
別称	建速須佐之男命、神須佐能袁命など
神格	農業神、穀物神
神徳	家内安全、商売繁盛、縁結びなど
おもな神社	八坂神社（京都府京都市）、氷川神社（埼玉県さいたま市）、熊野本宮大社（和歌山県田辺市）、全国の氷川神社・祇園社・天王社・八雲社など

天鈿女命

――神楽舞・技芸の祖神

天照大御神が素戔嗚尊の狼藉に憤り、天石屋へと隠れてしまったとき、天照大御神を外に引き出す上で大きな役割を果たしたのが天鈿女命である。

天鈿女命は、神がかりながら胸乳をあらわにし、裳の紐を陰部まで押し下げ、桶を伏せた上で踊り狂った。この踊りは高天原を揺るがすほどの神々の笑いを誘い、これがきっかけで神々は天照大御神を無事石屋から引き出すことができた。天鈿女命の「ウズ」は「髻華」を指す。これは、神事の際に髪に挿す花や草葉のことだ。神を招くための神籬の象徴ともいえる。

一方、天孫降臨の際にも、天鈿女命は大事な役割を果たしている。天孫の道を塞いだ猿田彦命に、名を聞き出すという大役を任されたのである。『古事記』によると、天宇受売命は「汝は手弱女人（か弱い女性）にはあれども、い対ふ神と面勝つ神なり」、つまり敵対する神に対し、少しも気後れしないと評されたため、天照大御神から命を受けた。そして猿田彦命の名を聞き出すと、天児屋命、布刀玉命、伊斯許理度売命、玉祖命とともに天孫・瓊瓊杵尊に随伴して天降りしたのである。

このときの縁から、天鈿女命はのちに猿田彦命と神婚した。その子孫は猿女と呼ばれ、歌舞で宮廷の神事に仕える役割を担った。そのため天鈿女命は神楽・技芸などの祖神として崇められている。

神 DATA	
別称	天宇受売命
神格	神楽・技芸の祖神
神徳	夫婦円満、縁結び、技術向上など
おもな神社	椿岸神社（三重県鈴鹿市）、千代神社（滋賀県彦根市）など

蛭児

――幸福をもたらす神として信仰を集めた来訪神

伊弉諾尊と伊弉冉尊が国産みを行なった際、第一子として誕生したのが蛭児だ。このとき、女神である伊弉冉尊が先に「あぁ、なんてすばらしい男性なのでしょう」と声を掛けた。そして伊弉諾尊がそれに返答する形で「あぁ、なんてすばらしい女性だろう」と言い、愛を交わした結果、産まれたのである。しかし、蛭児は国の数に入れられることなく、生後まもなくして葦船に乗せられ、海に流されてしまった。『日本書紀』によると、「已に三歳になるまで、脚猶し立たず」だったために流されてしまったのだと伝える。

その後蛭児は、摂津国西宮へと流れついた。このとき西宮の民は蛭児を、夷三郎大明神として崇めるようになった。

古代、海の彼方からやってくる来訪神は幸福をもたらすと考えられていた。実際、日本の沿岸部の地域では、海からの漂着物を恵比寿として信仰する習慣もあった。そのため蛭児は七福神の一柱・恵比寿と同一視されるようになり、信仰を集めたのである。

室町時代には、大坂湾沿岸が一大商業地となったことから、それまで漁業の神として崇められていた蛭児は福の神へと変質した。そして戦国時代から江戸時代にかけて、傀儡子が全国を巡るなかで布教を行なったことで、恵比寿信仰が全国にまで広がることになったのである。

神DATA	
別称	蛭子神、蛭子命
神格	福神
神徳	商売繁盛
おもな神社	西宮神社（兵庫県西宮市）、蛭子神社（神奈川県鎌倉市）など

大気津比売神と保食神

——食物をもたらした記紀神話の女神

食物の起源

大気津比売神は、伊弉諾尊と伊弉冉尊の御子神であり、五穀を司る神である。「大」は美称。「ゲ（ケ）」は「御膳」の「ケ」であり、「食物」を意味する。

『古事記』の伝えによると、高天原を追放された須佐之男命は、その道中で大宜都比売と出会い、食物を求めた。すると大宜都比売は自分の鼻や口、尻からさまざまな食物を出し、須佐之男命に献上した。

ところがこれを見た須佐之男命は、穢れた食物を出されたことに憤り、大宜都比売を殺害してしまう。すると大宜都比売の頭から蚕が、目から稲穂が、耳から粟が、鼻から小豆が、陰部から麦が、尻から大豆が生じたのである。そこで神産巣日神がこれを取り、種子とした。

このように、大気津比売神の死が五穀を生み出したことを伝えている。

また、国産みのときに誕生した大八島のうち、伊豫之二名島の粟国（阿波国）を大宜都比売という（『古事記』）。実際、阿波国（徳島県）では、大気津比売神を祀る神社が多い。

一方、『日本書紀』では、五穀の起源神話を月読尊と保食神のこととして語っている。保食神の「ウケ」も食物を意味する言葉である。

なお、保食神は『古事記』には登場しない。

神 DATA

	大気津比売神	保食神
別称	大宜都比売、大気都比売神	―
神格	穀物神	食物神、牛や馬の神
神徳	五穀豊穣	五穀豊穣
おもな神社	上一宮大粟神社（徳島県名西郡）など	亀山八幡宮（長崎県佐世保市）など

大国主神

——日本の国土をつくり、天孫に譲った多彩な神格を持つ大神

出雲神話の主役は たくさんの顔を持つ

大国主神は、素戔嗚尊と奇稲田姫の御子（『古事記』では六世の孫）にあたり、因幡の白兎や国づくり、国譲りなど多くの神話で活躍する神である。

国内平定、農業、医薬、温泉の神とされるなど、じつに多彩な神格を有している。『日本書紀』の一書によると、「大国主神、またの名を大物主神、また国作大己貴神と号、また葦原醜男といい、また八千戈神という。また大国玉神といい、また顕国玉神という」とあり、さまざまな別称も持っている神だ。

また、『出雲国風土記』に「天の下造らしし大神」とあるように、出雲神話の主神でもある。

そんな大国主神は、穀物の神である少彦名命とともに豊かな国土を形成していった。

この様子を見た天照大御神は、地上は我が子が治めるのがふさわしいとして使者を派遣し、大国主神に国を譲るよう迫ったところ、大国主神は大きな宮殿を建てることを条件にこれを承諾した。こうして建てられたのが、出雲大社である。

国内を統一する過程で、国譲りは各地で行なわれた。それを代表する形で伝えているのが、出雲の国譲り神話である。朝廷は大社の建設を条件として、大国主神を丁重に祀らせた。

神 DATA	
別称	大穴牟遅神、大己貴命、八千矛神など
神格	国造の神、農業神
神徳	交通安全、治病、縁結びなど
おもな神社	出雲大社（島根県出雲市）、大神神社（奈良県桜井市）など

少彦名命

大国主神とともに国をつくった小さな神

八面六臂の活躍をした大国主神の相棒

大国主神とともに国土経営に尽力した少彦名命は、『古事記』によると、親である神産巣日神の指の間からこぼれ落ちて、大国主神のもとへやって来た、非常に身体の小さな神だった。「少」は「小さい」という意味で、「ナ」は土地を表わす古語である。

少彦名命は大国主神と力を合わせて国づくりに励んだが、その後、海の彼方にある常世国へ去ってしまったという。

そんな少彦名命は、穀物の種の化身であるといわれる。大国主神が土地の神であることから、ともに国づくりを行なったというのは土地に種がまかれ、作物が実り、豊かな大地が形成されたことを表わすというわけだ。『日本書紀』に「粟茎に縁りしかば、弾かれ渡りまして常世郷に至りましき」という記述があることから、穀物のなかでもとくに粟を表わすと考えられている。

また、『伊予国風土記』によると、大国主神が病で苦しんでいるとき、少彦名命は速見の湯を樋を使って運び、大国主神をその湯に入れて病気を治したという。このことから、医薬を司る神であるともされる。

なお、これは道後温泉の起源を示す神話でもある。

さらに『古事記』に収録されている神功皇后の歌のなかで、少彦名命を酒の神だとうたいあげていることから、酒造の神としても信仰を集めている。

神DATA	
別称	少名毘古那、須久那美迦微など
神格	穀物神
神徳	五穀豊穣、病気平癒、造酒など
おもな神社	大神神社（奈良県桜井市）、酒列磯前神社（茨城県ひたちなか市）

武甕槌神（たけみかづちのかみ）

——剣と雷を司り、大国主神（おおくにぬしのかみ）に国譲りを承諾させた武神

剣から飛び散った血から生まれた神

武甕槌神（たけみかづちのかみ）は、火の神・軻遇突智（かぐつち）を伊弉諾尊が斬り殺したときに使った刀についた血が、岩につき化成した神である。

その名の通り、雷神として崇められた。また、雷が木などを切り裂くさまを見て、古代の人々は雷光を鋭利な刀になぞらえてきたことから、武甕槌神は剣の神としても信仰を集めた。

武甕槌神は、国譲りの交渉のときに活躍する。

天照大御神の命により、葦原中つ国（あしはらなかつくに）に遣わされた武甕槌神は、大国主神（おおくにぬしのかみ）に国を譲るよう迫った。すると大国主神は、事代主神（ことしろぬしのかみ）と建御名方神（たけみなかたのかみ）という二人の息子に聞くように言ったため、武甕槌神は力をもって二人を屈服させ、大国主神に国譲りを承諾させたのである。

もともと武甕槌神は、常陸国香島郡（ひたちのくにかしまぐん）で祀られていた神だとされ、現在は鹿島神宮に鎮座する。七世紀に中臣氏（なかとみ）（のちの藤原氏（ふじわら））が鹿島を治めるようになると、中臣氏は武甕槌神を守護神として祀るようになった。そして藤原氏が朝廷内において重きをなすようになると、奈良の地に春日大社を建立して武甕槌神を勧請し、氏神（うじがみ）としたのである。

現在は武道守護のほか、国家鎮護や長寿、病気平癒など多彩な神格を持つ神として人々から崇拝されている。

神DATA	
別称	建御雷之男神（たけみかづちのおのかみ）、建御雷神（たけみかづちのかみ）、鹿島神（かしまのかみ）など
神格	雷神
神徳	武道守護、病気平癒、長寿など
おもな神社	鹿島神宮（茨城県鹿嶋市）、石上神宮（奈良県天理市）など

瓊瓊杵尊（ににぎのみこと）

——皇室の祖先神となった天孫降臨の主人公

天の神が地上に降りて統治を始める

天孫降臨において、天照大御神から地上の統治を託されたのが、天照大御神の孫にあたる瓊瓊杵尊（ににぎのみこと）（天津日高日子番能邇邇芸命（あまつひこひこほのににぎのみこと））である。

瓊瓊杵尊は、多くの神々を引き連れて筑紫（つくし）の高千穂（たかちほ）の霊峰に降り立つ。そして、ここに豪壮な宮殿をつくって、葦原中つ国の統治を始めた。『日本書紀』によると、このとき瓊瓊杵尊は天照大御神から稲の穂を託され、国民の食物としなさいと命じられた。また、三種の神器を与えられ、御鏡をもって、これを私と思い、お祀りしなさいと言われ、限りない発展を祝福された。

やがて瓊瓊杵尊は美しい木花開耶媛命（このはなさくやひめのみこと）を見初めて求婚する。木花開耶媛命の父神はこれを喜び、姉娘の磐長姫（いわながひめ）もともに瓊瓊杵尊のもとへ送り出した。だが磐長姫は醜かったため、瓊瓊杵尊はこれを送り返し、木花開耶媛命とだけ契りを結んだ。

磐長姫には、結婚した者の命を石のように永遠にする力があった。一方、木花開耶媛命には子孫に繁栄をもたらすものの、木の花のように寿命が短くなってしまうという力があった。そのため、歴代の天皇は不死の力を失ない、寿命を持つようになってしまったのだという。

その後、木花開耶媛命は瓊瓊杵尊の子として火闌降命（ほすそりのみこと）（火照命（ほでりのみこと）、海幸彦（うみさちひこ））、彦火火出見尊（ひこほほでみのみこと）（火遠理命（ほおりのみこと）、山幸彦（やまさちひこ））、火明命（ほのあかりのみこと）（火須勢理命（ほすせりのみこと））の三人の子を産む。このうち彦火火出見尊の系譜が、初代神武天皇へとつながっていく。

神DATA	
別称	天邇岐志国邇岐志天津日高日子番能邇邇芸命（あめにぎしくににぎしあまつひこひこほのににぎのみこと）、天津日高彦瓊瓊杵尊（あまつひこひこににぎのみこと）など
神格	皇室の祖先神
神徳	五穀豊穣、国家安泰、家内安全など
おもな神社	霧島神宮（鹿児島県霧島市）、高千穂神社（宮崎県西臼杵郡）

猿田彦神 ——天孫を地上へと導いた異形の神

天孫降臨と猿田彦神

瓊瓊杵尊がいざ地上へと降り立とうとした際、その道中に上は高天原、下は葦原中つ国を照らす光り輝く神がいた。それが猿田彦神である。

『日本書紀』によると、その容貌は「鼻の長さ七咫、背の長さ七尺余り、目は八咫鏡のように、またほおずきのように照り輝いている」とある。

あまりの異形ぶりから、猿田彦神を天狗の原型だとする説も唱えられている。

そんな猿田彦神に対し、天照大御神は天鈿女命を派遣し、いったい何者かを問わせた。

すると猿田彦神は「天津神の御子が天降りすると伺ったので、御先導差し上げようとここまでお迎えにあがりました」と答え、自ら天孫の先導役を買って出たのであった。

そんな猿田彦神は、天孫降臨の際に道案内をしたことから、道の神、旅人の神として崇められるようになり、関東や中部地方を中心として峠や村境、分かれ道、辻などに祀られていた民間信仰の道祖神と習合。道祖神の祠には「猿田彦大神」の文字が刻まれているものもあり、広く信仰を集めていったのである。

一方で、伊勢地方の海人に信仰されていた漁労神を猿田彦神とする考えもある。これは、猿田彦神が伊勢の阿耶訶の海岸で漁をしていたときに比良夫貝に手をかまれてしまい、溺れ死んでしまったという『古事記』の記述にちなむものである。

神 DATA	
別称	猿田毘古神
神格	国土守護の神、道祖神
神徳	方災解除、厄払い、交通安全など
おもな神社	猿田彦神社（三重県伊勢市）、椿大神社（三重県鈴鹿市）など

神日本磐余彦尊（かむやまといわれびこのみこと）

最初の天皇・神武の誕生

天下を治めるにふさわしい地を求めて東へ

神日本磐余彦尊は、のちの初代天皇・神武天皇のことである。安らかに政治を行なえる場所を求めて、兄の五瀬命とともに高千穂を出た神日本磐余彦尊は、東に向かって出発した。

これが、神武東征と呼ばれる旅である。

進軍する一行は、各地の豪族を恭順させつつ海を渡り、浪速から生駒山を経て、大和に上陸しようと試みた。ところが兄の五瀬命は、登美に住む長髄彦が放った矢によって重傷を負い、命を落としてしまう。

そのため神日本磐余彦尊は、いったん海上に退き、熊野まで南下して、再上陸を果たした。

その後、天神が遣わした八咫烏の先導を受けて進軍した神日本磐余彦尊は大和を平定し、畝火の白檮原に宮を建てた。そして初代天皇として即位したのである。

神日本磐余彦尊という名のカムは「神威」を表わし、ヤマトは大和・日本、イワレは大和の地名である「磐余」を指す。ビコは、その地で治世を行なった尊い男子という意味である。

その神日本磐余彦尊の御陵の場所について、畝傍山の北側の土盛りが神日本磐余彦尊の墓ではないかと比定された。

明治時代になり、神武天皇陵として認定され、整備されていまに至る。

神DATA	
別称	神倭伊波礼毘古命、若御毛沼命など
神格	建国の祖
神徳	天下泰平、国家安穏
おもな神社	橿原神宮（奈良県橿原市）、宮崎神宮（宮崎県宮崎市）など

彦火火出見尊

——初代天皇の祖となった農業の守護神

海幸彦と山幸彦

　木花開耶媛命が産んだ三人の子どものうち、長兄の火闌降命（火照命）と末弟の彦火火出見尊（火遠理命）は、海幸彦・山幸彦の名でよく知られている。

　海幸彦は海で、山幸彦は山で、それぞれ獲物を捕って暮らしていた。あるとき、弟の山幸彦は、それぞれの持ち場と道具を交換してみようと兄の海幸彦に提案する。ところが、実際に釣りをしてみても思ったように魚は釣れず、しかも兄の大事な釣針をなくしてしまう始末。山幸彦は十拳剣を砕いて五百もの釣針をつくり、兄に弁償しようとしたが、海幸彦は元の釣針を返せと火遠理命を責め立てた。

　困った山幸彦が海辺で泣いていると、そこに潮路を司る塩土老翁が現われ、海神の宮に行く方法を教える。こうして海神の宮を訪れた山幸彦は、海神の娘の豊玉姫命を娶って三年過ごしたのち、釣針と潮の満ち干を自在に操ることができる宝玉をもらって地上に戻った。そして宝玉の呪文で海幸彦を屈服させ、自分に服属することを誓わせたのである。

　これは、二つの家系の起源譚にもなっている。勝った山幸彦は、天孫の家系を継いで初代天皇の祖となる。そして、負けた海幸彦は、のちに大和政権に服従させられた隼人（薩摩、大隅地方に居住した異民族）の祖となるのである。

　山幸彦は、別名である天津日高日子穂穂手見命という名で祀られることが多く、農業の守護神としての神格を持っている。

神DATA	
別称	山幸彦、天津日高日子穂穂手見命、火遠理命
神格	穀物神、稲穂の神
神徳	五穀豊穣
おもな神社	鹿児島神宮（鹿児島県霧島市）など

大物主神（おおものぬしのかみ）

――強力な呪力を持ち、大国主神（おおくにぬしのかみ）と同一視される三輪山（みわやま）の神

さまざまな伝説を残す神

第十代崇神（すじん）天皇の時代、国中に疫病が蔓延した。これを流行させたのが、三輪山（みわやま）に鎮まる大物主神（おおものぬしのかみ）である。「大物」は偉大な霊力のことであり、尋常ならざる霊威をもった神だと考えられている。

人民は死に絶えそうになり、すっかり困り果てた崇神天皇は、夢に神託を請うた。すると大物主神が現われ、「大田田根子（おおたたねこ）に私を祀らせれば国は安らかになるだろう」と告げた。

崇神天皇は、すぐさま大田田根子を探し出させ、大物主神を祀るよう命じた。するとあれほどひどい被害をもたらした疫病はすっかり収まったのであった。

そのほか、大国主神（おおくにぬしのかみ）の国づくりの場面にも大物主神は登場する。少彦名神が立ち去り、途方に暮れた大国主神のもとへ一柱の神がやってきて、自分を倭（やまと）の青垣の東の山の上に祀るよう告げた。このときに祀られた神が、大物主神であるとされる。

『日本書紀』では、大物主神は大国主神の幸魂（さきみたま）・奇魂（くしみたま）だと記されており、大物主神と大国主神が同一の神であることを示唆している。

また、神武天皇の妃の父神として登場するなど、天皇家との密接な関係性をも有する神である。

一方で、この大物主神は、大和政権が日本を統一する前に三輪山で祀られてきた大和土着の神だったという説もある。

神DATA	
別称	三輪大神（みわのおおかみ）
神格	蛇神、水神、雷神
神徳	五穀豊穣、疫病除け、酒造など
おもな神社	大神神社（奈良県桜井市）、金刀比羅宮（香川県仲多度郡）

豊受比売命（とようけびめのみこと）

——皇祖神・天照大御神の食事係

天照大御神の要請

　伊勢神宮の外宮に祀られ、天照大御神の食事の世話を司っている豊受比売命。父神は食物を司る和久産巣日神で、神名の「ウケ」は「食物」を意味する。つまり豊受比売命もまた、食物を司る神なのである。

　豊受比売命はなぜ外宮に鎮座し、天照大御神の食事の世話をするようになったのか。『止由気宮儀式帳』によると、雄略天皇の夢に天照大御神が現われた。そして天照大御神は「自分ひとりでは食事もできない。丹波国から私の食事を司る豊受比売命を迎えるように」と告げたため、雄略天皇は伊勢国山田ヶ原に大宮を建て、そこに豊受比売命を迎えたのである。これが豊受大神宮の起源である。

　一方、丹後国に伝わる伝承では、豊受比売命の違った一面を教えてくれる。それによると、豊受比売命はもともと天女だった。あるとき、丹後国丹波郡の比治山頂の真奈井の泉に天女八人が舞い降り、羽衣を木の枝にかけて水浴びをしていた。この様子を見ていた老夫婦は、ひとりの天女の羽衣を隠してしまう。天界へ帰れなくなってしまった天女はこの老夫婦の養女となり、十年余りの時を過ごした。天女は万病に効く酒をつくり、老夫婦に財をもたらしたが、富を独占しようと思った老夫婦は天女を追い出してしまう。行くあてのなくなった天女は放浪の末、奈具村にたどりつき、鎮守となった。これが奈具神社に祀られる「豊宇賀能売神」であり、豊受比売命と異名同神であると考えられている。

神DATA	
別称	豊由宇気神、豊宇賀能売神
神格	食物神
神徳	衣食住・産業の守護など
おもな神社	伊勢神宮外宮（三重県伊勢市）、元伊勢豊受大神社（京都府福知山市）

住吉三神

――航海の守護神として崇敬を集める海神

墨江は現在の住吉のことを指し、この三柱は「住吉三神」とも呼ばれている。

古来、住吉は大陸との航海の要衝の地にあたっていた。そのため、この三柱の神の加護を求め、朝廷では住吉三神を航海の守護神として篤く敬ってきた。

たとえば、遣唐使は必ず住吉の地から出航し、出発にあたっては住吉三神に航海の安全を祈ったのである。現在も、各地の港では住吉三神を祀るところが多い。

一方、住吉三神は、人前によく姿を現わす神だといわれる。『伊勢物語』には天皇が歌を詠んだとき、住吉の神が姿を現わし、返歌を詠んだと記されている。このため、住吉三神は和歌の神としても崇拝を集めた。

住吉で祀られた海の神

黄泉の国から戻った伊弉諾尊が禊を行なった際、三柱の神が誕生した。水底で禊いだ際に底筒之男神、なかほどで禊いだ際に中筒之男神、水の上で禊いだ際に上筒之男神が産まれたのである。

一説によると、宵の明星を夕星と言うように、「ツツ」は「星」を意味し、航海の針路を決定する際には欠かすことができないものであることから、この三神は航海神であるという。

『古事記』では「底筒之男神、中筒之男神、上筒之男神三柱の神は墨江の三前の大神」と総称している。

神 DATA	
別称	底筒男命、中筒男命、表筒男命
神格	海の神、和歌の神
神徳	航海安全、歌芸上達など
おもな神社	住吉大社（大阪府大阪市）、住吉神社（山口県下関市）

日本武尊（やまとたける）

荒ぶる神々を征討し、国土の平定に尽力した勇者

父から疎まれた皇子

記紀神話における英雄として語られる日本武尊（やまとたける）は、第十二代景行（けいこう）天皇の子として産まれた。兄の大碓皇子（おおうすのみこ）を殺害するなど、幼少の頃から荒々しい性格の持ち主だったために父からは疎まれ、遠ざけられるように西方の熊曾建（くまそたける）の討伐を命じられた。

熊曾建を征伐したとき、その弟の川上梟帥（かわかみのたける）から「日本武尊」との名を与えられている。

その後、都に凱旋した日本武尊だったが、休む間もなく今度は東国遠征を命じられた。

東国の荒ぶる神々を征討し、帰路についた日本武尊だったが、その途上の尾張国（おわりのくに）の伊吹山（いぶきやま）で山の神の毒気にあたり、瀕死の重傷を負ってしまう。

彷徨（ほうこう）の末、伊勢国能煩野（のぼの）に至るも、そこで最期の時を迎えた。このとき、日本武尊の魂は白鳥となり、天高く飛んでいったという。

東奔西走し、国土の平定に尽力した日本武尊であるが、神話の初めでは粗暴な性格の持ち主として描かれるのに対し、後半では悲劇の英雄としての描かれ方が強い。そのため、じつはひとりの人物の物語を描いたのではなく、全国統一に尽力した数多くの将軍の功績や民間伝承が日本武尊に集約されたものだと考えられている。実際、「日本武尊」とは「大和・日本の勇者」という意味を持つ。

神DATA	
別称	倭建命（やまとたけるのみこと）、小碓尊（おうすのみこと）
神格	文武の神
神徳	出世開運、除災厄除、文運上達など
おもな神社	能褒野神社（三重県亀山市）、大鳥神社（大阪府堺市）など

神武（じんむ）天皇の即位

大和（やまと）の地を平定した初代天皇

初代神武から続く天皇家の系譜

天孫・邇邇藝命（ににぎのみこと）の嫡流で、鵜葺草葺不合命（うがやふきあえずのみこと）の子・神倭伊波礼毘古命（かむやまといわれびこのみこと）は、天下を治めるのにふさわしい地を求め、高千穂（たかちほ）を出て東征（とうせい）を開始した。

一行は瀬戸内海を抜け、大和に入ろうとしたが、その途上で多くの敵が立ちはだかり、兄の五瀬命（いつせのみこと）を失うなど、神倭伊波礼毘古命は窮地に陥ってしまう。しかし、そんな窮状を見かねた高天原（たかまがはら）の神々が派遣した八咫烏（やたがらす）の先導もあり、神倭伊波礼毘古命は大和を平定。白檮原（かしはら）の地に宮を築き、神武天皇として即位した。

その後、神武天皇の跡を継いだ天皇たちの時代が続く。

第12代景行（けいこう）天皇の治世下、景行天皇の息子・倭建命（やまとたけるのみこと）は父の命に従って東西の国々を平定するも、大和に戻る途上、能褒野（のぼの）の地で力尽きてしまう。

第13代成務（せいむ）天皇には子がなく、これで直系が絶えることとなった。

その後継として即位したのは、倭建命の御子・仲哀（ちゅうあい）天皇だった。しかし九州への遠征中、皇后の息長帯比売命（おきながたらしひめのみこと）に降った、新羅（しらぎ）への遠征をせよという神託に従わなかったため、急死を遂げる。

その後、息長帯比売命は神のお告げに従い、新羅遠征を行なった。新羅を平定し、帰国した息長帯比売命は筑紫（つくし）で御子を出産。その子は応神（おうじん）天皇として即位した。応神天皇は産業を振興させ、大いに国を発展させた。

次いで即位したのが仁徳天皇である。世界最大の墓・仁徳天皇陵で知られている。時代は下り、第21代雄略天皇が即位、『万葉集』の巻頭を飾る歌を残している。以後、第33代推古（すいこ）天皇に至るまでの皇室の系譜が語られたのち、『古事記』の幕は閉じる。

※表記は『古事記』による

第六章

聖地を歩く

二十二社

——朝廷から特別な崇敬を集めた霊験あらたかな神社

神祇制度の成立と二十二社の誕生

八世紀、国の基本法典である大宝律令が制定され、律令による国家の仕組みが整備された。律は刑法、令は行政法である。このなかで朝廷は神祇制度を確立し、諸国の神社に奉幣する制度を整えた。中央官庁の祭礼を司る神祇官が、有力な全国の神社に二月の祈年祭に幣帛を供え、五穀豊穣を祈ることになったのである。

平安時代になると、このような全国一律に幣帛を奉る方式に変化が生じてくる。神社の神主を上京させ、班幣する方法が機能しなくなったからである。そのため、神祇制度が再編されるなかで、畿内を中心に霊威ある神々に幣帛を奉り、五穀豊穣や平安を祈るようになっていく。

なかでも朝廷から格別の崇敬を受けた神社を総称して二十二社といい、国家の大事に際して朝廷より幣帛が班給された。

二十二社とは、伊勢神宮、石清水八幡宮、賀茂神社、松尾大社、平野神社、伏見稲荷大社、春日大社、大原野神社、大神神社、石上神宮、大和神社、広瀬大社、龍田大社、住吉大社、日吉大社、梅宮大社、吉田神社、廣田神社、八坂神社、北野天満宮、丹生川上神社、貴船神社のことである。

とはいえ、初めから二十二社だったというわけではない。

平安時代、豊作祈願や祈雨のため、とくに霊験あらたかな名神社に頻繁な奉幣が行なわれるようになり、昌泰・延喜年間（八九八～九二三）にそのなかでも有力な十六社が選ばれた。伊勢、石清水、賀茂、松尾、平野、稲荷、春日、大原野、大神、石上、大和、広瀬、龍田、住吉、丹生川上、貴布禰（貴船）である。

その後、順次神社が加えられていき、永保元年（一〇八一）に二十二社奉幣制度が確立した。

国家の一大事や天変地異が起こった際は、これらの神社に朝廷から幣帛が奉献され、事態の収拾のための祈願や祈雨、止雨祈願などが行なわれた。

二十二社の分布

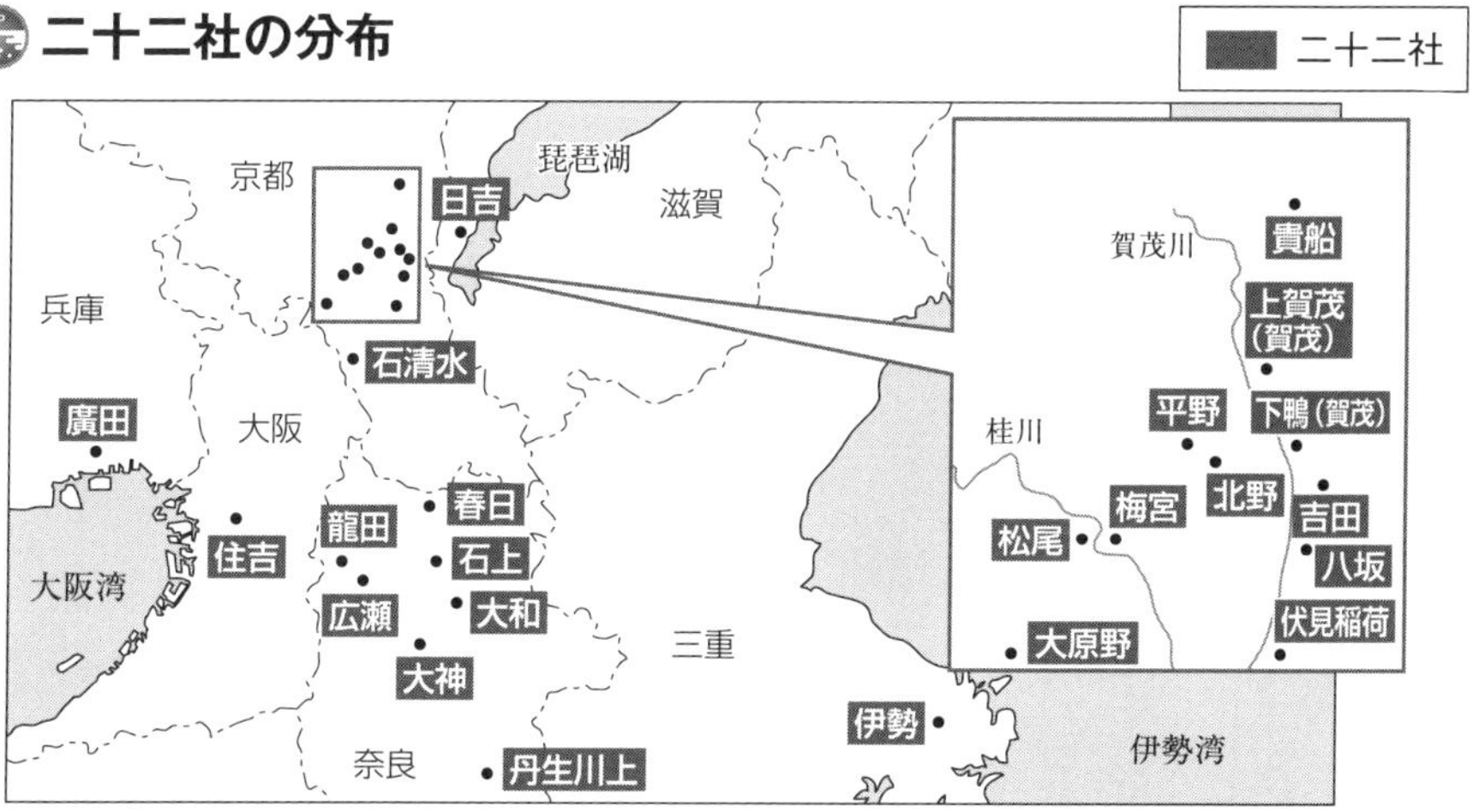
二十二社
京都
琵琶湖
滋賀
日吉
兵庫
石清水
廣田
大阪
住吉
大阪湾
龍田
広瀬
春日
石上
大和
大神
三重
伊勢
奈良
丹生川上
伊勢湾
賀茂川
貴船
上賀茂
（賀茂）
桂川
平野
下鴨（賀茂）
北野
梅宮
松尾
吉田
八坂
伏見稲荷
大原野

〈上七社〉

伊勢神宮	正式名称「神宮」。皇祖神・天照大御神を祀る内宮と豊受大御神を祀る外宮からなる。
石清水八幡宮	平安時代、八幡神の託宣により宇佐神宮から勧請される。
賀茂神社	上賀茂神社と下鴨神社の総称。どちらの社も山城国の一宮だった。
松尾大社	松尾山の山頂にある磐座で神々を祀り、崇めていたことに始まる。
平野神社	794 年、平安京遷都ともに現在地へ移され、王城鎮護の社として崇拝を集める。
伏見稲荷大社	渡来人の秦氏により創建。平安時代に東寺の鎮守社となる。
春日大社	古くから三笠山を御神体として崇める。社殿ができたのは 8 世紀後半のこと。

〈中七社〉

大原野神社	784 年、春日大社の神が勧請され、創建される。
大神神社	三輪山を御神体とする。本殿はない。
石上神宮	古代の豪族物部氏の総氏神として崇拝を集める。
大和神社	天照大御神とともに皇室に祀られていた倭大国魂神を祭神とする。
広瀬大社	崇神天皇 9 年（前 89 年）、神託があり、一夜で沼地が陸地に変化したことから、この地に社殿が設けられた。
龍田大社	崇神天皇朝時代に創建されたと伝わる。
住吉大社	大阪の総鎮守であり、海上守護の神。摂津国一宮だった。

〈下八社〉

日吉大社	比叡山の地主神・大山咋神を東本宮に、大神神社から勧請された大己貴神を西本宮に祀る。
梅宮大社	嵯峨天皇の皇后檀林皇后が橘氏の氏神として現在地に社殿を造営したと伝わる。
吉田神社	859 年、春日大社の神を吉田山に勧請して創建される。宮司吉田兼倶が吉田神道を唱える。
廣田神社	天照大御神の荒魂を祀る。
八坂神社	祇園精舎の守護神牛頭天王を祀る。牛頭天王はのち素戔嗚尊と同一視された。
北野天満宮	菅原道真を祀る。
丹生川上神社	古来、雨乞いの神として崇拝を集める。現在は上、中、下の 3 社にわかれる。
貴船神社	水の神として崇拝を集める。平安時代、王城鎮護の神とされた。

石上神宮

創建
前91年？

主祭神
布都御魂大神など

所在地
奈良県天理市

石上神宮の祭神は、布都御魂大神、布留御魂大神、布都斯魂大神など七柱である。

御祭神である布都御魂大神は「平国之剣」と呼ばれ、神武天皇東征の折に熊野の国人が天皇に捧げ、東征の危機を救ったものだ。その後は長く宮中に安置されていたが、第十代崇神天皇によって当地に移され、地中に埋めて祀ったのが石上神宮の起源だとされる。「平国之剣」と考えられる剣は明治時代の発掘調査によって出土、それを祀るため、大正時代に現在の本殿が造営された。

日吉大社

創建
前91年

主祭神
日吉大神

所在地
滋賀県大津市

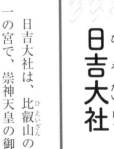

日吉大社は、比叡山のふもとに鎮座する近江国の一の宮で、崇神天皇の御世の創建と伝えられる長い歴史を持つ。境内には、創建時に崇神天皇が祀った大山咋神（東本宮）、天智天皇が近江遷都の折に大和の三輪大神（大己貴神）を祀った西本宮を中心に、四十以上もの社がある。これほど多くの社殿がつくられたのは、天台宗の祖・最澄が、日吉の神を延暦寺の鎮守としたことが大きい。また、平安京の表鬼門となる北東の方角に位置することから、都の魔除けの役割も担っていた。

賀茂神社

創建
不明

主祭神
賀茂別雷大神（賀茂別雷神社）、賀茂建角身命、玉依媛命（賀茂御祖神社）

所在地
京都市北区（賀茂別雷神社）、京都市左京区（賀茂御祖神社）

賀茂神社とは、下鴨神社と上賀茂神社をあわせた呼称である。下鴨神社は正式には賀茂御祖神社といい、祭神は八咫烏となって神武天皇を先導した賀茂建角身命とその娘の玉依媛命である。

上賀茂神社は正式には賀茂別雷神社といい、祭神は賀茂別雷大神である。

京都の街を賑わす葵祭は、この両社の例祭である。祭の華やかな行列は、神に奉仕する斎院が勅使や東宮・中宮の使いとともに両社へ参向した様子を、いまに甦らせたものとなっている。

宗像大社

創建
不明

主祭神
宗像三女神

所在地
福岡県宗像市

宗像大社は、天照大御神と素戔嗚尊が誓約の際に生まれた三女神、宗像三女神を祭神としている。三女神は、それぞれ異なる宮に祀られている。まず、神湊港の近くの辺津宮（市杵島姫神）、そして神湊港から十キロ沖合いの中津宮（湍津姫神）、そして六十キロ沖合いの沖津宮（田心姫神）だ。沖津宮が鎮座する沖ノ島は、神職以外は立ち入りが禁止されているまさに神の島である。同地からは八万点もの祭祀遺物の（神宝）が出土し、すべて国宝に指定されていることから海の正倉院と呼ばれている。

八坂神社（やさかじんじゃ）

創建
656年？

主祭神
素戔嗚尊

所在地
京都市東山区

おかえりみち

八坂神社は、明治時代の神仏分離まで祇園社と呼ばれ、牛頭天王を祭神とした。斉明天皇二年（六五六）、高麗からやって来た八坂氏の祖が、新羅の牛頭山の神霊を、同地に迎え、天智天皇六年（六六七）に社殿を造営したのが創祀だといわれている。のち牛頭天王は素戔嗚尊と習合し、同一視されるようになった。『備後国風土記』逸文の蘇民将来に関する記述により、古くから祭神は素戔嗚尊とされていたことがわかる。京都の夏の風物詩である祇園祭は、ここ八坂神社の祭礼である。

伏見稲荷大社（ふしみいなりたいしゃ）

創建
711年

主祭神
宇迦之御魂大神など

所在地
京都市伏見区

全国各地に「お稲荷さん」と親しまれる神社がある。伏見稲荷大社は、三万あるといわれる稲荷神社の総本社である。宇迦之御魂大神ほか四柱神を祀る。稲荷大社の祭神は、五穀をはじめ食物全般を司る神である。

中世以降、商工業が発達すると、商売繁盛の神としても信仰されるようになった。毎年の新年に張られる注連縄は、五穀豊穣を祈って五十束の稲を吊り下げた珍しいものである。

貴船神社

創建
不明

主祭神
高龗神

所在地
京都市左京区

鴨川の最上流に位置する貴船神社の本宮の祭神は、水神・高龗神である。創祀は不明だが、神武天皇の母・玉依媛命が雨を降らせるため、黄色い船に乗って鴨川を遡り、この地に水神を祀ったという伝説が残っている。また、白鳳六年（六七八）に社殿の建て替えの記録が残っていることからも、長い歴史を有することがうかがえる。

平安時代には、祈雨のために黒馬が、止雨のために白馬が、朝廷から奉納されたという記録が残る。生きた馬の代わりに「板立馬」が奉納されることもあり、それが絵馬の起源になったという。

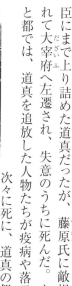

北野天満宮

創建
947年

主祭神
菅原道真

所在地
京都市上京区

北野天満宮は、菅原道真を祀る神社である。右大臣にまで上り詰めた道真だったが、藤原氏に敵視されて大宰府へ左遷され、失意のうちに死んだ。すると都では、道真を追放した人物たちが疫病や落雷で次々に死に、道真の怨霊の仕業だと恐れられた。

その後、巫女の多治比文子と神官の神良種の子太郎丸に神託が下り、道真の霊を鎮めるため、天暦元年（九四七）、北野の地に社殿がつくられた。これが北野天満宮である。現在の社殿は、慶長十二年（一六〇七）に豊臣秀頼が造営したものだ。

宇佐八幡宮

創建
725年

主祭神
八幡大神
（応神天皇）

所在地
大分県宇佐市

宇佐八幡宮は、「八幡様」として親しまれている八幡宮の総本宮である。この地に示顕した応神天皇の神霊を八幡大神として祀る。

かつては一地方の神宮であった宇佐八幡宮が、一躍国家の鎮護神になったのは、東大寺の大仏の造立を契機としている。大仏が完成すると、八幡神は東大寺の鎮守神として都に迎えられた。手向山八幡宮がこれである。聖武天皇は大仏が完成すると、八幡神と東大寺に行幸し、大仏を拝している。

石清水八幡宮

創建
859年

主祭神
八幡大神
（応神天皇）

所在地
京都府八幡市

石清水八幡宮の創建は、奈良・大安寺の僧侶・行教が宇佐八幡宮で神託を受けたことに発する。神託は、「われ都近く移座して国家を鎮護せん」というもので、それを行教が朝廷に奏上したところ、清和天皇が社殿の建立を命じた。以来、都の守護神として朝廷から伊勢神宮に次ぐ崇敬を受けている。

男山と呼ばれる山の上にあり、社名はその山の中腹に石清水が湧いていたことにちなむ。また、男山は都の裏鬼門にあたる西南の方角にあることから、石清水八幡宮は都の守護を担ってきた。

諏訪大社

創建
不明

主祭神
建御名方神、八坂刀売神

所在地
長野県諏訪市（上社本宮）、長野県諏訪郡（下社春宮）

諏訪大社は、本宮と前宮からなる上社と、春宮と秋宮からなる下社とが、諏訪湖をはさむように四か所に分かれて鎮座している。主祭神はいずれも、建御名方神と八坂刀売神の夫婦神である。

建御名方神は力自慢で、父の大国主命に国譲りを迫る武甕槌神に力比べを挑んだ。この勝負に敗れた建御名方神は諏訪湖へ落ち延び、この地に留まることになったという。その後、建御名方神は、水の神、農耕の神などとして諏訪の風土に根づき、全国から広く崇敬されるようになった。

住吉大社

創建
211年

主祭神
住吉三神

所在地
大阪府住吉区

住吉大社では、伊弉諾尊が禊祓いをしたときに、海の神である綿津見三神とともに誕生した筒男三神が、第一本宮から第三本宮にそれぞれ祀られている。第四本宮には、神功皇后を祀る。

神功皇后は、新羅討征の折に、この三神の荒魂に導かれて難なく海を渡ることができたという。そのため古くから航海の守護神とされ、遣唐使の出発にあたっては、必ず参拝して託宣が求められた。現在でも漁業関係者や水運業者からの信仰が篤い。

熱田神宮

熱田神宮の御神体は、三種の神器のひとつ、草薙剣である。

草薙剣は、素戔嗚命が八岐大蛇を退治した際にその尾から出てきたもので、景行天皇の時代に日本武尊の手に渡った。日本武尊は草薙剣のおかげで危機を乗り越え、無事東国平定を成し遂げたが、帰国の途上で病を得て没する。このとき、日本武尊から剣を預けられていた妃・宮簀媛命はその剣を敬って慎み、やがてそれを祀るための社が建立された。これが熱田神宮の起源である。

創建
113年

主祭神
熱田大神

所在地
愛知県
名古屋市

鹿島神宮

神武天皇即位の年に創建されたと伝えられる鹿島神宮は、高天原随一の武神と謳われた武甕槌大神を祀っている。国譲り交渉を無事にまとめ、天孫降臨の地ならしをして、さらに神武東征の折、東征軍の危機に際し神剣を届けて助力するなど、『古事記』『日本書紀』の重要な場面で、超人的な力を発揮して活躍した神である。

大和からは遠いこの地に武甕槌大神が祀られたのは、ここが大和政権の勢力の及ぶ東端で、最前線の軍事基地だったからともいわれている。

創建
不明

主祭神
武甕槌大神

所在地
茨城県鹿嶋市

香取神宮

創建
不明
主祭神
経津主大神
所在地
千葉県香取市

鹿島神宮と利根川を挟んで対峙する位置に鎮座するのが、香取神宮である。

祭神は経津主大神で、『日本書紀』では武甕槌大神とともに出雲に遣わされ、国譲りを成し遂げた神である。国譲りの後、経津主大神は諸国を巡回して荒ぶる神々を平定し、国造りの礎を築いた。「フツ」とは剣の切れる音で、威力を示す意味だという。そのため、経津主大神は武芸の神として崇められ、鹿島大明神とともに、全国各地の武芸の道場に祀られている。

松尾大社

創建
701年？
主祭神
大山咋神
所在地
京都市西京区

太古の昔から、松尾山は神霊が宿る山とされてきた。その後、大陸から渡来した秦氏の一族が、松尾山の神を氏神としたことにより、秦氏の一族が長らく宮司を務めるようになった。主祭神は、大山咋神である。秦氏は山城国一帯の開発にあたり、とくに桂川流域の開墾に力を尽くした。また養蚕、絹織物、酒造の技術も伝えた。

古代の秦氏が高い技術をもって酒造りに携わっていたのではないかと考えられており、室町時代には「日本第一酒造神」と称されるようになった。

橿原神宮（かしわらじんぐう）

創建
1890年

主祭神
神武天皇、媛蹈鞴五十鈴媛命

所在地
奈良県橿原市

神武（じんむ）天皇と、その妻の媛蹈鞴五十鈴媛命（ひめたたらいすずひめのみこと）を祭神とする橿原神宮は、明治時代に創建された比較的新しい神社である。

神武天皇は、天孫降臨の地である日向（ひむか）から東征し、橿原宮を造営して、初代天皇として即位した。

その橿原宮の所在地は不明で、遺跡も確認されていなかった。

しかし明治時代に神武天皇を顕彰する気運が高まると、明治二十三年（一八九〇）には宮跡と推定される場所に橿原神宮が建立された。

厳島神社（いつくしまじんじゃ）

創建
593年

主祭神
宗像三女神

所在地
広島県廿日市市

海に社殿が浮かぶ美しい景観を持つ厳島神社。古代からこの地には厳島の主峰弥山（みせん）そのものを御神体とする信仰があり、海人（あま）族によって祭祀が行なわれていた。時代が下り、推古天皇元年（五九三）に宗像三女神が神鳥に導かれて同地に現われ、佐伯鞍職（さえきのくらもと）という人物が社殿を建立したのが始まりであると伝える。宗像三女神は航路の安全を司る神であり、宮島のある安芸（あき）と宗像大社のある筑前（ちくぜん）の間には瀬戸内海を通じた交流があったことから宗像社を勧請（かんじょう）したのではないかとされる。

出雲大社（いずもたいしゃ）

創建
不明

主祭神
大国主大神

所在地
島根県出雲市

出雲大社の起源は、国譲り神話のなかに伝えられている。大国主神（おおくにぬしのかみ）は、葦原中つ国（あしはらなかつくに）の支配権を高天原の神々に譲り渡す際に、「宮柱太く高く、板は厚く広い」建物を自分の住居として用意するよう求めた。この建物こそが出雲大社だという。その高さは、もともとは三十二丈（九十七メートル）もあったという。平成十二年（二〇〇〇）に、三本の杉柱を鉄輪でまとめた直径三メートルもの太さの柱が発見されたことから、古代に途方もないほどの高さの神殿が存在していた可能性が強まった。

春日大社（かすがたいしゃ）

創建
768年

主祭神
武甕槌命、経津主命、天児屋根命、比売神

所在地
奈良県奈良市

春日大社は、古代律令国家で実権を握った藤原氏の氏神として崇敬を集めた。本殿は社殿が四棟並列し、第一殿には鹿島神宮の武甕槌神、第二殿には香取神宮の経津主命、第三殿には枚岡（ひらおか）神社の天之児屋根命（あめのこやねのみこと）、第四殿には同じく枚岡神社の比売神（ひめのかみ）を祀る。縁起によると、春日大社は、神護景雲二年（七六八）、鹿島神宮の神が白い鹿に乗ってやってきたことに始まるという。平安時代に始まった春日祭は公祭となり、現在も勅祭として行なわれている。

伊勢神宮

伊勢神宮は、内宮と外宮を中心とする全百二十五社の総称である。内宮には皇祖神・天照大御神が、外宮には衣食住を司る豊受大神が祀られている。

垂仁天皇の時代、天照大御神の託宣によって鎮座した。これが内宮の起源である。その後、雄略天皇の時代、天照大御神の託宣により、食事を司る神として丹波国から豊受大神を招いたのが、外宮の起源となっている。持統天皇四年（六九〇）から式年遷宮が始まり、二十年ごとに社殿、神宝、装束の一切が造替されてきた。平成二十五年（二〇一三）には第六十二回式年遷宮が行なわれた。

創建
内宮（前4年）、外宮（478年）

主祭神
天照大御神（内宮）、豊受大神（外宮）

所在地
三重県伊勢市

明治神宮

明治神宮の祭神は、明治天皇とその皇后であった昭憲皇太后である。

明治四十五年（一九一二）に明治天皇が崩御された際、その遺徳をしのんだ多くの国民から明治神宮創建の請願が出されたことにより、造営が決められた。造営にあたっては国民から多くの献金が集まり、大正九年（一九二〇）十一月一日に完成した。神宮の森は、その際に植樹されたものだ。現在はほぼ自然林となっていて、綿密に計画された人工林であることに誰も気づかない。

創建
1920年

主祭神
明治天皇、昭憲皇太后

所在地
東京都渋谷区

靖国神社（やすくにじんじゃ）

創建
1869年

主祭神
幕末以来第二次世界大戦までの国事殉難の英霊

所在地
東京都千代田区

靖国神社の起源は、明治二年（一八六九）のはじめに創建された東京招魂社（しょうこんしゃ）にある。幕末から明治維新にかけての国家の変革のなかで、多くの人々が国事に殉じた。その慰霊のために招魂社が創建され、明治十二年（一八七九）年に社号が靖国神社と改められた。

以後、日清、日露、第一次世界大戦、事変、戦役、ことに第二次世界大戦に殉じられた英霊を祀る。

現在、靖国神社に祀られている神霊は、二百四十六万六千余りにも及ぶ。身分も男女の区別もなく、平等に祀られている。

大神神社（おおみわじんじゃ）

創建
不明

主祭神
大物主大神

所在地
奈良県桜井市

大神神社は、背後にそびえる三輪山を御神体とするため、本殿を持たない神社として知られる。崇神（すじん）天皇の時代に疫病が流行し、多くの人民が命を落とした。

そこで崇神天皇は、大物主神（おおものぬしのかみ）の神託に従って三輪山に大田田根子（おおたたねこ）を神主にして大物主神を祀ったところ、疫病はすっかり収まったという。これが大神神社の起源である。

祭神の大物主神は酒の神としても崇められており、現在も酒造家による参詣は多い。

鶴岡八幡宮

創建
1063年

主祭神
八幡三神

所在地
神奈川県鎌倉市

鶴岡八幡宮の歴史は、康平六年（一〇六三）八月、源氏の祖である源頼義が、奥州平定ののち、武神・八幡大菩薩を祀る京都・石清水八幡宮を相模国由比郷に勧請したことに始まる。その後、治承四年（一一八〇）に源頼朝が神意によって現在地に遷座し、幕府の鎮守神として崇拝した。

建久二年（一一九一）に火災で焼失するも、直ちに復興され、改めて石清水八幡宮より神霊を迎えた。そして建久三年（一一九二）、頼朝は征夷大将軍叙任の儀式を神前で行なったのである。

日光東照宮

創建
1617年

主祭神
徳川家康

所在地
栃木県日光市

世界遺産にも登録されている日光東照宮は、徳川家康の遺言に基づいて建立された。日光は古代から山岳宗教の場で、神仏習合の場だった。しかも江戸の真北にあたり、敵の侵入を受けやすい方角と考えられていた。家康は、日光に鎮座して自らが関八州を守る鎮守となることを望んだのである。

鎮座に先だち、東照大権現の神号が宣下され、東照社と称するようになった。

現在の社殿は、三代将軍の家光によって整えられたもの。絢爛豪華なつくりが印象的である。

氷川神社

創建
前473年？

主祭神
須佐之男命・
稲田姫命・
大己貴命

所在地
埼玉県
さいたま市

全国の氷川神社の総本社である大宮・氷川神社。武蔵国造が出雲国の杵築大社（出雲大社）の分霊を勧請したことが始まりであるとされる。

その後、武蔵国造の勢力が拡大したことにより、大宮・氷川神社の分社・分霊の数が増えていき、武蔵国一の宮となった。

明治時代に入ると、明治天皇により武蔵国の総鎮守・勅祭社と定められ、官幣大社に列せられることになった。

毎年八月一日に行なわれる例大祭には勅使が派遣される。

太宰府天満宮

創建
905年

主祭神
菅原道真

所在地
福岡県
太宰府市

日本全国の受験生から学問の神として信仰を集めている太宰府天満宮。祭神は菅原道真である。

延喜元年（九〇一）に大宰府へ左遷された菅原道真は、延喜三年（九〇三）に没する。道真を埋葬するため、遺骸を牛車に乗せて御笠郡四堂に向かったところ、その途中で牛車が動かなくなってしまった。そこでその地を廟所として定めたのだと伝わる。その後、延喜五年（九〇五）に道真の門弟・味酒安行が祠堂を建立。延喜十九年（九一九）には社殿が整えられ、現在に至る。

◆左記文献等を参考にさせていただきました。

『わかりやすい神道の歴史』神社本庁研修所編、『神道いろは　神社とまつりの基礎知識』神社本庁教学研究所監修（以上、神社新報社）／『神道事典』國學院大學日本文化研究所（弘文堂）／『民俗小事典　神事と芸能』神田より子・俵木悟編、『年中行事大辞典』加藤友康、長沢利明ほか、『知っておきたい日本の年中行事事典』福田アジオ、菊地健策ほか、『日本神道史』岡田荘司、『事典　神社の歴史と祭り』岡田荘司、笹生衛ほか、『宮田登日本を語る5　暮らしと年中行事』宮田登（以上、吉川弘文館）／『日本語と神道』茂木貞純、『これだけは知っておきたい　神事の基礎知識』藤井正雄編（以上、講談社）／『読みくらべ日本の神話　神々の異聞録』稲田智宏、『総図解よくわかる日本の神社』渋谷申博、『日本「神社」総覧』上田春平、『いまさら聞けない神道・仏教の素朴な疑問』新人物往来社編、『神仏参拝の由来と作法がわかる本』歴史読本編集部編（以上、新人物往来社）／『[決定版]鎌倉の寺社122を歩く』『[決定版]京都の寺社505を歩く〈上〉洛東・洛北（東域）・洛中編』『[決定版]京都の寺社505を歩く〈下〉洛西・洛北（西域）・洛外編』『奈良の寺社150を歩く』山折哲雄 監修、槇野修著、『神道とは何か』鎌田東二、『神社の由来がわかる小事典』三橋健（以上、PHP研究所）／『神社辞典』白井永二・土岐昌訓編、『図説日本音楽史』田中健次、『日本史小百科　神道』伊藤聡、遠藤潤ほか（以上、東京堂出版）／『図説神道　八百万の神々と日本人』三橋健、『日本人なら知っておきたい神道』武光誠（以上、河出書房新社）／『日本の神社がわかる本』菅田正昭、『面白いほどよくわかる日本の神様』山折哲雄監修・田中治郎著（以上、日本文芸社）／『神道概説』鎌田純一、『松尾大社』松尾大社編（以上、学生社）／『すぐわかる日本の神社　『古事記』『日本書紀』で読み解く』井上順孝（東京美術）／『ふるさとの文化遺産　郷土資料事典29　奈良県』（人文社）／『わかりやすい天神信仰—学問の神さま』（かまくら出版）／『わが家の宗教⑧神道』三橋健 編（大法輪閣）／『雅楽　篳篥　千年の秘伝』安倍季昌（たちばな出版）／『雅楽—僕の好奇心—』東儀秀樹（集英社）／『歳時の文化事典』五十嵐謙吉（八坂書房）／『詳解神道と日本の神々』三橋健 監修（学研パブリッシング）／『知識ゼロからの伊勢神宮入門』茂木貞純（幻冬舎）／『奈良の寺』奈良文化財研究所編（岩波書店）／『日本の神さま読み解き事典』川口謙二（柏書房）／『日本神話事典』大林太良、吉田敦彦 ほか（大和書房）／

『日本風俗史事典』日本風俗史学会編（弘文堂）／『歴史と美術　奈良』浅野清（社会思想社）／『図解雑学　神道』井上順孝編著（ナツメ社）／『なるほどッ日本のしきたり』大峡儷三（学陽書房）／『江戸の庶民信仰』山路興造（青幻舎）／『神と祭りの世界』真弓常忠（朱鷺書房）／『神道用語の基礎知識』鎌田東二編著（角川書店）／『神輿大全』宮本卯之助監修（誠文堂新光社）／『知っておきたい世界の七大宗教』武光誠（角川学芸出版）

［監修者紹介］
茂木 貞純（もてぎ さだすみ）
昭和26年、埼玉県熊谷市に生まれる。49年、國学院大學文学部神道学科卒業。55年、同大大学院博士課程神道学専攻修了。現在、國學院大學神道文化学部名誉教授、神道宗教学会監事、日本マナー・プロトコール協会理事、熊谷市古宮神社宮司。おもな著書に『日本語と神道』（講談社）、『神道と祭りの伝統』（神社新報社）、『遷宮を巡る歴史』（明成社）、共編著書に『新神社祭式行事作法教本』（戎光祥出版）などがある。

カバーイラスト　田中ひろみ
編集協力　株式会社ロム・インターナショナル
装丁デザイン　宇都木スズムシ（ムシカゴグラフィクス）
本文デザイン・図版　ハッシイ
本文イラスト　安孫子貞博
DTP　尾本卓弥（リベラル社）
編集人　安永敏史（リベラル社）
編集　伊藤光恵（リベラル社）
営業　廣田修（リベラル社）
広報マネジメント　伊藤光恵（リベラル社）
制作・営業コーディネーター　仲野進（リベラル社）

編集部　中村彩・木田秀和
営業部　津村卓・澤順二・津田滋春・青木ちはる・竹本健志・持丸孝

※本書は2014年にPHP研究所より発刊した『日本人なら知っておきたい！［図解］神道としきたり事典』を改題し、再構成したものです

［図解］神社としきたりがよくわかる本

2024年2月26日　初版発行

編　集　リベラル社
発行者　隅 田 直 樹
発行所　株式会社 リベラル社
〒460-0008　名古屋市中区栄3-7-9　新鏡栄ビル8F
TEL 052-261-9101　FAX 052-261-9134　http://liberalsya.com
発　売　株式会社 星雲社（共同出版社・流通責任出版社）
〒112-0005　東京都文京区水道1-3-30
TEL 03-3868-3275
印刷・製本所　株式会社 シナノパブリッシングプレス

 ISBN978-4-434-33508-2　C0014